辽宁省职业教育"十四五"规划教材

微课版

物流数据分析与应用

主　编 ◎ 佟　昕　张润卓
副主编 ◎ 于海峰　张冰华
　　　　　赵瑞君　相聪姗
　　　　　王妮妮

大连理工大学出版社

图书在版编目(CIP)数据

物流数据分析与应用 / 佟昕，张润卓主编. -- 大连：大连理工大学出版社，2022.8(2025.7 重印)
ISBN 978-7-5685-3874-9

Ⅰ．①物… Ⅱ．①佟… ②张… Ⅲ．①物流管理－数据处理－教材 Ⅳ．①F252

中国版本图书馆 CIP 数据核字(2022)第 133275 号

大连理工大学出版社出版
地址：大连市软件园路 80 号　邮政编码：116023
发行：0411-84708842　邮购：0411-84708943　传真：0411-84701466
E-mail:dutp@dutp.cn　URL:https://www.dutp.cn
大连永盛印业有限公司印刷　　　大连理工大学出版社发行

幅面尺寸：185mm×260mm	印张：16	字数：388 千字
2022 年 8 月第 1 版		2025 年 7 月第 5 次印刷
责任编辑：刘丹丹		责任校对：王　健
	封面设计：对岸书影	

ISBN 978-7-5685-3874-9　　　　　　　　　　　定　价：51.80 元

本书如有印装质量问题，请与我社发行部联系更换。

前言

随着互联网、云计算、大数据等现代信息技术的出现和完善,我国现代物流业的信息化、智能化水平不断提升。本教材面向高职教育中物流类专业,主要从物流管理、物流系统分析出发,通过对发货量、包装等分析进行成本控制,再对仓储、运输方式、网点规划等进行优化配置,使学生具备物流行业的专业知识与能力,最终帮助企业制定宏观和微观的决策,指导企业的日常经营和管理,提高企业的核心竞争力。

本教材在编写过程中重点突出实操能力的培养,并以期在现代物流管理方面有所突破。编写思路突出了以下特点:

1. 全面贯彻党的二十大精神,落实立德树人根本任务。本教材充分体现了职业教育类型的个性与特色,通过知识目标、技能目标、思政目标三位一体学习目标的构建以及思政园地等板块的设计,将课程思政教育内容有机融入教材。学生在学习知识和掌握技能的过程中坚定理想信念,达到潜移默化、润物无声的效果。

2. 校企合作编写,教材实用性强。本教材紧跟物流行业发展趋势,以职业能力需求为基础,组建校企"双元"编写团队。编写团队由佟昕领衔,多位高职院校供应链与物流管理教师和企业供应链管理人员参与。企业供应链管理人员主要提供行业、企业供应链管理数据分析的素材,教师负责将这些素材转化为学习任务等内容。

3. 配套视频教学资源,实现线上线下混合式教学。本教材突出学生实操模拟实训的情景设计与组织,使教材更贴近物流管理的实践。为了让学生更好地理解有关操作方法和步骤,编写团队将一些关键的实操内容拍摄成视频教学资源,以二维码的形式嵌入教材,学生可以反复多次观看,更容易理解和掌握。

4. 以学生为主角,充分发挥学生的主体性。在教学目的和方法上,本教材力求以案例为引导,开展实例训练。每个案例都是先让学生进入任务情境,学生面对现实物流问题,以物流管理者的角色,独立思考所遇到的实际问题,去探究实践中所需要的知识与技能。教材引导学生在工作中学习,在学习中工作,达到主动学习的目的,在整个过程中实现以学生为核心。

5. 采用企业真实数据,让学生具备真正解决问题的能力。本教材在编写过程中,得到了北京京东乾石科技有限公司、顺丰速运(沈阳)有限公司、辽宁诚通物流有限公司等的大力支持,为教材的任务实施、案例和学习检测等内容的数据分析提供了企业的真实数据。通过这些企业的真实数据,学生可真正了解企业实际发生的问题,以及通过数据分析来解决企业在物流中存在的问题。

本教材由首批国家级职业教育教师教学创新团队(现代物流管理领域)核心成员、项目负责人,辽宁经济职业技术学院佟昕、张润卓担任主编,并由其负责拟定全书的编写大纲、框架设计以及最后的统稿工作;由辽宁经济职业技术学院于海峰、辽宁交通高等专科学校张冰华,辽宁经济职业技术学院赵瑞君、相聪姗,辽宁诚通物流有限公司王妮妮担任副主编。具体编写分工如下:张润卓负责学习单元和任务编排及全书统筹规划;佟昕编写学习单元1至学习单元4;赵瑞君编写学习单元5、学习单元6;相聪姗编写学习单元7、学习单元8;于海峰、张冰华共同编写学习单元9;王妮妮对全书进行校验。

本教材可作为高等职业院校现代物流管理等专业学生的教材,同时也可作为物流从业人员的自学参考用书。

在编写本教材的过程中,我们参考、引用和改编了国内外出版物中的相关资料以及网络资源,在此对这些资料的作者表示诚挚的谢意!请相关著作权人看到本教材后与出版社联系,出版社将按照相关法律的规定支付稿酬。

尽管我们在本教材的编写中,致力于探索高等职业院校工学结合的人才培养模式并以此来设计教材内容,但是限于编者的水平和能力,教材中仍可能有不成熟的地方,恳请同行及读者批评指正。

编 者

所有意见和建议请发往:dutpgz@163.com
欢迎访问职教数字化服务平台:https://www.dutp.cn/sve/
联系电话:0411-84707492 84706104

目 录

| 学习单元 1 物流数据分析基础 ········· 1 |
| 任务 1-1 数据是物流发展的驱动力认知 ········· 2 |
| 任务 1-2 物流效用理论认知 ········· 7 |
| 任务 1-3 统计学理论认知 ········· 9 |
| 任务 1-4 运筹学理论认知 ········· 17 |

学习单元 2 物流数据分析的内容及工具 ········· 24
  任务 2-1 物流数据分析内容认知 ··· 26
  任务 2-2 物流数据分析工具认知 ··· 35

学习单元 3 物流分析方法及流程 ········· 43
  任务 3-1 物流分析方法认知 ········· 45
  任务 3-2 物流分析流程认知 ········· 65

学习单元 4 发货分析 ········· 70
  任务 4-1 发货量分析 ········· 72
  任务 4-2 发货频次分析 ········· 80
  任务 4-3 发货方案拟订 ········· 85
  任务 4-4 发货方案优化 ········· 90

学习单元 5 包装分析 ········· 96
  任务 5-1 包装的种类和作用认知 ··· 98
  任务 5-2 包装的选择 ········· 105

任务 5-3 包装成本分析 ········· 110
任务 5-4 包装效率分析 ········· 115

学习单元 6 库内作业分析 ········· 124
  任务 6-1 库内作业流程分析 ········· 126
  任务 6-2 库内作业方法分析 ········· 135
  任务 6-3 库内作业衡量指标分析 ··· 140
  任务 6-4 库内作业优化 ········· 155

学习单元 7 出入库作业分析 ········· 165
  任务 7-1 库容规划 ········· 167
  任务 7-2 装卸分析 ········· 179
  任务 7-3 人力规划 ········· 184

学习单元 8 干线物流路线规划 ········· 191
  任务 8-1 物流方式选择分析 ········· 194
  任务 8-2 路线规划分析 ········· 203
  任务 8-3 物流路线优化 ········· 217

学习单元 9 末端物流分析 ········· 226
  任务 9-1 网点分析 ········· 228
  任务 9-2 路区管理 ········· 236
  任务 9-3 成本分析 ········· 241

参考文献 ········· 249

本书微课资源列表

序号	微课资源名称	页码	序号	微课资源名称	页码
1	物流发展的驱动力	3	33	库内作业流程	132
2	物流效用理论	7	34	出库流程分析	134
3	相关分析	14	35	库内作业方法分析	135
4	回归分析	15	36	库内作业衡量指标(上)	140
5	线性规划	17	37	库内作业衡量指标(下)	143
6	物流数据分析的内容	26	38	库内作业效率分析	155
7	成本比较	33	39	库内作业优化(上)	156
8	投入产出比	38	40	库内作业优化(下)	158
9	物流成本	41	41	库容规划(上)	168
10	线性规划法	60	42	五距图	168
11	物流分析流程	65	43	库容规划(下)	177
12	发货量分析	72	44	储位分配	179
13	发货车型分析	78	45	装卸分析(上)	179
14	发货频次分析(上)	80	46	装卸路线规划	180
15	发货频次分析(下)	84	47	装卸分析(下)	183
16	最经济发货批量分析	85	48	方案对比	183
17	发货方案拟订(上)	86	49	人力规划(上)	184
18	发货方案拟订(下)	89	50	人力规划(下)	187
19	发货方案计划	89	51	物流方式选择分析	201
20	发货方案优化(上)	90	52	成本分析	203
21	发货方案优化(下)	93	53	路线规划分析(上)	203
22	包装的种类和作用(上)	98	54	路由规划的内容	214
23	包装的种类和作用(下)	101	55	路线规划分析(下)	215
24	包装种类分析	104	56	货物运距分析	216
25	包装的选择(上)	105	57	物流路线优化(上)	217
26	包装的选择(下)	107	58	物流路线优化(下)	223
27	包装目的分析	109	59	网点分析	234
28	包装成本分析	110	60	人效分析(上)	236
29	包装效率分析(上)	115	61	人效分析(下)	240
30	包装效率分析(下)	120	62	成本分析	242
31	产能效率分析	122	63	末端物流分析	247
32	库内作业流程分析	126			

学习单元 1

物流数据分析基础

学习目标

知识目标：
- 掌握物流数据的产生过程
- 掌握物流在生产中的效用
- 掌握统计学理论
- 掌握运筹学理论

技能目标：
- 学会利用工具收集和整理物流数据
- 学会用效用理论解释物流现象
- 学会用统计学方法分析数据
- 学会用运筹学模型处理物流数据

思政目标：
- 要有爱国主义精神
- 热爱工作，关心集体
- 听从安排，团结协作，工作尽心尽责

物流数据分析与应用

思维导图

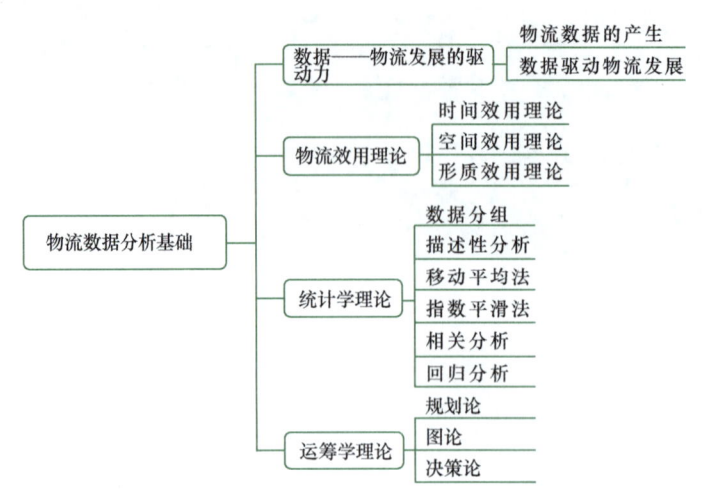

物流数据分析基础
- 数据——物流发展的驱动力
  - 物流数据的产生
  - 数据驱动物流发展
- 物流效用理论
  - 时间效用理论
  - 空间效用理论
  - 形质效用理论
- 统计学理论
  - 数据分组
  - 描述性分析
  - 移动平均法
  - 指数平滑法
  - 相关分析
  - 回归分析
- 运筹学理论
  - 规划论
  - 图论
  - 决策论

单元导入

物流业两次"掐架"

2020年的年中，物流行业大规模"掐架"有两次，继6月顺丰宣布关闭对阿里菜鸟的数据接口后，7月京东和天天、圆通、百世汇通也终止合作。而两次纷争的背后，物流企业争抢的是同一个东西——数据。

数据争夺受到物流业界密切关注，而共享模式有望成为物流业的突破口。在2020年7月30日举行的"中国物流生态圈共享经济高峰论坛"上，"数据""共享"被多次提及。

中国物流学会常务理事、国家标准委全国物流标准化技术委员会委员、中国电商物流智库理事指出，最近的一系列事件，反映出电子商务数据信息的安全问题，"目前主要是由企业自己维护，未纳入国家关键信息基础设施监管范围，一旦遭遇损坏，可能引发严重的经济和社会问题。"

思考：

1. 为什么企业都想拥有对数据的控制权？
2. 物流数据对物流行业发展有怎样的促进作用？

启示：

1. 在日常的工作中，要注意公司数据资源的保密性。
2. 要充分利用公司的数据资源推动公司业务的优化。

任务1-1 数据是物流发展的驱动力认知

作为国家十大产业之一，物流业在国民经济中占据重要地位。然而目前来看，中国社会物流服务水平整体偏低,物流标准化建设、物流信息化建设等都还不够完善,而中国物流成本占 GDP(国内生产总值)比重偏高,人力成本占物流成本比重较大,运输成本也是居高不下,导致物流运作效率仍然偏低。

与此同时,随着电商的快速发展和新消费的兴起,订单数量越来越多,物流场景规模越来越大,导致物流履约系统更加复杂;场景内智能设备、子系统越来越多,常规的管理与调度系统已经无法驾驭如此复杂的场景,需要先进的算法和足够的算力支持,这就对更加智慧的物流系统提出强烈需求,需要现有的物流系统、物流技术等进行数字化升级转型。

物流行业的数字化升级,需要经历如下路径:首先,需要通过物流全流程的数字化,实现物流的可视化管理。物流是一个跨企业、跨区域、跨国境的全流程服务功能,这一点就决定了我们必须先实现全流程的数字化,这样对物流的智能化才会有一个完整、系统的支持。通过全流程数字化,在仓储、拣选、运输、配送等各个环节都能够拿到实时、准确的数据,进而实现全流程的可视化管理,实现对整体物流系统在物理维度的系统管理。

微课:物流发展的驱动力

其次,在可视化的基础上实现透明化管理。所谓透明化,指通过数字化建立系统的行为逻辑和规范,为系统的优化奠定基础,使得物流过程更加高效,物流企业的运作更加合理,物流产业的资源配置更加优化。只有透明化管理实现之后,我们才能够预测未来,才能告诉消费者包裹为什么没有送过来、什么时间能够送过去等。

可视化、透明化均实现之后,最后一步是智能化管理。数字化建设只是基础,实现智能化还有很长的路要走,这就要求数据在全流程上能够提供实时的支持,同时通过大量的历史数据,机器深度学习,去挖掘智能物流所需要的规则,并建立相应的知识库。因为只有这些规则和知识库才能让物流系统变得更加智能。这种建立在全流程数字化基础上的管理系统,甚至比设备层面的智能化建设更加重要。

因此在这个过程中,要弄清楚物流数据产生的过程和节点,以方便收集和处理,提升整个物流行业的效率,看清数据如何驱动物流发展。

1. 物流数据的产生

什么是数据?什么是信息?数据和信息之间是相互联系的。数据是反映客观事物属性的记录,是信息的表现形式和载体,可以是符号、文字、数字、语音、图像、视频等。信息是数据的内涵,是加载于数据之上,对数据作具有含义的解释。也就是说,数据经过加工处理之后,就成为信息;而信息需要经过数字化转变成数据才能存储和传输。

(1)数据的来源

物流全过程的各个环节都会产生类型繁多的数据。从逻辑上看,数据的来源可以根据流程进行划分,例如物流仓储数据从流程上看,可以分为入库有关的数据、存储有关的数据、拣选有关的数据、发货有关的数据、退货有关的数据等。同时,物流仓储系统与其他系统,如运输系统、销售系统、消费系统等密切相关,也会产生大量的相关数据。

(2)数据抓取的手段

目前,主要的数据抓取手段有以下几种:

①手工输入

手工输入法是利用人工输入物流单证的传统方法,采用传统的纸面形式。这种操作方式的优点是灵活,缺点是速度慢,错误率高,可靠性差。

②条码

条码技术涉及编码与识读两个环节。编码是用条、空表示 1 和 0 的方式将既定信息直接转变成计算机语言；识读是通过条、空反射率的不同，将光信号转换为电信号，实现信息还原。这种方法可以实现数据的自动化识别。优点是快捷，错误率低，可靠性高，性价比高。缺点是易受到污损，必须光学可视识读，适应性差。

③磁卡

磁卡是一种磁记录介质卡片，它由高强度、耐高温的塑料或纸质涂覆塑料制成。磁卡上的磁条是一层薄薄的定向排列的铁性氧化粒子组成的材料，用树脂黏合在一起，并粘在非磁性基片上。磁卡数据可读写，但是随着磁卡应用的不断扩大，磁卡技术特别是其安全技术已难以满足越来越多的对安全性要求较高的应用需求。同时，磁卡本身结构简单、磁条暴露在外、存储容量小、缺乏内部安全保密措施，容易被非法破译。

④射频

射频识别（Radio Frequency Identification，RFID）技术是一种非接触的自动识别技术。射频识别系统由信息载体、信息获取装置组成。典型的射频识别系统包括射频标签和射频读写器。射频标签是装载识别信息的载体，射频读写器是获取信息的装置。射频标签与射频读写器之间利用感应、电波或微波能量进行非接触双向通信，实现数据交换，从而达到识别目的。

⑤EPC 系统

EPC 系统是在全球统一标识系统（EAN·UCC 系统）的基础上利用互联网、射频识别、数据通信等技术，以 RFID 电子标签为载体，并借助互联网来实现信息的传递。EPC 旨在为每一件单品建立全球的、开放的标识标准，对每个单品都赋予一个全球唯一编码，实现全球范围内对单件产品的跟踪与追溯，从而有效提高供应链管理水平、降低物流成本。它将 RFID 从传统的闭环应用的非物流领域引入物流等开放性物品流通领域提供了一个有效的解决方案。

2. 数据驱动物流发展

现代物流是一个庞大复杂的系统，包括运输、仓储、配送、搬运、包装和再加工等诸多环节，每个环节信息流量十分巨大，产生了巨大的数据流。数据量大、数据分散、数据重复、数据口径不一致等现象，使企业很难对数据进行准确、高效的收集和及时处理，从而影响决策者快速、准确地做出物流过程的控制决策，造成整个过程物流成本居高不下。

对物流数据加以分析能够帮助物流企业及时、准确地收集和分析客户、市场、销售及企业内部的各种信息，对客户的行为及市场趋势进行有效的把握，了解客户的偏好，了解企业内部物流问题的关键所在，从而在提高服务质量和物流效率的同时，降低企业物流成本。

（1）数据如何驱动物流发展

①采购环节

采购是物流中不可忽视的重要环节之一，原材料的获取是企业生产的基础，一个好的全面的采购分析对于领导者制定下一步采购策略是至关重要的。而这里遇到的问题是，如何在如此庞大的供应商体系中选择适合企业自己的供应商？如何把握好供应商的产品质量？业务员绩效如何评价？等等。

对采购环节的数据进行分析可以实现供应商信用评价、业务员绩效考核等，帮助企业为后续生产、销售等环节的顺利进行打下坚实的基础,为最终产品在质量和成本上的定位提供科学的依据。

②销售环节

数据分析在销售环节应用得非常多,在现代企业中,提高销售利润总是重中之重。现代物流中,传统的推式生产已转为拉式生产,如何把握顾客不断变化的需求,更好地满足顾客需求已成为每个企业必须要思考的问题。

销售处于供应链的最下游,也就是最能得到顾客需求信息的环节,决策者如何准确、及时地捕捉销售信息,分析销售情况,随时根据历史的销售情况对下一步的生产经营科学地进行决策,成为企业是否能领先于竞争对手、保持企业生命活力的重要环节。

销售分析需要的数据主要来源于销售、库存、财务和人事等方面。对于零售物流等,大部分来源于POS终端系统所反映出来的信息情况。但实际中,销售数据分析也是最烦琐的一部分,数据利用率也常常不及20%,如何能更好地利用这些有用的数据,成为我们研究的对象。

③运输环节

运输起着消除物流生产地与消费地之间空间错位的作用,在物流中通常占有大量成本,并且难以控制,给企业带来了不小的风险。如何更好地改善运输情况,是物流企业考虑较多的问题。将数据分析应用于运输领域,可以发现其内在的规律,从而更有效地进行企业的物流运输规划。

④财务环节

对物流企业财务环节进行数据分析,可以满足企业领导者对业务部门费用支出情况查询的要求,并实现了对应收款、应付款的决策分析,以综合改善企业的财务运行状况。

对物流企业财务环节进行数据分析,还包括分析各种材料成本在产品总成本中所占的比重,分析其与实际生产情况是否相符,存在怎样的差距以及产生这种差距的原因,从而发现采购活动中可能存在的漏洞。

对物流企业各部门的财务数据进行分析,发现其可能存在的坏账以及不正常金额出入情况,发现企业的不正常运作,为管理者更好地管理下面分属企业提供决策支持。

(2)数据分析软件

物流行业的数据量要比一般行业大许多,所以对物流企业的日常业务数据进行分析就变得尤为重要;而物流行业的业务数据又常处于动态变化中,这给物流行业的数据处理平添了不小的困难。以下将介绍两款对于物流行业颇为实用的数据分析软件。

①Excel电子表格软件

Excel是日常工作中常用的办公软件,但职场人大多还是停留在它的初级应用上,虽然使用较为频繁,但每次都只是做一些简单的数据统计和制作报表。其实,Excel具有强大的函数功能,在日常业务数据处理中,常用的Excel函数有VLOOKUP、RIGHT、LEFT、MID、SUMIF、INDEX、MATCH等。另外,通过对Excel功能的深度挖掘,发挥其更深的应用,解决数据统计分析中的各种难题,能大大提高办公效率。

②MATALAB

MATALAB是由美国MatchWorks公司发布的主要面对科学计算、可视化以及交互式程序设计的高科技计算环境。它将数值分析、矩阵计算、科学数据可视化以及非线性动态系统的建模和仿真等诸多强大功能集成在一个易于使用的视窗环境中。MATLAB强大的计算功能，能解决许多物流企业遇到的数据分析难题。

如物流领域的运输环节，为了降低物流成本，我们有必要研究如何组织物资调运才能使总运输成本最小这一重要问题。研究物资运输过程中最优的运输方案，需要在满足各种资源限制的条件下，找到使运输成本最小的调运方案。

利用MATLAB的优化工具箱，可以求解线性规划、非线性规划和多目标规划等多种问题。此外，它提供了线性、非线性最小化，方程求解，曲线拟合，二次规划等大中型问题的求解方法，为优化方法在实际中应用提供了更方便、快捷的途径。

思政园地

阐释开国历史，聚焦立德树人

1949年10月1日，中华人民共和国宣告成立。中华人民共和国建设，急需大批懂科学技术的人才。中国政府全力动员在外留学的科学家回国，参加祖国建设。当时，钱学森、钱伟长、钱三强、华罗庚、郭永怀、朱光亚、张文裕、王希季、师昌绪等一大批科学家归心似箭，放弃在外国的优厚待遇，冲破各种阻力，毅然奔向祖国的怀抱。

他们把最好的时光奉献给了建国初期时"一穷二白"的祖国，共和国永不忘记。

梁思礼是第一批回国效力的留美科学家之一。事实上，还在中华人民共和国成立前夕，1949年9月，梁思礼就乘坐"克利夫兰总统号"邮轮回到祖国。梁思礼是梁启超最小的儿子，1924年8月24日，生于北京。1941年，17岁的梁思礼申请到了全额奖学金，到美国留学。1949年9月，梁思礼、陈利生、严仁英等人在乘坐"克利夫兰总统号"邮轮回国途中，用自做的收音机听到了中华人民共和国成立的消息。他们兴奋不已，按照自己的理解，在船上制作了一面五星红旗。回国后，梁思礼参与了中国航天历史上的诸多"首次"，为中国航天事业做出了重大贡献。

华罗庚是江苏常州金坛区人，生于1910年11月12日。小时候，他就特别喜爱动脑筋思考问题。华罗庚只有初中文凭，全靠自学成才，进入清华大学。1936年，华罗庚留学英国剑桥大学。1948年，他被美国伊利诺依大学聘为正教授。1950年，华罗庚携夫人、孩子乘坐"克利夫兰总统号"邮轮，从美国出发回到中国。在中途停留期间，华罗庚发表了《告留美人员的公开信》，信中引用的"梁园虽好，非久居之地"，通过新华社向全世界播发，在留美科学家中产生了极大的影响。华罗庚回国后，致力数学研究，让中国的数学研究达到世界一流水平，还带出来陈景润、王元等一批世界顶尖数学家，被誉为"中国现代数学之父""中国数学之神""人民数学家"。

钱学森回国，堪称一波三折。钱学森祖籍浙江杭州市临安，1911年12月11日出生。1934年，23岁的钱学森考取清华大学第七届庚款留美学生，于1935年9月进入美国麻省理工学院航空系学习，成为世界著名的大科学家冯·卡门的学生。1949年10月，中华人民共和国成立的消息传来，钱学森与夫人蒋英商量，回国报效祖国。但由于"麦卡锡主义"的迫害，钱学森在回国时被扣留下来。1954年，钱学森在报纸上看到父亲的好友陈叔通站在北京天安门城楼上，决定给他写信求助。这封写在烟盒纸上的信辗转最终抵达中国。在周恩来等人的大力斡旋下，钱学森于1955年9月17日举家登上了"克利夫兰总统号"轮船，踏上返回祖国的旅途。钱学森是当之无愧的"两弹一星"元勋。有人说,他的回国让中国"两弹一星"研究进程至少提前了20年。

我们在工作和学习中,要向老一辈的科学家学习,任何时候都将祖国放在第一位,为祖国建设贡献自己的力量。

任务 1-2　物流效用理论认知

效用是指商品或服务为满足需求所提供的价值或用途。物流过程中的物化劳动和活劳动投入增加了产品的效用,具体表现为增加了产品的时间效用、空间效用、形质效用等,进而增加了产品和服务的价值。物流作为一种社会经济活动,同样具有创造经济效用的功能。

1. 时间效用理论

(1) 时间效用的定义

时间效用是指改变"物"从供给者到需要者之间的时间差所创造的效用。也就是说,时间效用是缩短时间上的间隔,使人的可用时间增加,使"物"的获得时间减少,在消费者需要的时间将产品送达。

微课:物流效用理论

时间效用表现为通过商品流通过程中的劳动克服了商品生产和消费时间上的不一致。这种不一致表现有多种情况,如农产品之类的商品只能间断性生产而不必连续消费,又如一些时令性或集中性消费商品,其生产又是长期连续的,更多的情况是虽然生产和消费都是连续的,但是商品从生产到消费有一定的时间差,这种时间差表现为商品生产与消费的时间矛盾。商品流通过程,如储存、保管等环节投入的劳动恰好可以解决这种矛盾,表现为商品时间效用的增加。

对于企业来说,商品不仅要送达消费者需要的地点,而且应该在消费者需要的时间送达才能实现价值。企业物流通过运输来改变商品的位置,同时也产生商品的时间效用。时间效用强调减少备货时间,因此,在当今激烈的市场竞争中显得越来越重要。

(2) 时间效用的类型

① 缩短时间创造效用

采取技术的、管理的、系统的方法尽量缩短宏观物流时间和有针对性地缩短微观物流时间,可以取得较高的时间效用。

② 改变时间差创造价值

本来在某个时间应该进行相应的经济活动,但是人为通过相关的物流活动,将这一经济活动改变发生时间,求得较高经济效益,这种效益增值称为错位时间效益。

③ JIT 效用

JIT 效用是以物流的准时或适时为准则所创造的效用。运作特征:为生产数量和质量都适当的产品,在适当的时间,将适当种类和数量的原材料送达适当的生产地点。

④ 利用物流时间生产创造效用

这是指在物流过程中进行生产作业,降低相应的设备购置成本、操作人员费用,缩短作业时间而创造的效用。

2. 空间效用理论

哲学上,时间和空间的依存关系表达着事物的演化秩序。时、空都是绝对概念,是存在的基本属性。因此,物流效用也可以从空间效用来拓展。

(1)空间效用的定义

空间效用是指在"物"的流动过程中由于"物"的空间转换所产生的效益。供给者与需求者往往处于不同的空间。也就是说,供给者与需求者所处的空间位置不同,"物"从供给者到需求者之间有一段空间差,由改变位置创造的价值称作空间价值。

空间效用表现为通过商品流通过程中的劳动克服商品生产和消费在地理空间上的分离,通过运输、配送等活动消除商品生产与消费在空间位置上的矛盾,达到生产与消费位置空间上的一致。不同的地区具有不同的生产优势和生产结构,而商品的消费却可能遍布在另外的地区甚至是全国、全世界。

(2)空间效用的类型

①从集中生产场所流入分散需求场所创造效用

现代化大生产的特点之一,往往是通过集中的、大规模的生产提高生产效率,降低成本。在一个小范围集中生产的产品可以覆盖大面积的需求地区,有时甚至可覆盖一个国家乃至若干国家。通过物流将产品从集中生产的低价位区转移到分散于各处的高价位区有时可以获得很高的利益。例如,"西煤东运、北煤南运、北粮南调、南矿北运、西棉东送"就是将集中在我国某些地区的原材料,通过物流运送至分散需求地区,以此获得更高的利益,这就是物流场所效用(空间效用)的创造。

②从分散生产场所流入集中需求场所创造效用

和前面的情况相反,这是指将分散在各地乃至各国生产的产品通过物流活动集中到一个小范围的需求场所有时也可以获得很高的利益。例如,粮食是在分散的地上生产出来的,而一个城市、地区的需求却相对大规模集中。一些大家电的零配件生产也分布得非常广,但却集中在一起装配。这种分散生产、集中需求也会形成场所效用(空间效用)。

③从当地生产场所流入外地需求场所创造效用

现代社会中,供应与需求的空间差比比皆是。除了大生产决定之外,有不少是自然条件、地理条件和社会发展因素决定的。例如:农村生产农作物而异地于城市消费;南方生长的水果而异地于北方消费……现代人每日消费的物品几乎都是在相隔一定距离甚至十分遥远的地方生产的。这么复杂交错的供给与需求的空间差都是靠物流来弥合的,物流也从中取得了利益。

3. 形质效用(加工附加价值)理论

(1)形质效用的定义

"物"是通过加工而增加附加价值,取得新的使用价值,这是生产过程的职能。现代物流的流通加工,使处于流通中的"物"通过特定方式的加工,将供应者手中具有的形状性质的物资改造成具有需求者所需要的形状性质,创造物质的形质效用,从而增加产品的附加价值。

(2)形质效用的例子

流通加工是物流领域常用的手段,现代物流的一个重要特点就是根据自己的优势从事一定的补充性加工活动。这种加工活动不是创造商品主要实体,形成商品主要功能和使用价值,而是带有完善、补充、增加性质的加工活动,这种活动必然会形成劳动对象的附加价值,也同时创造形质效用。

例如,不同的原料按照技术要求组合成为产品,这就产生了形质效用。计算机制造商将硬盘、主板、光驱、显示器、键盘等零部件组装在一起制成计算机,这种组装过程使产品形态发生了变化,并且这种变化使产品增加了价值,也就产生了产品的形质效用。

课后思考

1. 快递服务属于哪种时间效用类型?
2. 存储业务属于哪种时间效用类型?
3. 外贸产品的物流组织属于哪种空间效用类型?

职场直通车

A 公司数据分析师职位描述:

1. 协助相关业务线产品经理进行用户分析、效果分析、数据指标分析等。
2. 对接各业务部门,提供数据埋点接入支持,根据业务特性进行行为、事件设计。
3. 协助各业务部门,根据业务数据进行分析,挖掘潜在的数据需求点,并制订可行、合理的数据解决方案。
4. 协助产品经理搭建数据分析平台,对业务问题进行深入分析,为团队决策提供数据支持。

B 公司数据分析师职位描述:

1. 对用户的业务需求、管理用户期望进行有效拆解。
2. 能够自主进行数据探索和挖掘/组织初级分析师进行数据探索和数据建模工作,擅长沉淀知识体系,构建商业标签。
3. 根据用户需求交付 PPT、数据报告等多种形式的数据洞察报告。
4. 将商业场景提炼成可进一步产品化/工程化的数据应用工具。
5. 自我驱动力强,对反常识的数据具有好奇心和探索欲。
6. 学习能力强,有快速学习行业知识和沉淀的能力。
7. 沟通能力强,能够高效理解用户需求,从其真正需求出发,管控期望达成目标;能够与内部工程师进行有效沟通,具有推进项目的能力。
8. 表达能力强,能将零散的洞察聚合成对用户行而有效的方案,熟练使用 PPT。
9. 责任心强,能保质保量完成负责项目。

任务 1-3　统计学理论认知

统计学是通过搜索、整理、分析、描述数据等手段,以达到推断所测对象的本质,甚至预测对象未来的一门综合性科学。统计学用到了大量的数学及其他学科的专业知识,其应用范围几乎覆盖了社会科学和自然科学的各个领域。

统计学的英文(Statistics)最早源于现代拉丁文 Statisticum Collegium(国会)、意大利文 Statista(国民或政治家)以及德文 Statistik,由 Gottfried Achenwall 于 1749 年使用,代表对国家的资料进行分析的学问,也就是"研究国家的科学"。19 世纪,统计学在广泛的数据以及资料中探究其意义,并且由 John Sinclair 引进到英语世界。

统计学是一门很古老的科学,一般认为其学理研究始于古希腊的亚里士多德时代,迄今已有两千三百多年的历史。它起源于研究社会经济问题,在两千多年的发展过程中,至少经历了"城邦政情""政治算数""统计分析科学"三个发展阶段。

所谓"数理统计",并非独立于统计学的新学科,确切地说,它是统计学在第三个发展阶段所形成的所有收集和分析数据的新方法的一个综合性名词。概率论是数理统计方法的理论基础,但是它不属于统计学的范畴,而是属于数学的范畴。

常见的统计方法包括数据分组、描述性分析、移动平均法、指数平滑法、相关分析和回归分析。

1. 数据分组

数据分组是根据统计研究的需要,将原始数据按照某种标准划分成不同的组别,分组后的数据称为分组数据。数据分组的主要目的是观察数据的分布特征。数据分组后再计算出各组中数据出现的频数,就形成了一张频数分布表。

(1)数据如何分组

数据分组的方法有单变量值分组和组距分组两种。

①单变量值分组

单变量值分组是把一个变量值作为一组,这种分组方法通常适合离散变量,而且变量值较少。

②组距分组

在连续变量或变量值较多的情况下,通常采用组距分组。它是将全部变量值依次划分为若干区间,并将这一区间的变量值作为一组。在组距分组中,一个组的最小值称为下限,一个组的最大值称为上限。

具体的分组步骤如下:

第 1 步:确定组数。数据分多少组合适呢? 一般与数据本身的特点及数据的多少有关。由于分组的目的之一是观察数据分布的特征,因此组数的多少应适中。组数太少,数据的分布就会过于集中;组数太多,数据分布就会过于分散,这都不便于观察数据分布的特征和规律。组数的确定应以能够显示数据的分布特征和规律为目的。一般情况下,所分的组数应不少于 5 组且不多于 15 组。实际应用时,可根据数据的多少和特点及分析要求来确定组数。

第 2 步:确定各组的组距。组距是一个组的上限与下限的差。组距可根据全部数据的最大值和最小值及所分的组数来确定,即组距=(最大值-最小值)/组数。

第 3 步:根据分组整理成频数分布表。

(2)数据分组在物流中的应用场景

下面利用数据分组实现对物流企业客户的分层管理。

按照月发货频次和物流月收入对 X 公司的物流客户进行分组(表 1-1),分组后进行客户的分层管理。

表 1-1　X 公司物流客户的月发货频次、物流月收入分组

月发货频次(次)	物流月收入(元)	客户姓名	客户分组
25	100 000	张三	A 类客户
10	20 000	张四	B 类客户
1	600	张五	C 类客户
6	5 000	张六	C 类客户
15	56 000	王三	A 类客户
13	65 000	王四	A 类客户
5	3 000	王五	C 类客户
2	9 000	王六	C 类客户
21	65 000	李三	A 类客户
7	3 600	李四	C 类客户
9	15 000	李五	B 类客户
6	8 600	李六	C 类客户

A 类客户:月发货频次≥20 次或物流月收入≥50 000 元
B 类客户:10 次≤月发货频次<20 次或 10 000 元≤物流月收入<50 000 元
C 类客户:月发货频次<10 次或物流月收入<10 000 元

通过分组,得到:

A 类客户:张三、王三、王四、李三

B 类客户:张四、李五

C 类客户:张五、张六、王五、王六、李四、李六

对于 A 类客户,应作为公司的重点客户进行管理,通过不定期的客户拜访,增强与客户之间的联系,同时给予其最优惠的价格和折扣政策,以扩大物流收入。

B 类客户对于公司来讲,数量很少,缺少强力的腰部客户支撑,需要公司花大力气进行改善,争取更多的 C 类客户转化为 B 类客户。

C 类客户对于公司来讲都是潜力客户,需要公司认真调研此类客户的实际情况,看是否具备发货潜力,并采用不同的策略进行客户层级的转化。

2. 描述性分析

描述性分析是对所收集的数据进行分析,得出反映客观现象的各种数量特征的一种分析方法。它包括数据集中趋势分析、数据离散程度分析、数据频数分布分析等。描述性分析是对数据进行进一步分析的基础。

(1)如何进行描述性分析

对现象进行调查研究,将大量数据加以整理、简化、制成图表,并就这些数据的分布特征进行计算。主要步骤如下:

• 整理,主要是做统计分组及频数统计。

• 计算分布特征指标,如平均数、众数、中位数、标准差等。

• 做图表,如条形图、饼图、直方图等。

(2)描述性分析在物流中的应用场景

通过表 1-2,进行描述性分析:

表 1-2　　　　　　　　　入库量统计表

项目	月份					平均	最大	最小	中位数
	1月	2月	3月	4月	5月				
入库量(件)	100	20	130	65	88	81	130	20	88

此仓库的入库量处于波动之中,产品有季节性的影响,最大入库量出现在 3 月,为 130 件,最小入库量出现在 2 月,为 20 件,平均月入库约 81 件,峰值系数约为 1.6。根据上述描述,在仓库库容和人力储备上,都要有一定的柔性,防止库容过大或者人力资源过剩,进而影响物流作业的成本。

3. 移动平均法

移动平均法是用一组最近的实际数据值来预测未来一期或几期内公司产品的需求量、公司产能等的一种常用方法。移动平均法适用于即期预测。当产品需求既不快速增长又不快速下降,且不存在季节性因素时,移动平均法能有效地消除预测中的随机波动,是非常有用的方法。

(1)移动平均理论

移动平均法是一种简单平滑预测技术,它的基本思想是:根据时间序列资料,逐项推移,依次计算包含一定项数的序时平均值,以反映长期趋势。因此,当时间序列的数值由于受周期变动和随机波动的影响,起伏较大,不易显示出事件的发展趋势时,使用移动平均法可以消除这些因素的影响,显示出事件的发展方向与趋势(趋势线),然后依趋势线分析预测序列的长期趋势。

移动平均法可以分为简单移动平均和加权移动平均。简单移动平均的各元素的权重都相等。加权移动平均给固定跨越期限内的每个变量值以不相等的权重。其原理是:历史各期产品需求的数据信息对预测未来期内的需求量的作用是不一样的。除了以 n 为周期的周期性变化外,远离目标期的变量值的影响力相对较低,故应给予较低的权重。

(2)移动平均法在物流中的应用场景

移动平均法在物流中一般用于物流量的预测。

表 1-3 是 X 公司 2021 年 1—12 月的快递业务量,请根据此业务量预测 X 公司 2022 年 1 月的快递业务量。

表 1-3　　　　　　　X 公司 2021 年 1—12 月的快递业务量

月份	1月	2月	3月	4月	5月	6月	7月	8月	9月	10月	11月	12月
业务量(件)	100	20	55	60	50	135	50	90	95	85	220	160

利用简单算术平均数预测 X 公司 2022 年 1 月的快递业务量:

2021 年月快递业务量平均数 =(100+20+55+…+160)÷12≈93(件)

2022 年 1 月的快递预测业务量 =93×12-(20+55+60+…+160)=96(件)

也可以尝试运用分段平均法等进行更为精细化的预测。

4. 指数平滑法

指数平滑法是罗伯特·G·布朗(Robert G.Brown)所提出的。他认为时间序列的态势具有稳定性或规则性,所以时间序列可被合理地顺势推延;最近的过去态势,在某种程度上会持续到最近的未来,所以将较大的权数放在最近的资料。

(1)指数平滑理论

指数平滑法是生产预测中常用的一种方法,也用于中短期经济发展趋势预测。所有预测方法中,指数平滑法是用得最多的一种。简单的全期平均法是对时间数列的过去数据一个不漏地全部加以同等利用;移动平均法则不考虑较远期的数据,并在加权移动平均法中给予近期资料更大的权重;而指数平滑法则兼容了全期平均法和移动平均法所长,不舍弃过去的数据,但是仅给予逐渐减弱的影响程度,即随着数据的远离,赋予逐渐收敛为零的权数。也就是说,指数平滑法是在移动平均法基础上发展起来的一种时间序列分析预测法,它是通过计算指数平滑值,配合一定的时间序列预测模型对现象的未来进行预测。其原理是任一期的指数平滑值都是本期实际观察值与前一期指数平滑值的加权平均。

根据平滑次数不同,指数平滑法分为一次指数平滑法、二次指数平滑法和三次指数平滑法等。

(2)指数平滑法在物流中的应用场景

$$下期预测数＝本期预测数＋平滑系数\times(本期实际数－本期预测数)$$

这个公式的含义:在本期预测数上加上一部分用平滑系数调整过的本期实际数与本期预测数的差,就可求出下期预测数。一般说来,下期预测数介于本期实际数与本期预测数之间。平滑系数,可根据过去的预测数与实际数比较而定。二者差额大,平滑系数应取大一些;反之,则取小一些。平滑系数愈大,则近期倾向性变动影响愈大;反之,则近期倾向性变动影响愈小,愈平滑。这种预测法简便易行,只要具备本期实际数、本期预测数和平滑系数三项资料,就可预测下期数。

例如,某年物流量的平滑系数为 0.4,2021 年实际物流量为 31 万件,预测物流量为 33 万件。则 2022 年的预测物流量为:

$$2022 年预测物流量＝33+0.4\times(31-33)=32.2(万件)$$

5. 相关分析

相关分析是研究两个或两个以上处于同等地位的随机变量间的相关关系的统计分析方法。例如,人的身高和体重之间,空气中的相对湿度与降雨量之间的相关关系都是相关分析研究的问题。相关分析与回归分析之间的区别:回归分析侧重于研究随机变量间的依赖关系,以便用一个变量去预测另一个变量;相关分析侧重于发现随机变量间的种种相关特性。相关分析在工农业、水文、气象、社会经济和生物学等方面都有应用。

(1)相关分析理论

相关分析就是对总体中确实具有联系的标志进行分析,其主体是对总体中具有因果关系标志的分析。它是描述客观事物相互间关系的密切程度并用适当的统计指标表示出来的过程。在一个时期内,出生率随经济水平上升而上升,这说明两个指标间是正相关关系;而在另一个时期,随着经济水平进一步发展,出现出生率下降的现象,两个指标间就是负相关关系。

为了确定相关变量之间的关系,首先应该收集一些数据,这些数据应该是成对的。例如,每个人的身高和体重。然后在直角坐标系上描述这些点,这一组点集称为散点图。

根据散点图,当自变量取某一值时,因变量对应为一个概率分布,如果对于所有的自变

物流数据分析与应用

量取值的概率分布都相同,则说明因变量和自变量是没有相关关系的。反之,如果自变量的取值不同,因变量的概率分布也不同,则说明两者是存在相关关系的。

两个变量之间的相关程度用相关系数 r 来表示。相关系数 r 的值在 -1 和 1 之间,可以是此范围内的任何值。正相关时, r 值在 0 和 1 之间,散点图是斜向上的,这时一个变量增加,另一个变量也增加;负相关时, r 值在 -1 和 0 之间,散点图是斜向下的,此时一个变量增加,另一个变量将减少。r 的绝对值越接近 1,两个变量的关联程度越强;r 的绝对值越接近 0,两个变量的关联程度越弱。

微课:相关分析

(2)相关分析在物流中的应用场景

相关分析主要是用来分析两组数据之间是否有相关关系,以及相关的程度。

表 1-4 是物流增加值和地区 GDP 统计表。

表 1-4　　　　物流增加值和地区 GDP 统计表

地区	物流增加值(亿元)	地区 GDP(亿元)
上海	1 303.65	38 700.58
杭州	392	16 106
广州	1 303.65	25 019.11
西安	353.59	10 020.39

用 Excel 的"相关系数"分析工具进行相关分析。

说明:

本书涉及具体数据分析的内容会用到 Excel 中的"分析"功能,在具体进行数据分析之前,需要按以下步骤操作:

步骤 1:单击"文件"选项卡中的"选项",然后单击"加载项"类别。

步骤 2:在"管理"下拉列表中,选择"Excel 加载项",然后单击"转到"按钮,将显示"加载宏"对话框。

步骤 3:在"可用加载宏"工具栏中,选中要激活的加载宏前的复选框,然后单击"确定"按钮。如果在"可用加载宏"工具栏中找不到要激活的加载宏,可能需要安装它,不同版本的 Excel 可能会有细微的差别。

操作步骤如下:

①在 Excel 中,单击"数据"选项卡下"分析"功能区的"数据分析"按钮,在弹出的"数据分析"对话框中选择"相关系数",然后单击"确定"按钮,如图 1-1 所示。

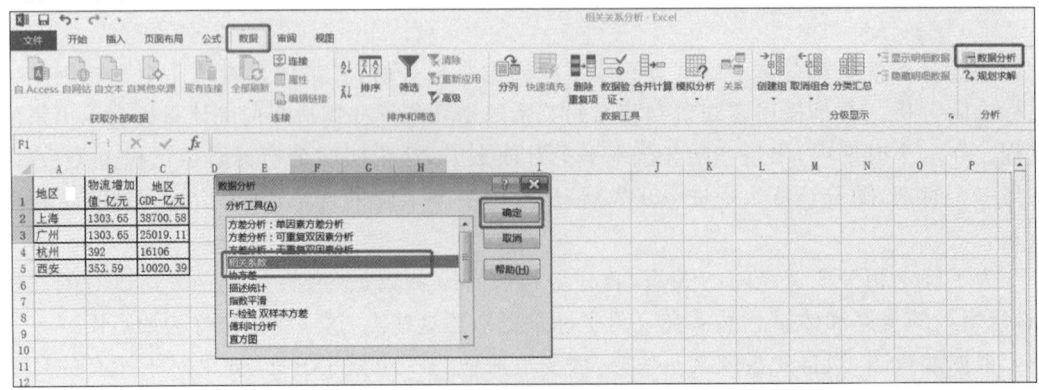

图 1-1　相关分析工具演示

②输入要分析的数据,进行分析,如图1-2所示。

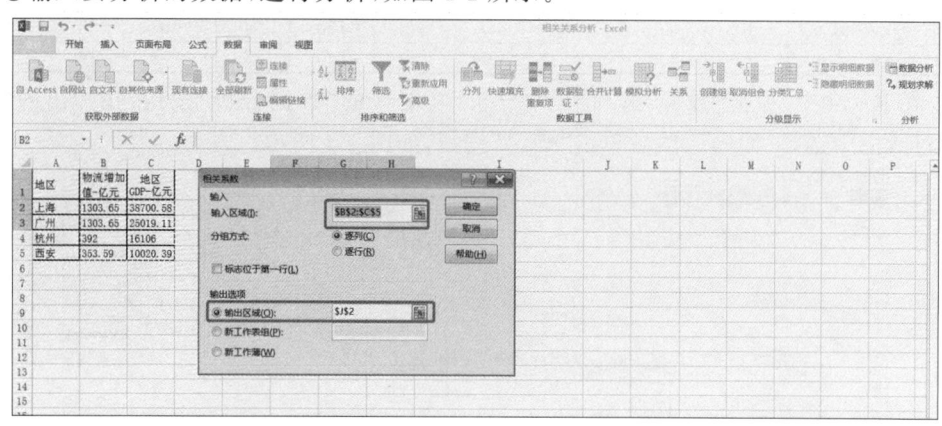

图1-2 相关分析操作演示

③得到相关分析结果,见表1-5。

表1-5　物流增加值和地区GDP相关分析结果

	物流增加值	地区GDP
物流增加值	1	
地区GDP	0.876 725	1

通过计算$r=0.876\,725$,说明物流增加值与地区GDP成正相关关系。地区GDP越高,货物流动越频繁,物流业也越发达。

6. 回归分析

在统计学中,回归分析指的是确定两种或两种以上变量间相互依赖的定量关系的一种统计分析方法。

(1) 回归分析理论

回归分析指利用数据统计原理,对大量统计数据进行数学处理,并确定因变量与某些自变量的相关关系,建立一个相关性较好的回归方程(函数表达式),并加以外推,用于预测今后的因变量的变化的分析方法。

回归分析法的主要分类:根据因变量和自变量的个数,可分为一元回归分析和多元回归分析;根据因变量和自变量的函数表达式,可分为线性回归分析和非线性回归分析。

回归分析的步骤如下:

①根据自变量与因变量的现有数据以及关系,初步设定回归方程。

②求出合理的回归系数。

③进行相关性检验,确定相关系数。

④在符合相关性要求后,即可将已得的回归方程与具体条件相结合,来确定事物的未来状况,并计算预测值的置信区间。

(2) 回归分析在物流中的应用场景

某企业物流营销投入和物流收入统计表见表1-6。

为了更好地了解物流营销投入和物流收入之间的关系,看物流广告是否有效,这里通过一元回归分析对数据进行解读。

微课:回归分析

物流数据分析与应用

表1-6　某企业物流营销投入和物流收入统计表

物流营销投入(万元)	40	80	90	80	70	120	60	100	60	90
物流收入(万元)	90	200	220	150	170	230	180	250	100	200

①在 Excel 中,单击"数据"选项卡下"分析"功能区的"数据分析"按钮,在弹出的"数据分析"对话框中选择"回归",然后单击"确定"按钮,如图 1-3 所示。

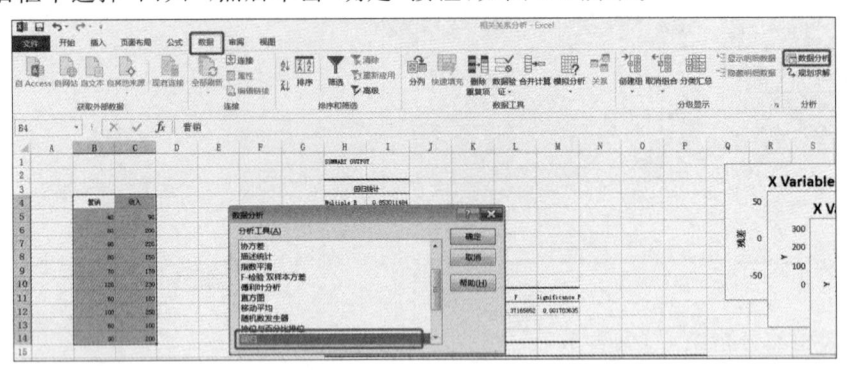

图 1-3　回归分析工具演示

②选择要分析的数据,进行分析。

③得到回归分析结果,如图 1-4 所示。

SUMMARY OUTPUT

回归统计	
Multiple R	0.853011484
R Square	0.727628591
Adjusted R Square	0.693582165
标准误差	29.34338282
观测值	10

方差分析

	df	SS	MS	F	Significance F
回归分析	1	18401.72708	18401.72708	21.37165852	0.001703635
残差	8	6888.272921	861.0341151		
总计	9	25290			

	Coefficients	标准误差	t Stat	P-value	Lower 95%	Upper 95%	下限 95.0%	上限 95.0%
Intercept	22.51599147	35.09821405	0.64151388	0.539129892	-58.42063527	103.4526182	-58.42063527	103.4526182
X Variable 1	1.980810235	0.428473294	4.622949115	0.001703635	0.992749047	2.968871422	0.992749047	2.968871422

RESIDUAL OUTPUT

观测值	预测 Y	残差	标准残差
1	101.7484009	-11.74840085	-0.424663405
2	180.9808102	19.01918977	0.687476874
3	200.7889126	19.21108742	0.6944133
4	180.9808102	-30.98081023	-1.119847419
5	161.1727079	8.827292111	0.319075589
6	260.2132196	-30.21321962	-1.092101715
7	141.3646055	38.63539446	1.396533739
8	220.5970149	29.40298507	1.062814584
9	141.3646055	-41.36460554	-1.495185129
10	200.7889126	-0.78891258	-0.028516417

PROBABILITY OUTPUT

百分比排位	Y
5	90
15	100
25	150
35	170
45	180
55	200
65	200
75	220
85	230
95	250

图 1-4　回归分析结果

④结果解读：

Multiple R：相关系数，在-1和1之间，越接近1，表明相关关系越强。可以看到，物流营销投入越大，物流收入也会越高，此类物流营销推广对物流收入有效果。

R Square：测定系数，也叫拟合优度，是相关系数 R 的平方，同时也等于图1-4方差分析表中回归分析 SS/(回归分析 SS＋残差 SS)，这个值在0和1之间，数值越大，代表回归模型与实际数据的拟合程度越高。

任务1-4 运筹学理论认知

运筹学可以根据问题的要求，通过数学上的分析、运算，得出各种各样的结果，最后提出综合性的合理安排，以达到最好的效果。运筹学作为一门用来解决实际问题的学科，在处理千差万别的各种问题时，一般有以下几个步骤：确定目标、制订方案、建立模型和确定解法。虽然不大可能存在能处理极其广泛对象的运筹学，但是在运筹学的发展过程中还是形成了某些抽象模型，并能应用解决较广泛的实际问题。

随着科学技术和生产力的发展，运筹学已渗入很多领域，发挥着越来越重要的作用。运筹学本身也在不断发展，涵盖规划论、图论、决策论、排队论、可靠性数学理论、库存论、博弈论、搜索论以及模拟等分支。这里主要介绍规划论、图论、决策论。

1. 规划论

(1) 规划论理论

规划论是运筹学的一个重要分支。1947年旦茨格等人提出了求解线性规划问题的单纯形方法，为线性规划的理论发展与计算奠定了基础，特别是电子计算机的出现和日益完善，更使规划论得到迅速的发展。

规划论主要包括线性规划、非线性规划、整数规划、目标规划和动态规划，研究内容与生产活动中有限的资源分配有关，在组织生产的经营管理活动中，具有极为重要的地位和作用。它解决的问题都有一个共同特点，即在给定条件下，按照某一衡量指标来寻找最优化方案，求解约束条件下目标函数的极值(极大值或极小值)。

具体来讲，线性规划可解决物资调运、配送和人员分派等问题；整数规划可以求解完成工作所需的人数及其设备台数和厂、库的选址等；动态规划可用来解决诸如最优路径、资源分配、生产调度、库存控制、设备更新等问题。

(2) 规划论在物流中的应用场景

在物流活动中，有大量的规划问题，下面我们通过一个运输规划问题的实例，来理解规划论在物流中的应用。

某市有三个仓库(A_1、A_2、A_3)，仓库内货量分别为200 t、170 t、160 t，另知有八家门店(S_1、S_2、S_3、S_4、S_5、S_6、S_7、S_8)需要从这三个仓库进行采购，它们的需求量分别是75 t、60 t、80 t、70 t、100 t、55 t、90 t、80 t，并且已知菜市场缺一门店的货物的损失为10元、8元、5元、10元、10元、8元、5元、8元。如何使总运输成本和损失最低？

从仓库到门店送货的运输成本见表1-7。

微课：线性规划

表 1-7　　　　　　从仓库到门店送货的运输成本　　　　　　单位:元/t

仓库	门店								库存
	S_1	S_2	S_3	S_4	S_5	S_6	S_7	S_8	
A_1	4	8	8	19	11	6	22	26	250 t
A_2	14	7	7	16	12	16	23	17	220 t
A_3	20	19	11	14	6	15	5	10	210 t
需求	75 t	60 t	80 t	70 t	100 t	55 t	90 t	80 t	

利用线性规划法求最小运费:假设有 m 个仓库,记为 $A_1,A_2,\cdots,A_m$,可供应的产量分别为 $a_1,a_2,\cdots,a_m$,有 n 个收货地,记为 $B_1,B_2,\cdots,B_n$,其需求量分别为 $b_1,b_2,\cdots,b_n$,假设在供给大于需求的情况下,即 $\sum_{i=1}^{m}a_i \geqslant \sum_{j=1}^{n}b_j$,从第 i 个产地到第 j 个销地的单位物资的运费为 c_{ij},在满足各地需求的前提下,求运费最小的方案。

设 $x_{ij}(i=1,2,\cdots,m;j=1,2,\cdots,n)$ 为第 i 个产地到第 j 个销地的运量,则运输问题的数学模型为

$$\min Z = \sum_{i=1}^{m}\sum_{j=1}^{n}c_{ij}x_{ij}$$

$$\begin{cases} \sum_{j=1}^{n}x_{ij} = a_i \\ \sum_{i=1}^{m}x_{ij} = b_j \\ x_{ij} > 0 \end{cases}$$

$$i=1,2,\cdots,m;j=1,2,\cdots,n$$

该运输问题的目标就是总运费最小化。

令 X_{ij} 表示从仓库 A_i 到门店 S_j 运送的商品吨数。从而有运输问题的数学模型:

目标函数:$\min = 4 \times X_{11} + 8 \times X_{12} + \cdots + 11 \times X_{33} + 10 \times X_{38} - 10 \times (75 - X_{11} - X_{21} - X_{31}) - \cdots - 8 \times (80 - X_{18} - X_{28} - X_{38})$

库存约束:$\sum X_{1j} \leqslant 200;\sum X_{2j} \leqslant 170;\sum X_{3j} \leqslant 160;j=1,2,3,4,\cdots,8$

需求约束:$\sum X_{i1} = 75;\sum X_{i2} = 60;\sum X_{i3} = 80;\sum X_{i4} = 70;\sum X_{i5} = 100;\sum X_{i6} = 55;\sum X_{i7} = 90;\sum X_{i8} = 80;i=1,2,3$

非负约束:$x_{ij} \geqslant 0$

利用 Excel 中的线性规划方法进行求解:

①在表格中输入公式,确定需要求解的目标值和约束条件值,如图 1-5 所示。

其余公式这里就不再一一进行列举。

②找到线性规划,输入约束条件和目标值,如图 1-6 所示。

③通过线性规划,得到最优解。

最优运费为 4 880 元。

最优配送量见表 1-8。

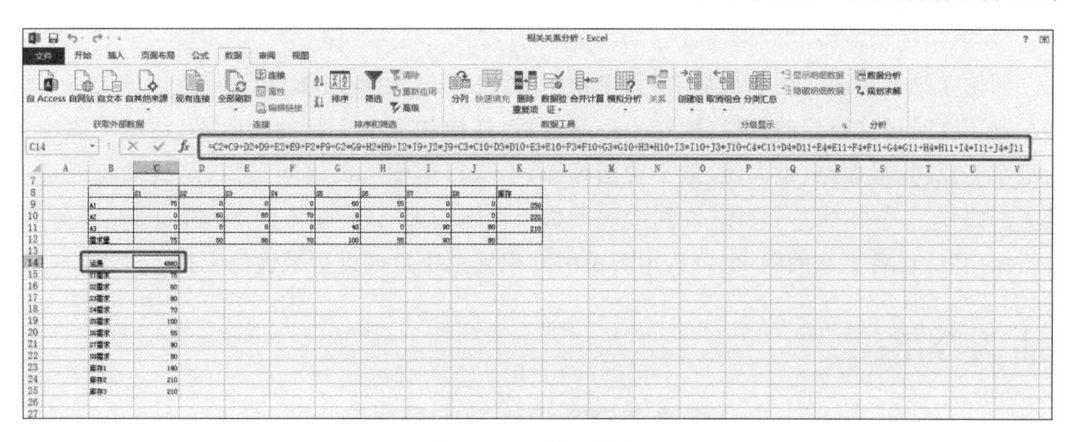

图 1-5 公式输入展示 1

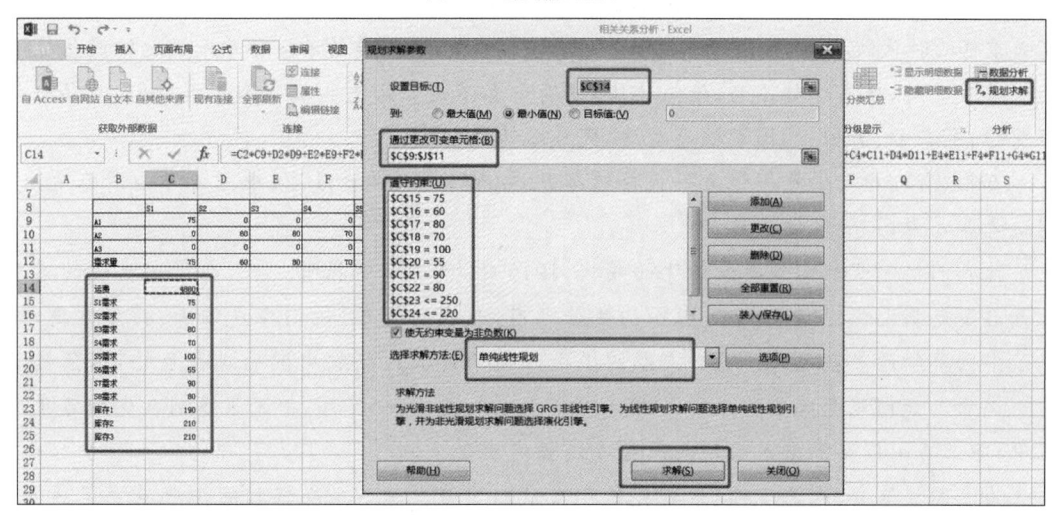

图 1-6 公式输入展示 2

表 1-8　　　　　　　　　最优配送量　　　　　　　　　单位：t

仓库	门店								库存
	S_1	S_2	S_3	S_4	S_5	S_6	S_7	S_8	
A_1	75	0	0	0	60	55	0	0	250
A_2	0	60	80	70	0	0	0	0	220
A_3	0	0	0	0	40	0	90	80	210
需求	75	60	80	70	100	55	90	80	

2. 图论

（1）图论理论

图论是一个古老的但又十分活跃的分支，它是网络技术的基础。图论的创始人是数学家欧拉。1736年他发表了图论方面的第一篇论文，解决了著名的哥尼斯堡七桥难题，1847年基尔霍夫第一次应用图论的原理分析电网，从而把图论引入工程技术领域。

自20世纪50年代以来，图论理论得到了进一步发展，将复杂庞大的工程系统和管理问题用图描述，可以解决很多工程设计和管理决策的最优化问题，受到数学、工程技术及经营管理等各方面越来越广泛的重视。图论有很强的构模能力，描述问题直观，模型易于计算实现，能很方便地将一些复杂的问题分解或转化为可求解的子问题。

(2)图论在物流中的应用场景

图论在物流中的应用也很显著,其中较明显的应用是运输问题、物流网点间的物资调运和车辆调度时运输路线的选择、配送中心的送货、逆向物流中产品的回收等,运用了图论中的最小生成树、最短路、最大流、最小费用等知识,求得运输所需时间最少、路线最短或费用最省的路线。另外,工厂、仓库、配送中心等物流设施选址问题,物流网点内部工种、任务、人员指派问题,设备更新问题,也可运用图论的知识辅助决策或进行最优的安排。

古为今用

让青春在奋斗中绽放绚丽之花

2021年4月19日,习近平总书记在清华大学考察时强调,广大青年要"努力成为堪当民族复兴重任的时代新人,让青春在为祖国、为民族、为人民、为人类的不懈奋斗中绽放绚丽之花"。

风云变幻,唯有精神不变;沧海桑田,只有青春不老。历史和现实都告诉我们:青年一代有理想、有本领、有担当,国家就有前途,民族就有希望。

百年跋涉,中国青年一代又一代接续奋斗、凯歌前行;征途漫漫,中国青年以青春之我,创造青春之中国、青春之民族。

让我们把镜头拉回到战火纷飞的年代,1919年,爱国青年振臂一呼,在追求真理的道路上开启了光明之门;1921年,13位平均年龄只有28岁的青年,他们指点江山、挥斥方遒,燃起了中国革命的星星之火。嘉兴南湖的小小红船如何成为领航中国的巍巍巨轮,八角楼里的一盏油灯如何照亮民族解放的前进道路……这一桩桩、一件件,都深深镌刻在党的百年历程中,印证着中国共产党人为理想而奋斗的坚定步伐。

为了民族复兴、人民幸福,无数英雄儿女献出宝贵生命,36岁牺牲的恽代英奋笔疾书,"已摈忧患寻常事,留得豪情作楚囚。"30岁牺牲的邓恩铭立下志向,"读书济世闻鸡舞,革命决心放胆尝。"29岁牺牲的张太雷高声呐喊,"愿化作震碎旧世界惊雷。"——这就是百年前用生命改变中国的青春宣言。

世上没有从天而降的英雄,只有挺身而出的凡人。他们平凡,因为他们和你我一样都是普通青年;他们不平凡,因为他们用滚滚热血昭示了"谁是最可爱的人"。是他们坚守了"天下兴亡,匹夫有责"的民族气节,是他们锤炼了不畏牺牲、敢于斗争的红色风骨。

青年兴则国家兴,青年强则国家强。且看少年周恩来"为中华之崛起而读书",且看青年陈望道"真理的味道非常甜",只有为远大理想而奋斗的青春,只有为伟大事业而求索的青春,才是最美丽的"致青春"。

滚滚硝烟、枪林弹雨早已远去,但穿越时空的青春之光,展现着永恒的生命。奋斗的"火把"由这一代青年接过,北斗团队、嫦娥团队、神舟团队,他们平均年龄只有三十几岁,他们血脉中流淌着对祖国的忠诚、脚下追寻着先辈的足迹。

大众创业、万众创新的滚滚大潮,抢险救灾、抗击疫情的战斗一线,行行业业、平凡岗位的默默耕耘……无处不浸润着汗水的青春,无处不印刻着奉献的年华。

选择了吃苦就是选择了收获,选择了奉献就是选择了高尚。从革命战争的烽火到建设新祖国的洗礼;从改革开放的跋涉到迈进新时代的征程,无数青年人用鲜血和汗水浇灌了他们多彩的青春。

青春之花,唯有绽放在党和人民最需要的地方,才会更加绚丽。让我们以青春之我在感悟时代中珍惜韶华,让我们以奋斗之我在紧跟时代中放飞梦想!

3. 决策论

(1)决策论理论

决策论研究决策问题。所谓决策,就是根据客观可能性,借助一定的理论、方法和工具,科学地选择最优方案的过程。决策问题是由决策者和决策域构成的,而决策域又由决策空间、状态空间和结果函数构成。研究决策理论与方法的科学就是决策科学。

决策所要解决的问题是多种多样的,从不同角度有不同的分类方法,如按决策者所面临的自然状态确定与否可分为:确定型决策、不确定型决策和风险型决策;按决策所依据的目标个数可分为:单目标决策与多目标决策;按决策问题的性质可分为:战略决策与策略决策。

不同类型的决策问题应采用不同的决策方法。决策的基本步骤为:确定问题,提出决策的目标;发现、探索和拟订各种可行方案;从多种可行方案中,选出最满意的方案;决策的执行与反馈,以寻求决策的动态最优。

(2)决策论在物流中的应用场景

决策普遍存在于人类的各种活动之中,物流中的决策就是在占有充分资料的基础上,根据物流系统的客观环境,借助科学的数学分析、实验仿真或经验判定,在已提出的若干物流系统方案中,选择一个合理、满意方案的决断行为。如制订投资计划、生产计划、物资调运计划,选择自建仓库或租赁公共仓库、自购车辆或租赁车辆等。

课后练习

1. 对自己公司的仓储和收货地址进行分析,看是否达到了最优的发货货量。
2. 利用线性回归法,找到企业与物流收入或成本正相关的因素。
3. 利用移动平均法对企业的发货量进行年度预测。

习题

一、单选题

1. 下列不是物流数据密集需要进行汇总分析并对运作进行安排的关键环节是(　　)。

A. 运输环节　　　　B. 生产环节　　　　C. 销售环节　　　　D. 采购环节

2. (　　)是以物流的准时或适时为准则所创造的效用。运作特征为:生产数量和质量都适当的产品,在适当的时间,将适当种类和数量的原材料送达适当的生产地点。

A. 缩短时间创造效用　　　　　　　　B. 改变时间差创造价值

C. JIT 效用　　　　　　　　　　　　D. 利用物流时间生产创造效用

3."西煤东运、北煤南运、北粮南调、南矿北运、西棉东送"就是将集中在我国某些地区的原材料,通过物流流入分散需求地区,以此获得更高的利益,体现的是(   )。

A. 从集中生产场所流入分散需求场所创造效用

B. 从分散生产场所流入集中需求场所创造效用

C. 从当地生产流入外地需求场所创造效用

D. 缩短时间创造效用

4.将分散在各地乃至各国生产的产品通过物流活动集中到一个小范围的需求场所有时也可以获得很高的利益,这体现的是(   )。

A. 从集中生产场所流入分散需求场所创造效用

B. 从分散生产场所流入集中需求场所创造效用

C. 从当地生产流入外地需求场所创造效用

D. 缩短时间创造效用

5.(   )的优点是灵活,缺点是速度慢,错误率高,可靠性差。

A. 条码　　　　B. 磁卡　　　　C. EPC 系统　　　　D. 手工输入

二、多选题

1.物流数据的来源可以根据流程进行划分,例如物流仓储数据从流程上可划分为(   )。

A. 入库有关的数据　　　　　　B. 存储有关的数据

C. 拣选有关的数据　　　　　　D. 发货有关的数据

2.目前,主要的物流基础数据采集技术有(   )。

A. 条码　　　　　　　　　　　B. 磁卡

C. 射频识别　　　　　　　　　D. EPC 系统

3.物流的覆盖范围很大,(   )是物流数据密集需要进行汇总分析并对运作进行安排的关键环节。

A. 采购环节　　B. 销售环节　　C. 运输环节　　D. 财务环节

4.物流行业的业务数据常处于动态变化中,这给物流行业的数据处理平添了不小的困难。(   )是对于物流行业颇为实用的数据分析软件。

A. Excel　　　　B. PPT　　　　C. Foxmail　　　　D. MATLAB

5.效用是指商品或服务为满足需求所提供的价值或用途。物流过程中的物化劳动和活劳动投入增加了产品的效用,具体表现为增加了产品的(   )。

A. 时间效用　　B. 空间效用　　C. 形质效用　　D. 利润效用

三、判断题

1.现代物流是一个庞大复杂的系统,包括运输、仓储、配送、搬运、包装和再加工等诸多环节,每个环节信息流量十分巨大,产生了巨大的数据流。数据量大、数据分散、数据重复、数据口径不一致等现象,使企业很难对数据进行准确、高效的收集和及时处理,从而影响决策者快速、准确地做出物流过程的控制决策,造成整个过程物流成本居高不下。　　(   )

2.对物流数据加以分析能够帮助物流企业及时、准确地收集和分析客户、市场、销售及企业内部的各种信息,对客户的行为及市场趋势进行有效的把握,了解客户各自的偏好,了解企业内部物流问题的关键所在,从而在提高服务质量和物流效率的同时,降低企业物流成本。( )

3.物流作为一种社会经济活动,同样具有创造经济效用的功能。( )

4.本来在某个时间应该进行相应的经济活动,但是人为通过相关的物流活动,将这一经济活动改变发生时间,求得较高经济效益,这种效益增值称为错位时间效益。这描述的是利用物流时间生产创造的时间效用。( )

5.空间效用表现为通过商品流通过程中的劳动克服商品生产和消费在地理空间上的分离,通过运输、配送等活动消除商品生产与消费在空间位置上的矛盾,达到生产与消费位置空间上的一致。( )

学习单元 2
物流数据分析的内容及工具

学习目标

知识目标：
- 了解物流数据分析的内容
- 掌握物流数据分析常见的工具

技能目标：
- 能够通过物流效率工具分析企业的运营效率
- 能够统计企业的成本数据，进行成本分解
- 能够利用数据分析需求成本和效率的平衡点

思政目标：
- 发扬工匠精神
- 养成求真的科学精神

学习单元 2　物流数据分析的内容及工具

思维导图

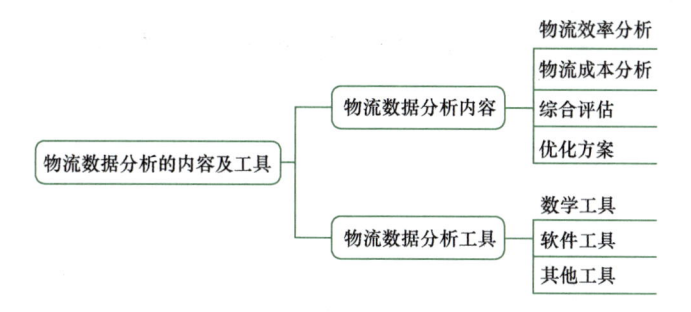

```
                                        ┌─ 物流效率分析
                        ┌─ 物流数据分析内容 ─┤─ 物流成本分析
                        │                ├─ 综合评估
物流数据分析的内容及工具 ─┤                 └─ 优化方案
                        │                ┌─ 数学工具
                        └─ 物流数据分析工具 ─┤─ 软件工具
                                         └─ 其他工具
```

单元导入

啤酒和尿不湿放一起,销量才能高!

啤酒为什么会和尿不湿放一起?这个现象最开始是在美国的沃尔玛超市中出现的。超市的管理人员分析销售数据时发现了一个令人难以理解的现象:在某些特定的情况下,啤酒与尿不湿这两件看上去毫无关系的商品会经常出现在同一个购物篮中。

这种独特的销售现象引起了管理人员的注意,经过后续调查他们发现,这种现象大多出现在年轻的父亲身上。

在有婴儿的美国家庭中,一般是母亲在家中照看婴儿,年轻的父亲前去超市购买尿不湿。父亲在购买尿不湿的同时,往往会顺便为自己购买啤酒,这就出现了啤酒与尿不湿这两件看上去不相干的商品经常被放入同一个购物篮的现象。如果这个年轻的父亲在卖场只能买到上述两件商品中的一件,则他很有可能会放弃购物而到另一家商店,直到可以一次同时买到啤酒与尿不湿为止。

沃尔玛超市发现了这一独特的现象,开始尝试在卖场将啤酒与尿不湿摆放在相同的区域,让年轻的父亲可以同时找到这两件商品,并很快地完成购物。而沃尔玛超市也因为让这些客户一次性购买两件商品而不是一件,从而获得了很好的商品销售收入。

当然"啤酒与尿不湿"的故事也是有理论依据的:1993年美国学者Agrawal通过分析购物篮中的商品集合,从而找出了商品之间关联关系的算法,并根据商品之间的关系,找出了客户的购买行为。

从数学及计算机算法角度他提出了商品关联关系的计算方法——Aprior算法。该算法在20世纪90年代被引入沃尔玛POS机数据分析中,并最终取得了成功。

人类过去一直研究因果性,大数据却更强调研究相关性,就是不管为什么,先考虑怎么做,不强调原因,先强调结果。

思考:

1.数据在企业日常运营中起到了什么作用?

2.如何才能高效地从数据中找到对自己有用的信息?

物流数据分析与应用

启示：
1. 通过数据分析，能够发现一些运营中忽略的现象，给出问题本质原因的介绍。
2. 数据分析是一件专业的事，需要给出结果才算成功。

任务 2-1　物流数据分析内容认知

知识准备

物流行业有三个普遍的特点：一是规模巨大，规范缺乏；二是集中度低，市场分散；三是货物复杂，需求复杂。这三个特点衍生出了物流企业数据应用四大机会，分别是：丰富数据资源，提升过程管控；统一利润口径，协同经营决策；优化成本分摊，洞察客户质量；清晰管理目标，聚焦重点工作。

在企业发展过程中，物流业务与物流场景也随之建立与发展，不同类型的企业在建立物流体系的顺序上会有一定的区别。对于生产型企业，可能首先会建立采购与生产物流体系，然后逐步完善销售物流体系。而对于零售和分销企业来说，则重点在于销售物流体系的建立。

如何构建最优的物流运营体系？这不是凭空想象出来的，而是需要借助工具在数据分析的基础上得出结论，使得物流管理达到最优。

从供应链物流全局的视角来看，物流管理以供应链总成本最小为目标，追求物流效率、成本和服务的总体最优，不断寻求成本和效率之间的平衡，这也是企业供应链能力迭代的过程。在开展物流数据分析时，可以从物流效率分析、物流成本分析、综合评估、优化方案四个角度入手。

微课：物流数据分析的内容

1. 物流效率分析

物流效率对于企业来说，指的是物流系统在一定的服务水平下满足客户的要求。

在进行企业物流效率能力分析时，我们一般可以从如下两个维度入手：

一是从流程的维度分析每个细分流程中资源的使用效率，此时物流效率能力可以分为物流人员的效率、物流设备的效率以及物流设施的效率，其中物流设施的效率主要是指面积利用率。

二是从功能的维度分析物流效率能力，此时可以将企业物流效率能力拆分为运输效率、仓储效率、搬运效率、配送效率、网络效率等。

物流效率的衡量指标主要分为经济性指标、技术性指标和社会性指标。经济性指标主要涉及成本和效益两个方面，能够全面反映企业实施物流作业的经济性。技术性指标主要从技术上衡量物流作业实施后各项指标的表现程度。社会性指标主要从宏观的角度衡量物流作业对整个社会的影响程度。

目前企业中对物流效率的衡量主要采用经济性指标，本学习单元也是从经济性指标方面进行解读。

(1) 物流效率分析的内容

①人员效率，如卸货人员效率、上架人员效率、拣货人员效率、装车人员效率。

②设施利用率，如装货月台利用率、存储区利用率、拣货区利用率、播种区利用率。

③设备的效率，如搬运设备效率、拣货设备效率、装卸货设备效率。

④流程效率，如卸货效率、出库效率、拣货效率、上架效率。

⑤订单完成率，如订单延迟率、每时订单的处理能力、立即交付率。

⑥时间效率，如单位时间人员效率、单位时间设备效率、单位时间订单密度、单位时间设施效率。

(2) 物流效率分析的方法

装卸人员效率＝总卸货货量/总人数

上架人员效率＝总上架货量/总人数

拣货人员效率＝总拣货货量/总人数

装车人员效率＝总装车货量/总人数

装货月台利用率＝实际月台使用面积/月台规划面积×100%

存储区利用率＝实际存储区使用面积/存储区规划面积×100%

拣货区利用率＝实际拣货区使用面积/拣货区规划面积×100%

播种区利用率＝实际播种区使用面积/播种区规划面积×100%

搬运设备效率＝总搬运货量/总搬运设备台数

拣货设备效率＝总拣货货量/总拣货设备台数

装卸货设备效率＝总装卸货货量/总装卸货设备台数

卸货效率＝卸货总货量/卸货时长

出库效率＝出库总单量/出库时长

拣货效率＝拣货总单量/拣货时长

上架效率＝上架总单量/上架时长

单位时间人员效率＝人员效率/有效工作时长

单位时间设备效率＝设备效率/有效工作时长

单位时间订单密度＝订单总量/有效工作时长

单位时间设施效率＝设施效率/总时长

思政园地

发扬一丝不苟的精神

我们生活在科学技术日新月异的时代。科学精神是科学家从事研究工作不可缺少的，每个成功的科学家都是靠着卓越的科学精神才能取得伟大的成功。

在日常生活中，我们也要一点一滴地培养做事一丝不苟、精益求精的科学精神。精益求精，是要把每一个细节都做足功夫。古人早就说过"勿以善小而不为，勿以恶小而为之"。超越平凡并不是要去做多大的事情，只要我们把生活和工作中的每一件小事都做到完美，就能成就卓越了。就像袁隆平那样，他虽然培育出一种较好的杂交水稻，但他还继续努力，培育出更好的杂交水稻，就是因为他有着一种精益求精的科学精神，人们对他十分敬佩。

物流数据分析与应用

又如孔子学琴的故事,一次孔子向鲁国著名的琴师师襄子学弹琴,孔子练了十天,还在弹同一首曲子,师襄子见了此情景便说:"你可以学习新的内容了。"孔子闻此语,笑了笑说:"我已经熟习了曲子,但还没有学会弹琴的技术!"又过了一段时间师襄子对孔子说:"你已经熟习了弹琴的技术,可以学习新的内容了!"而孔子却说:"我已经熟习了弹琴的技术,但还没有体会琴曲的意蕴。"又过了一段时间,师襄子对孔子说:"你已经体会了琴曲的意蕴,可以学习新的内容了!"听了这话孔子又说:"我还没有体会曲中的人到底是怎么样的。"又过了一段时间,孔子终于感觉到了琴曲中的人穆然深思的样子、安然愉悦的心情、高瞻远瞩的志向,于是便找到师襄子对他说:"我知道曲中的人是怎样的了。他高大挺拔,目光深远,是天下之王,此人若不是周文王,那还会是谁?"师襄子听了孔子的话,不禁连连夸赞。孔子在师襄子的认可下居然不学习新内容,反而一直学习这首曲子,这是为什么呢?这是因为孔子想更好地弹好这首曲子,他不仅仅要学曲子的弹法和技巧,还要细细体会曲子的意蕴,与曲中描写人物的样子,只有这样精细地研究,才会让弹出来的曲子更加动听,更加生动!

在生活、学习中我们也要学习孔子、袁隆平这种精益求精的办事态度,要想完美地做好事情,就要精益求精。要更好地学习知识就要精益求精。

对于数据分析工作,为真实地反映企业的经营情况和成本情况,必须发扬一丝不苟的精神,准确完整地记录发生的数据。

2. 物流成本分析

物流成本分析是以物流成本信息为依据,运用专门方法对物流企业成本计划的执行过程、结果和原因进行分析和研究,据以评价企业成本管理工作,挖掘企业降低成本的潜力,提高企业经济效益的一种经济行为。

(1)物流成本分析的内容

物流成本分析分为事前、事中、事后分析,内容包括:

①分析和评价企业物流成本的执行情况

完整的物流成本管理,通常会按照物流成本的构成制订成本计划,也就是企业说的预算成本,随后按照周度、月度、年中、年度等周期计算各项物流的成本,通过对实际成本与预算成本进行比较,评价预算成本执行的好坏。

②明确企业物流成本波动的原因

通过对物流成本做一些横向(同比、环比)和纵向(友商)的比较,明确成本变化,并通过对物流成本结构的分析,明确产生波动的原因。

横向比较法示例见表2-1。

表2-1　　　　　企业各季度成本统计表

季度	Q1	Q2	Q3	Q4
2019年成本(万元)	450	369	500	534
2020年成本(万元)	762	496	765	601
差值(万元)	312	127	265	67

③寻求进一步降低企业物流成本的方式和方法

通过对收入和成本的比较,看成本付出是否带来了更大的物流收益,或提供了更好的物流服务,如果未产生上述效果,需要针对性地采取降低成本的方法和措施。

(2)物流成本分析的方法

①比较分析法

比较分析法是把实际达到的成本与设定的标准成本进行比较,从数量上确定差异,并进行差异分析或趋势分析。

比较分析法包括绝对数比较和相对数比较,可使用的比较标准包括:
- 本期成本与预定成本目标的比较。
- 本期与同期实际成本或历史最高水平的比较。
- 本企业与行业先进水平的比较。
- 本企业与评价标准的比较。

对比的形式主要有:
- 绝对值比较。
- 增减值比较。
- 百分数比较。

比较分析法示例见表2-2。

表 2-2　　运输成本对比统计表

项目	自营配送费用(元)	第三方配送费用(元)	费用降低额(元)	降低百分比(%)
运输成本—干线	20 000	13 200	6 800	34.0
运输成本—支线	15 000	10 000	5 000	33.3

运用比较分析法应注意的问题:
- 指标内容、范围和计算方法的一致性。
- 时间单位的一致性。
- 比较对象经营差异不能太大,具有可比性。

②比率分析法

比率分析法是在物流成本表的不同项目之间,或在物流成本表和其他财务报表的有关项目之间进行比对分析,以计算出的比率反映各项目之间的相互关系,据此评价企业的物流水平。

常见的物流比率分析法的指标包括:单位产品物流成本率、单位销售物流成本率、装载率(满载率)、物流成本利润率、仓库利用率、平均仓储成本等。物流比率分析法的指标示例见表2-3。

表 2-3　　物流比率分析法的指标示例

项目	仓储成本(万元)	平均库存(t)	平均仓储成本(万元/t)
数额	200	20	10

③因素分析法

因素分析法是将某一总和指标分解为若干相互联系的因素,并分别计算分析每个指标的影响程度。

运用因素分析法的步骤如下:
- 确定分析指标由几个因素组成。
- 确定各个因素与指标之间的关系,如加、减、乘、除、系数、指数等。

- 采用适当的方法,把指标分解成各个因素。
- 确定每个因素对指标变动的影响程度和方向。

运用因素分析法要注意的问题:
- 因素的关联性。
- 因素替代的顺序性。
- 顺序替代的连环性。
- 计算结果的假定性。

职场直通车

一、某电子商务企业物流成本经理职位描述

岗位职责:

1. 负责物流部门成本分析和控制,建立完善的全面预算体系。
2. 制定成本管理制度、规范及标准,为建立完善的物流财务管理系统提供支持。
3. 根据物流内部业务特征,提出成本优化的有效方案,并跟进落地实施。
4. 根据物流成本数据分析,协调其他部门优化业务模式,节约公司成本。

岗位要求:

1. 物流、财务相关专业本科及以上学历。
2. 具备物流行业相关工作经验。
3. 熟悉电子商务企业财务管理的思路和方法。
4. 具有较强的财务数据分析及处理能力,工作计划、逻辑性强,思维缜密,耐心细致。
5. 基础办公系统软件操作熟练,尤其是 SPSS、Excel、PPT 操作熟练。
6. 具有较强的沟通能力和讲解说明的能力。
7. 具有强烈的工作责任心、原则性和团队合作精神。

二、某公司物流数据分析专员职位描述

岗位职责:

1. 日常 ERP 系统单据处理以及其他相应的数据处理。
2. 对接物流仓储,协调出库和入库事宜。
3. 相关物流费用的对账与请款。
4. 协助上级领导工作以及完成上级领导交代的其他工作内容。

岗位要求:

1. 熟练掌握 Office 办公软件。
2. 具有 2 年以上相关岗位经验(零售、快消行业)的优先考虑。
3. 有 ERP 系统操作经验。
4. 大专及大专以上学历。
5. 1~2 年社会工作经验。

3. 综合评估

效益是企业追求的目标,物流业的效率是产生效益的直接源泉。对效益的不断追求是物流活动的动力源泉与直接目的,也是物流成本控制的关键所在。有专家指出"物流效率就

是效益",可见,效率是物流的生命所在,没有高速流转的物资就没有巨大的物资流量,也不可能产生显著的经济效益。

物流成本直接影响企业经济效益,合理控制成本是物流管理的重要部分。物流成本与物流效益存在"效益背反",物流成本不是越低越好,而是使企业的利润达到最大化才是最合理的,只有这样才能保证物流效率的提高,使企业效益增长。

物流"效益背反"原则指的是物流的若干功能要素之间存在着损益的矛盾,即某一个功能要素的优化和利益发生的同时,必然会存在另一个或另几个功能要素的利益损失,反之也如此。

综合评估效率和成本,需要从物流成本的构成、物流效率、物流成本与效率的关系三个方面展开。

(1) 物流成本的构成

物流成本按照物流功能可以分为仓储作业成本、存货成本、物流运输成本、管理成本四类。

仓储作业成本包括物流验收(质检)成本、出入库成本、装卸加工成本、补货成本、移库成本、码垛成本、上架成本。仓储作业成本计算时,如果包含设施成本的分摊,则可以不单列仓储设施成本。

存货成本指为保持存货而发生的成本,包括存货成本所占的资金利息。

物流运输成本包括干线运输成本、支线运输成本、配送成本、破损成本。

管理成本就是物流管理费用,包含采购处理成本、订单处理成本、IT 技术费用分摊等,一般按照仓储作业成本、存货成本、物流运输成本一定的比例(取 3%～5%)进行计算。

(2) 物流效率

物流效率相关内容已在前面详述,这里从物流效率的经济性指标角度研究物流成本与效率(效益)的关系。

(3) 物流成本与效率的关系

从微观角度来讲,降低物流成本给企业带来的经济效益主要体现在以下两个方面:

① 由于物流成本在产品最终成本中占较大的比例,因此降低物流成本能够提升企业的利润空间,提高企业的经济效益。

② 降低物流成本,能够增强企业的价格优势,提高产品竞争力,扩大销售,从而增加企业利润。

从宏观角度来讲,降低物流成本给企业带来的经济效益体现在以下三个方面:

① 物流成本的下降,对全社会而言,意味着以最少的资源投入,得到了更多的财富。

② 效率提升,成本下降,可以提升企业在国内和国际的竞争力。

③ 全行业物流成本的下降,会降低产品成本,导致产品价格的下降。

物流活动的最根本目的是赚取利润。在物流活动中如果总收益大于总成本,就会有结余。结余就是利润,物流经营的基本动机就是追求利润的最大化。成本和效率的平衡就是在一定时期内,物流成本的增加使企业的利润得到提升,过了这个分界点之后利润就不会继续上升,这个点就是利润最大化的平衡点,如图 2-1 所示。

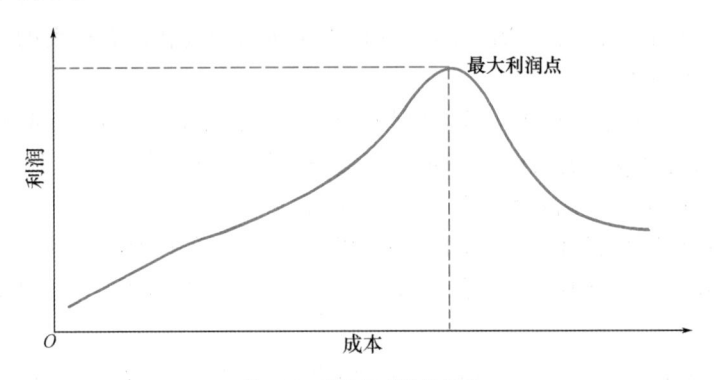

图 2-1 成本与利润的关系

物流成本效率的评估主要通过财务指标计算投入产出比,最终确认单位投入产出,比如单均成本、单均人力投入产出、单均设备产出成本等,与头部领先企业对比,得出物流成本效率。

4. 优化方案

优化方案的目的是提高物流效率,因此需要明确优化的目标、优化的内容、优化的方法。

(1) 优化的目标

物流企业在不同的发展阶段,需要有不同的优化目标。如在引入期和成长期,物流企业的目标为扩大市场份额,在这个阶段,为成本的持续投入阶段,此时的物流优化目标为不断提升企业的效率,以平衡成本的持续支持。

到了成熟期,企业需要对成本和效率进行精细化的运营,此时的目标就变成寻求成本和效率的平衡,即在最优的成本下达成最大的收益或在既定的收益下,实现成本最小。

(2) 优化的内容

为了实现以最小的投入成本达到最高的服务水平或最高的收益,需要从以下几个方面进行优化:

① 仓库选址和布局。在规划仓库的布局时,需要考虑是时效优先还是成本优先,根据公司的整体战略目标进行选址。一般来说,仓的数量越多,时效越快;仓的数量越少,时效越慢。

② 合理选择运输方式,提高运输效率。在物流运输中,不同的运输方式决定了运输效率的不同。比如航空运输,运输时效快,运输成本高;铁路运输和海运,运输量大,运输成本低;陆运机动灵活,时效和运输成本均处于中间;另外还有结合多种运输方式的多式联运,全程运输成本最低。

③ 库存的优化。库存成本是一个巨大的数字,需要每个企业进行库存的管理。可结合销售预测、ABC 分析法等,保持最优库存量。

④ 路由优化。在运距、运费、消费量和生产能力明确的情况下,需要运用运筹学、线性规划等方法解决运输线路的选择,资源的配置,运输节点的选择等问题,进一步提高物流运输效率。

⑤ 车辆优化。常见的车辆使用方式为自营和外包,企业在做成本和效率优化时,要充分考虑车辆的使用效率、满载率等情况,选择合适的车辆运营方式,通过一定数量的外包车辆,降低公司的固定资产成本。

⑥人员优化。好的员工是培养出来的,在达成公司总体目标的情况下,要加强对企业员工的培养和引导,让每个员工发挥最大的功效,为企业的增值贡献最大的力量。

(3)优化的方法

常见的物流成本和效率优化方法包括线性规划法、非线性规划法、图论等,前面内容中已做详细论述,这里不作为重点进行讲解。

任务实施

通过公开资料比较头部快递公司的成本和效率

步骤一:分析目标

1. 分析不同快递公司的成本高低。
2. 分析不同快递公司的投入产出比。

步骤二:分析原理

1. 利用绝对值分析法对不同快递公司的成本进行比较。
2. 利用百分数分析法判断不同快递公司的投入产出比。

微课:成本比较

步骤三:实施过程

1. 通过公开资料搜集头部快递公司的成本

三家头部快递公司的成本见表2-4。

表 2-4　　　　三家头部快递公司的成本

公司名称	A公司			B公司			C公司		
年份	2017	2018	2019	2017	2018	2019	2017	2018	2019
单件总成本(元)	1.47	1.38	1.23	2.40	2.63	2.74	1.32	1.22	1.06

2. 通过绝对值分析法分析不同快递公司的成本差异

不同快递公司的成本差异见表2-5。

表 2-5　　　　不同快递公司的成本差异

公司名称	A公司			B公司			C公司		
年份	2017	2018	2019	2017	2018	2019	2017	2018	2019
单件总成本(元)	1.47	1.38	1.23	2.40	2.63	2.74	1.32	1.22	1.06
与C公司差异(元)	0.15	0.16	0.17	1.08	1.41	1.68	—	—	—

在单件总成本的比较中,C公司在每年的数据中都处于领先地位。在目前大家都采用成本领先战略进行市场竞争时,成本的降低,会让C公司在竞争中处于优势地位,并不断扩大领先优势。这一点可在表2-6的业务量中得到体现。

表 2-6　　　　业务量对比

公司名称	A公司			B公司			C公司		
时间	2018Q4	2018	2019Q1	2018Q4	2018	2019Q1	2018Q4	2018	2019Q1
业务量(亿件)	22.22	69.98	17.8	17.33	51.14	12.80	27.14	85.25	22.67

控制成本对企业的市场份额增加有很大的帮助,特别是行业进入完全竞争的时候,谁成

本最低,谁就能获得更多的份额和利润。

3. 通过数据图表,对成本进行比较

可选择柱形图进行比较,看起来更加直观,如图2-2所示。

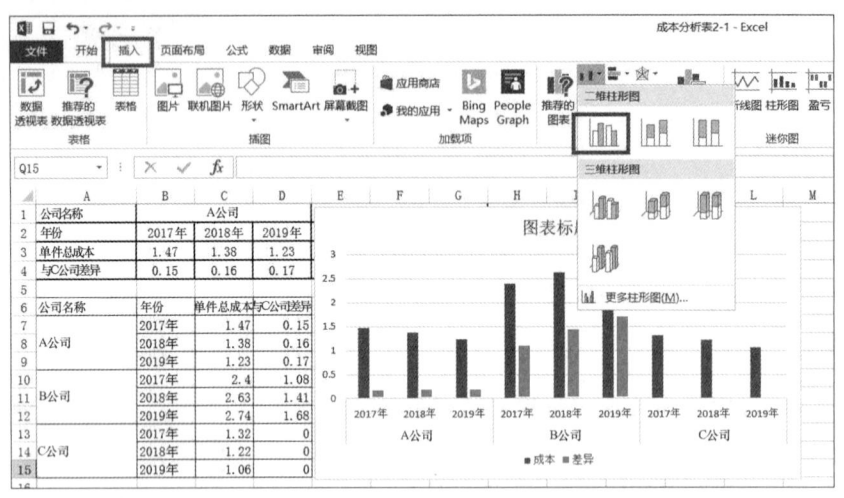

图2-2 头部快递公司成本差比较

4. 搜集公司固定设备成本投入

三家公司固定设备成本投入见表2-7。

表2-7　　　　　　　　三家公司固定设备成本投入　　　　　　　　单位:亿元

公司名称	房屋及建筑物	土地使用权	运输工具	机器设备	计算机及电子设备	总投入
A公司	8.55	12.13	10.09	25.08	3.44	59.29
B公司	5.42	8.27	5.25	1.56	0.72	21.22
C公司	35.87	19.69	23.20	24.76	3.09	106.61

5. 比较投入产出比

投入产出比=业务量/总投入,投入产出比越高,说明企业的效率越高。从表2-8中可以看出,B公司目前投入产出比最高,C公司投入产出比最低,需要综合考虑是否已到了成本和效率的拐点,是否可继续通过投入提高投入产出比等。

表2-8　　　　　　　　　　　　投入产出比

公司名称	房屋及建筑物（亿元）	土地使用权（亿元）	运输工具（亿元）	机器设备（亿元）	计算机及电子设备（亿元）	总投入（亿元）	2018年业务量（亿件）	投入产出比（件/元）
A公司	8.55	12.13	10.09	25.08	3.44	59.29	69.98	1.18
B公司	5.42	8.27	5.25	1.56	0.72	21.22	51.14	2.41
C公司	35.87	19.69	23.20	24.76	3.09	106.61	85.25	0.80

6. 用累计柱形图对投入成本进行可视化展示

从比较图(图2-3)中可以看到,C公司比较注重基础设施,即房屋及建筑物和机器设备的投入,这可能是造成其投入产出比较低的原因之一;A公司也开始注重机器设备的投入,以进一步提升运营效率。

学习单元 2　物流数据分析的内容及工具

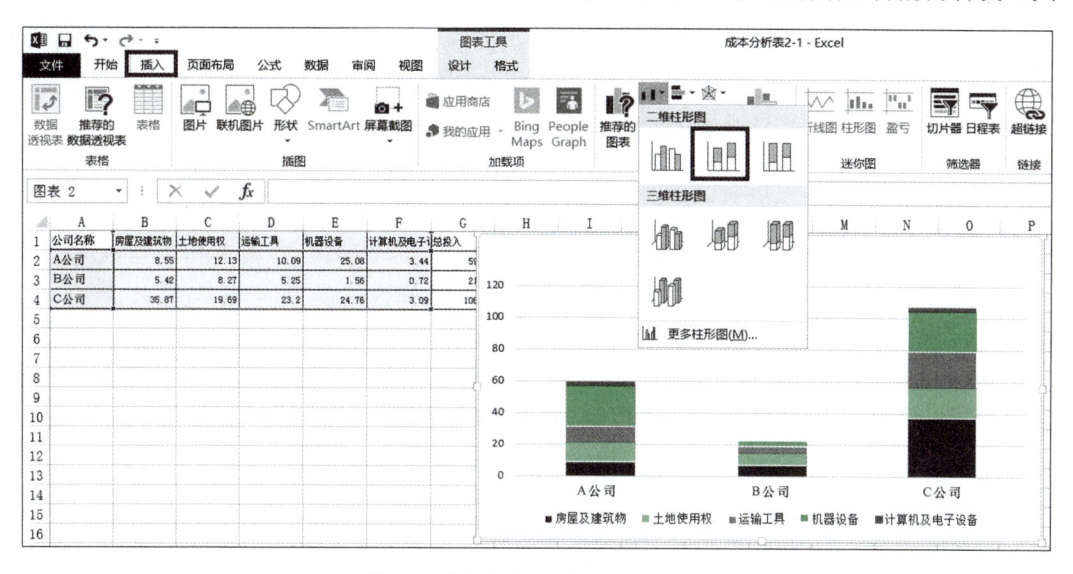

图 2-3　头部快递公司投入成本比较图

任务 2-2　物流数据分析工具认知

知识准备

数据分析的基础是搜集基础资料，通过对基础资料的处理得出相应的结论。在这个过程中，需要运用数据分析工具，通过工具实现对数据的计算和对比。数据分析工具种类繁多，使用难度、场景、效率不一，常见的工具包含数学工具、软件工具和其他工具。

1. 数学工具

数学工具就是数学家在总结归纳同类型问题的时候，得到的一个解决这类问题的通用方法。一个方法，能解决一个类型的问题，就是工具；不能解决一个类型的问题，就是特例。

(1) 常见的数学工具

常见的数学工具有条形图、箱线图、直方图、点图、区间图、趋势图（时间序列图）、柏拉图、散点图、相关分析、回归分析、方差分析、头脑风暴法、原因筛选法、XY 矩阵分析图、十字象限法、流程图等。

(2) 数学工具在物流中的应用

条形图、箱线图、直方图、点图、区间图主要是应用于数据的展示和比较，进而反映出一组或多组数据的分布位置和分布趋势。

条形图可用于表现不同省份不同交通运输条件下的运费情况。直方图更趋向于表现大量数据在哪个范围内出现的频率大，可用于比较一组订单主要集中在哪个区间段。箱线图主要用于反映原始数据分布的特征，还可以进行多组数据分布特征的比较。点图和区间图应用较少，是更能表现出专业性的工具。箱线图、点图、区间图有相似之处，主要用于两种甚至是多种数据的比较。

趋势图（时间序列图）和柏拉图更趋向于数据的统计。趋势图反映数据在一段时间内的趋势，找出规律点和变异点，柏拉图可以进行前几组数据的加总，根据80/20的原则进行图表分析。这些图形一般用于找出数据之间的区别，但仅停留在表面层次，更深层次的分析要涉及回归。

散点图、相关分析、回归分析、方差分析主要应用于数据背后本质的挖掘，在图表分析的基础上，进行数据进一步的分析。散点图是分析的第一步；相关分析根据相关系数R值和临界值，确定几组数据的紧密程度；回归分析主要根据拟合优度R_sq和置信度P值确定回归方程，找到自变量和响应变量之间的关系；方差分析是在图表的基础上求出方差，进而比较哪组数据运行质量更优，还可以根据F值（组间均方除以组内均方的商）和P值（衡量控制组与实验组差异大小的指标）比较两个变量间是否存在差异，进而进行数据测算。散点图、相关分析更适合找出两组数据的联系，提出解决方案。

头脑风暴法、原因筛选法、XY矩阵分析图、十字象限法更适合通过头脑风暴找到问题发生的原因，通过工具展现出来，进而找到解决问题的方法，是方法论的一种。

流程图主要包括visio流程图和SIPOC流程图。关于visio流程图，物流涉及更多的是职能流程图，其他流程图一般用在制造业领域的质量工程分析，visio流程图可以在visio中和Excel中绘制。SIPOC流程图是对流程的一种主观分析，包括供应商、输入、过程、输出、客户，它涉及从发货确认到最终客户签收的全过程以及之前的订单处理和之后的信息反馈。从SIPOC过程流程又演化出一种价值流程图，SIPOC分析完成，针对过程要进行VSM（价值流）分析，确定一项流程的增值时间（VAT）和非增值时间（NVA）——等待时间和浪费时间，然后对等待时间进行分析，针对等待时间的流程进行改善，提高流程的运作效率。

思政园地

中国需要"求真"的科学精神

一部科学技术发展史，也是一部科学精神发展史。一方面，科学精神孕育于科学实践，并在科学发展中不断升华；另一方面，科学精神又作用于科学实践，成为科学发展的不竭动力。在实现中华民族伟大复兴的征程中，我们比以往任何时候都需要科技创新的支撑，也比以往任何时候都需要科学精神的引领。

2018年5月26日，是李时珍500周年诞辰。中国为此发行了一套新邮票"中国古代科学家及著作"，旨在弘扬科学精神。

"中国人都深刻体会了邓小平的一句话：'科学技术是第一生产力'；但爱因斯坦讲过，科学除了促进生产力，还促进人的精神发展，作用于人的心灵，这第二个功能不明显，却同样重要。"国家教育咨询委员会委员、中国科技馆原馆长王渝生教授说。

王渝生认为，尽管科学在中国被口头尊重，但人们对科学精神还不甚了了。科学精神是一种崇高而美好的心灵状态，不光是科学界，全社会都应该讲求科学精神。

• 核心是求真

王渝生说："我们改革开放几十年来，科学技术取得了很大的成就，但很多负面的东西出现了，很多人不按照科学精神办事，还有科学上的不正之风，今天我们更有必要多讲科学精神。"

王渝生说,科学精神是人们在科学实践中形成的共同的理念、价值标准和行为规范,是人在科学活动中的基本精神状态和思维方式。王渝生认为:科学精神的核心是"求真"。

"科学精神要求我们诚实、诚恳。孟子说:'诚者,天之道也;诚之者,人之道也。'"王渝生说,"诚实既是天道,又是人道。人的认识规律就是要诚实。"

王渝生说:"《大学》中也说,格物致知,正心诚意,而后修身齐家治国平天下。格物致知就是探究事物的性质,认识到规律,这个过程伴随着诚意和真心。你看古今中外,能够颠扑不破,放之四海而皆准的科研成就都是这样取得的。"

王渝生认为,"探索求真,理性实证,质疑创新,实践独立"是科学精神的四个内涵。他说科学家群体的特点就是:对未知事物抱着惊讶的态度,对花花世界抱着质疑的态度,他探究事物内在的本质,其探索又不是胡思乱想,而是要实证。

- 为真理牺牲

王渝生说,正是"求真"激发了伟大的科学革命和工业革命。16世纪的一件大事,是哥白尼通过毕生观察和数学计算,发现1 000多年来的地心说是错误的,日心说符合客观数据,但他的论文会受到教会打击,所以哥白尼很纠结。1543年,他70岁即将离世前,决定按照自然界本身的规律来认识自然界,就把理论拿去交付出版,引起了科学革命。

王渝生说,后来伽利略、布鲁诺和开普勒等人去捍卫这个学说,因为这是符合客观实际的。而教会的说法是虚伪的、是假的。

"有错必纠,坚持真理,这就是科学精神。结果伽利略和布鲁诺被教会迫害,布鲁诺56岁时被宗教裁判所判死刑,1600年烧死在罗马的繁花广场上。布鲁诺在宗教法庭上说:'你们以为判我死刑,我会害怕。但我发现,签署死刑判决书的时候,你们在颤抖,你们比我更恐惧。'"王渝生说。

"为了坚持革命的真理而献出了生命,这是一种大无畏的革命精神。"王渝生说,"我觉得科学精神和革命精神是一脉相承的。伟大的科学家跟伟大的革命家一样,都站在人类思想的最高点。"

王渝生说,伽利略在教会威胁下被迫低头,仍然喃喃自语:"但地球仍在转动。"

"伽利略关于重力、斜面、摩擦的一些实验还没有完成,所以他只好暂时认了错。"王渝生说,"牛顿在伽利略的基础上,发现了运动学的三大定律,发现了万有引力定律。这些公式到现在放之四海而皆准。"

王渝生说:"所有的科学理论都要经过观察和实验的证明,才站得住脚。科学精神是保证科学理论正确的最后审判官,而不是宗教裁判所。"

- 慢工出细活

俄罗斯生理学家巴甫洛夫曾给青年科学家写了一封信说:"我给你们提出3点忠告。第一是循序渐进,第二是循序渐进,第三还是循序渐进。"

王渝生说,中外历史都说明,科学家的发现、顿悟和灵感,来自长期的积累,科学事业不允许急功近利。"就像马克思说的:'在科学上没有平坦的大道,只有不畏艰险沿着陡峭山路攀登的人,才有希望达到光辉的顶点。'"

王渝生举了几个例子:居里夫妇从建筑工地弄来了成吨的沥青,在房子外的工棚里架起大锅熬,好不容易才提取了不足一克的镭,发现了放射性更强的元素;爱迪生在1879年将钨丝用于白炽灯之前,试验了上千种材料;从刘徽到祖冲之不懈努力,使用圆内截正六边形边数不断加倍的割圆术,经过了海量的计算,才得出了3.141 592 6的圆周率。

王渝生说:"这样的科学精神,才能让科学成果流传后世,经得起时间和空间的考验。"

(来源:新华网,2018-06-01)

2. 软件工具

软件工具有很多,主要包括:

①Excel软件:Excel功能非常强大,我们常用的就是Excel,可以完成日常80%～90%的基础数据处理工作。

②SPSS软件:SPSS软件从重视医学、化学等开始到越来越重视商业分析,现在已经成为预测分析软件。

③SAS软件:SAS相对SPSS功能更强大。SAS是平台化的。相对来讲,SAS比较难学,但如果掌握了SAS会更有价值,比如离散选择模型、抽样问题、正交实验设计等还是SAS比较好用。另外,SAS的学习材料比较多。

④XLstat:Excel的插件,可以完成大部分SPSS统计分析功能。

⑤Minitab:Minitab是一个非常强大的数据统计、分析和处理软件。用Minitab可以更加直观地给出符合统计规律的图表。

⑥环鸣智慧物流数据分析系统:提供从发货、包装、库内作业、出入库作业、干线物流路线规划到末端物流全过程物流环节的数据采集、数据建模、数据分析、数据挖掘、趋势预测,为物流管理人员提供洞察力和辅助决策。

3. 其他工具

其他工具常常是被用来展示数据分析报表、梳理流程、展示和制作可视化的报表。

①PPT:办公常用,用来写数据分析报告。

②Xmind & 百度脑图:梳理流程,帮助思考分析,展现数据分析的层次。

③Xcelsius软件:Dashboard制作和数据可视化报表工具,可以直接读取数据库,在Excel里建模,互联网展现,最大特色是可以在PPT中实现动态报表。

任务实施

利用不同的数据工具展示物流成本

步骤一:分析目标

1. 研究公司固资投入成本构成。
2. 分析公司固资投入成本比例。

步骤二:分析原理

1. 明确固资投入的成本构成。
2. 根据成本的数值,判断固资投入成本比例。
3. 用不同数据工具展示不同的成本判断。

微课:投入产出比

步骤三：实施过程

1. 定位基础数据来源，做好数据分析的准备，安装好数据分析软件

数据准备见表 2-8。

2. 利用柱形图法，分析不同公司在同一固资上的投入

通过柱形图(图 2-4)，可以清晰地看出来对于同种固资的投入情况，在房屋及建筑物上，C 公司投资远远领先于 A 公司和 B 公司，而在机器设备上，A 公司和 C 公司投入差异不大。

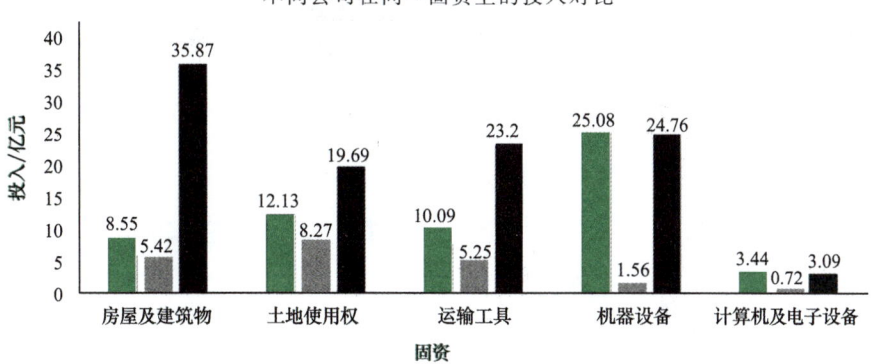

不同公司在同一固资上的投入对比

图 2-4　不同公司在同一固资上的投入对比(柱形图)

以上内容也可以通过条形图(图 2-5)的方式进行展现，效果也差不多，甚至比柱形图更直观。

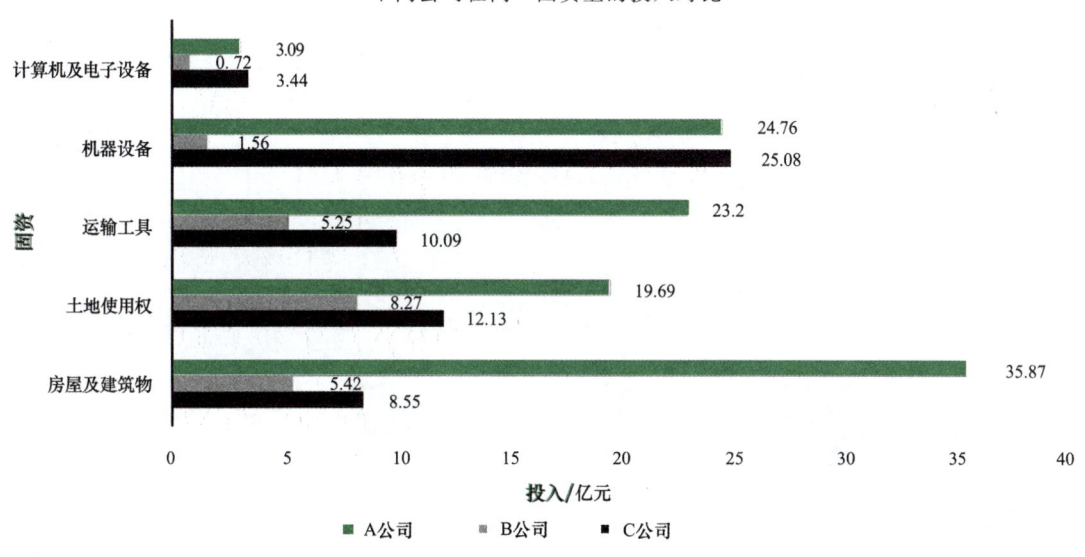

不同公司在同一固资上的投入对比

图 2-5　不同公司在同一固资上的投入对比(条形图)

在 Excel 中制作条形图的过程如图 2-6 所示。

3. 通过百分比堆积柱形图，分析不同公司固资投入成本比例

百分比堆积柱形图往往用来分析不同部分在整体中的占比，得出成本的重点关注方向。

通过图 2-7 可以看到 A 公司重点投入为机器设备；B 公司重点投入为土地使用权；C 公司成本投入以土地使用权和机器设备为主。

在 Excel 中制作百分比堆积柱形图的过程如图 2-8 所示。

物流数据分析与应用

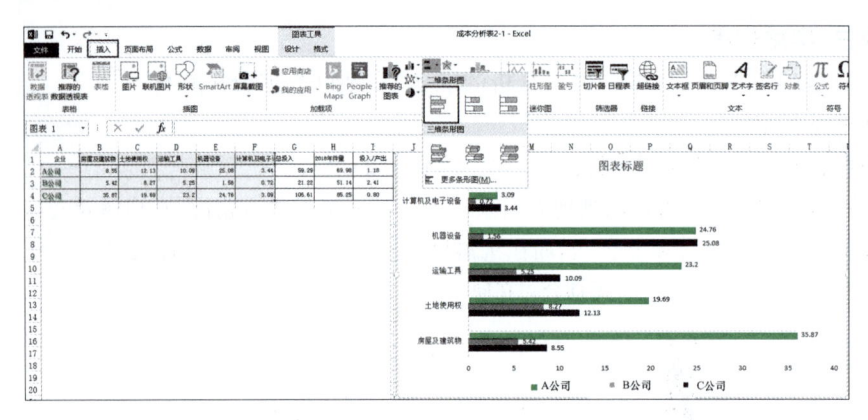

图 2-6　在 Excel 中制作条形图的过程

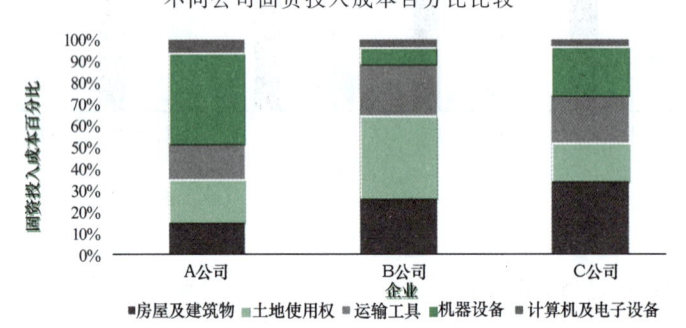

图 2-7　不同公司固资投入成本百分比比较

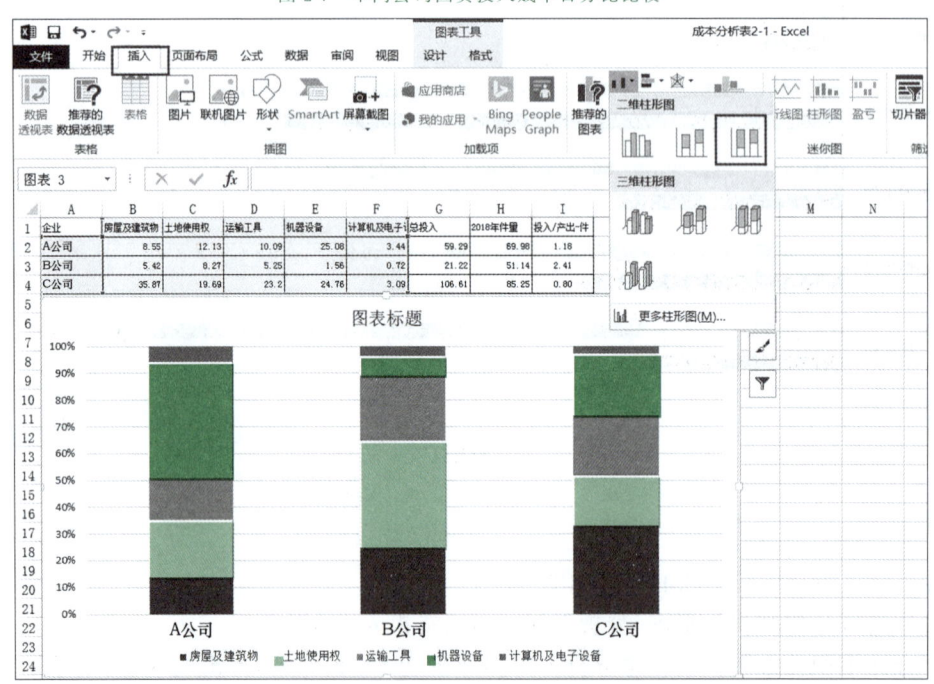

图 2-8　在 Excel 中制作百分比堆积柱形图的过程

由于可用的工具较多，这里就不一一展示了，大家可以练习更多数据工具的使用。

40

4. 小结

不同的数据工具分析和展示的重点不同,在分析前,需要整理好分析思路,并按照分析目标的要求,选择合理的数据分析和展示报表和报告,同时需要培养自身演讲的能力,利用严谨的逻辑说明需要证明的问题。

课后练习

1. 自身企业所用的分析软件是什么?各有哪些优劣势?
2. 在分析企业成本过程中,数据来源如何获取?企业是否建立相应的系统进行数据的收集?
3. 分析过程中,如果遇到业务部门不接受分析逻辑,如何解决?

微课:物流成本

习 题

一、单选题

1. (　　)是指把实际达到的成本与设定的标准成本进行比较,从数量上确定差异,并进行差异分析或趋势分析。
   A. 比较分析法　　B. 插值法　　C. 综合评估法　　D. 差异分析法

2. (　　)主要涉及成本和效益两个方面,能够全面反映企业实施第三方物流的经济性。
   A. 经济性指标　　B. 技术性指标　　C. 社会性指标　　D. 文化性指标

3. (　　)要从技术上衡量第三方物流实施后各项指标的表现程度。
   A. 经济性指标　　B. 技术性指标　　C. 社会性指标　　D. 文化性指标

4. (　　)主要从宏观的角度衡量第三方物流的出现对整个社会的影响程度。
   A. 经济性指标　　B. 技术性指标　　C. 社会性指标　　D. 文化性指标

5. (　　)是以物流成本信息为依据,运用专门方法对物流企业成本计划的执行过程、结果和原因进行分析和研究,据以评价企业成本管理工作,挖掘企业降低成本的潜力,提高企业经济效益的一种经济行为。
   A. 物流效率分析　　　　　　B. 物流成本分析
   C. 综合评估　　　　　　　　D. 优化方案

二、多选题

1. 物流效率的衡量指标主要分为(　　)。
   A. 经济性指标　　B. 技术性指标　　C. 社会性指标　　D. 文化性指标

2. 物流行业三个普遍的特点是(　　)。
   A. 规模巨大,规范缺乏　　　　B. 集中度低,市场分散
   C. 货物复杂,需求复杂　　　　D. 集中度高,市场集中

3. 常见的物流比率分析法的指标包括(　　)。
   A. 单位产品物流成本率　　　　B. 单位销售物流成本率
   C. 装载率(满载率)　　　　　　D. 物流成本利润率

4.物流数据分析的主要内容为(　　)。
A.物流效率分析　　　　　　　　B.物流成本分析
C.综合评估　　　　　　　　　　D.优化方案

5.在进行企业物流效率能力分析时,我们一般可以从(　　)两个维度入手。
A.流程　　　　B.功能　　　　C.时间　　　　D.成本

三、判断题

1.对于生产型企业,可能首先会建立采购与生产物流体系,然后逐步完善销售物流体系。而对于零售和分销企业来说,则重点在于建设销售物流体系。　　　　(　　)

2.从供应链物流全局的视角来看,物流管理以供应链总成本最小为目标,追求物流效率、成本和服务的总体最优,不断寻求成本和效率之间的平衡,也是企业供应链能力迭代的过程。　　　　(　　)

3.物流成本分析分为事前、事中、事后分析。　　　　(　　)

4.比较分析法是在物流成本表的不同项目之间,或在物流成本表和其他财务报表的有关项目之间进行比对分析,以计算出的比率反映各项目之间的相互关系,据此评价企业的物流水平。　　　　(　　)

5.比率分析法是把实际达到的成本与设定的标准成本进行比较,从数量上确定差异,并进行差异分析或趋势分析。　　　　(　　)

学习单元 3
物流分析方法及流程

学习目标

知识目标：
- 掌握常见的物流定性分析方法
- 掌握常见的物流定量分析方法
- 掌握物流分析的流程

技能目标：
- 利用定性分析方法对物流活动进行分析
- 利用定量分析方法对物流活动进行分析

思政目标：
- 坚持实事求是永不过时
- 严格要求自己，自律自强
- 开拓进取，勇攀高峰

思维导图

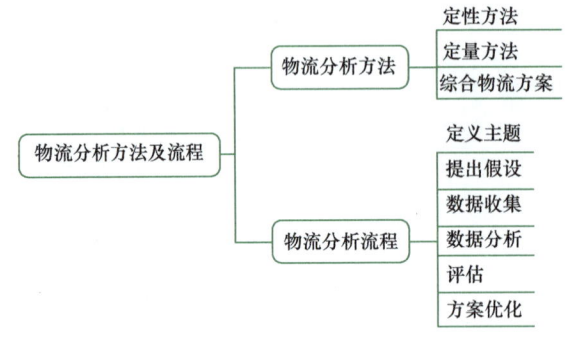

- 物流分析方法及流程
  - 物流分析方法
    - 定性方法
    - 定量方法
    - 综合物流方案
  - 物流分析流程
    - 定义主题
    - 提出假设
    - 数据收集
    - 数据分析
    - 评估
    - 方案优化

单元导入

物流大数据应用案例

针对物流行业的特性，大数据应用主要体现在车货匹配、运输路线优化、库存预测、设备修理预测、供应链协同管理等方面。

1. 车货匹配

通过对运力池进行大数据分析，公共运力的标准化和专业运力的个性化需求之间可以产生良好的匹配，同时，结合企业的信息系统也会全面整合与优化。通过对货主、司机和任务的精准画像，可实现智能化定价、为司机智能推荐任务和根据任务要求指派配送司机等。

从客户方面来讲，大数据应用会根据任务要求，如车型、配送公里数、配送预计时长、附加服务等自动计算运力价格并匹配最符合要求的司机，司机接到任务后会按照客户的要求进行高质量的服务。在司机方面，大数据应用可以根据司机的个人情况、服务质量、空闲时间为他自动匹配合适的任务，并进行智能化定价。基于大数据实现车货高效匹配，不仅能减少空驶带来的损耗，还能减少污染。

2. 运输路线优化

通过运用大数据，物流运输效率将得到大幅度提高。大数据为物流企业间搭建起沟通的桥梁，物流车辆行车路径也将被最短化、最优化定制。

UPS使用大数据优化送货路线，配送人员不需要自己思考配送路径是否最优。UPS采用大数据系统可实时分析20万种可能路线，3秒找出最佳路径。

UPS通过大数据分析，规定卡车不能左转，所以，UPS的司机宁愿绕个圈，也不往左转。数据显示，执行尽量避免左转的政策，UPS货车在行驶路程减少2.04亿公里的前提下，多送出了350 000件包裹。

3. 库存预测

互联网技术和商业模式的改变带来了从生产者直接到顾客的供应渠道的改变。这样的改变，从时间和空间两个维度都为物流业创造新价值奠定了很好的基础。大数据技术可优化库存结构和降低库存存储成本。

运用大数据分析商品品类,系统会自动分解用来促销和用来引流的商品;同时,系统会自动根据以往的销售数据进行建模和分析,以此判断当前商品的安全库存,并及时给出预警,而不再是根据往年的销售情况来预测当前的库存状况。总之,使用大数据技术可以降低库存,从而提高资金利用率。

4. 设备修理预测

UPS 从 2000 年就开始使用预测性分析来检测自己全美 60 000 辆车规模的车队,这样就能及时地进行预防性修理。如果车在路上抛锚,损失会非常大,因为那样就需要再派一辆车,会造成延误和再装载的负担,并消耗大量的人力、物力。

以前,UPS 每两三年就会对车辆的零件进行定时更换,但这种方法不太有效,因为有的零件并没有什么问题就被换掉了。通过监测车辆的各个部位,UPS 如今只需要更换需要更换的零件,从而节省了数百万美元。

5. 供应链协同管理

随着供应链变得越来越复杂,使用大数据技术可以迅速、高效地发挥数据的最大价值,集成企业所有的计划和决策业务,包括需求预测、库存计划、资源配置、设备管理、渠道优化、生产作业计划、物料需求与采购计划等,这将彻底变革企业市场边界、业务组合、商业模式和运作模式等。

良好的供应商关系是消灭供应商与制造商间不信任成本的关键。双方库存与需求信息的交互,将降低由于缺货造成的生产损失。通过将资源数据、交易数据、供应商数据、质量数据等存储起来用于跟踪和分析供应链在执行过程中的效率、成本,能够控制产品质量;通过数学模型、优化和模拟技术综合平衡订单、产能、调度、库存和成本间的关系,找到优化解决方案,能够保证生产过程的有序与匀速,最终达到最佳的物料供应分解和生产订单的拆分。

思考:

1. 大数据技术的应用给物流行业带来了哪些变革?
2. 如何通过大数据分析和挖掘提高物流行业客户服务水平?

启示:

1. 通过物流大数据分析可以提高运输与配送效率,降低物流成本,更有效地满足客户的服务要求。
2. 通过对物流数据的跟踪和分析,可以助力物流企业决策智能化。

任务 3-1 物流分析方法认知

知识准备

物流系统分析就是利用科学的分析工具和方法,分析和确定系统的目的、功能、环境、费用与效益等,抓住系统中需要决策的若干关键问题,根据其性质和要求,在充分准确的信息基础上,确定系统目标,提出为实现目标的若干可行方案,通过模型进行仿真试验,优化分析和综合评价,最后整理出完整、正确、可行的综合资料,从而为决策提供充分依据。系统分析是一种有目的、有步骤的探索过程,通过它可能找到解决问题的方法和途径。由于物流系统是一个复杂的整体，因此在进行物流系统规划、物流系统评价和物流系统优化过程中，都离不开物流系统分析。

物流系统分析作为一种决策的工具，其主要目的在于为决策者提供直接判断和决定最优方案的信息和资料。在进行分析的时候，要把任何研究对象均视为系统（如在分析物流系统中的运输问题时，就需要将运输设施、运输管理方法、运输资源、运输目的等综合成一个整体进行研究，即运输系统，而运输系统又是物流系统的一个子系统），以系统的整体最优化为工作目标，并力求建立数量化的目标函数；应用数学的基本知识和优化理论，从而使各种替代方案的比较不仅有定性的描述，而且基本上都能以数字显示其差异。对无法计量的问题或者有关因素，则运用直觉、判断及经验加以考察和衡量。但在进行这种经验、直觉等决断时也要注意按照科学的推理步骤，力求分析均能符合逻辑的原则和事物的发展规律，而不是凭主观臆断和单纯经验。这样的物流系统分析才能使人们科学地寻找到物流系统的潜力，使之得到优化和体现最佳效益。

在设计和运行物流系统时，要以宏观经济效益和微观经济效益的双重优化为目的。具体来讲，物流系统优化要实现以下 5 个优化目标，简称"5S"：服务（Service）优化、速度（Speed）优化、成本（Saving）优化、规模（Scale）优化、库存（Stock）优化。

• 服务优化：物流系统的本质要以用户为中心，树立用户第一的观念。在物流活动中要做到无缺货、无货物损伤和丢失等现象出现，并且费用要低。

• 速度优化：物流系统的快速、及时是其服务性的延伸。快速、及时既是用户的要求，又是社会发展进步的要求。在物流领域可采用诸如直达物流、多式联运、时间表系统等管理方法和技术。

• 成本优化：在物流领域里，可以通过推行集约化经营方式，提高物流作业的能力，以及采取各种节约、省力、降耗措施等，实现降低物流成本的目标。

• 规模优化：以物流规模作为物流系统的目标，以追求"规模效益"。在物流领域里是以分散或集中等不同方式建立物流系统的，因此要研究物流的集约化、机械化、自动化以及信息系统的利用等。

• 库存优化：对库存的控制。库存控制是及时性的延伸，也是物流系统本身的要求，涉及物流系统的效益。物流系统通过本身的库存，可以起到对众多生产企业与消费者的需求保证作用，在物流领域中正确确定库存方式、库存数量、库存结构、库存分布就是这一目标的体现。

分析物流系统的主要方法有定性方法、定量方法、综合物流方案。

1. 定性方法

如果影响物流的相关信息是模糊的、主观的，无法量化，而且相关的历史数据很少，或是与当前的运营相关程度很低，则往往只能选择定性方法进行分析。

（1）常见的定性方法

①鱼骨图法（因果分析法）

利用鱼骨图（图 3-1）来分析影响系统的因素，在图上用箭头表示原因与结果之间的关系,简单直观,一目了然。分析发生结果的原因时,应将各种原因进行归纳,用简明的文字和线条加以全面表示。

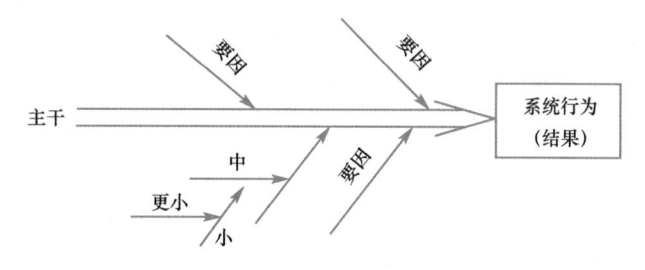

图 3-1　鱼骨图的一般模式

鱼骨图法一般在物流企业运营出现状况的时候使用,比如分析企业经营效益、企业差错率提升的原因等。

鱼骨图一般有三种类型:

a. 整理问题型,各要素和特性值之间不存在因果关系,而是构成关系。

b. 原因型,鱼头在右,特性值通常以"为什么……"来写。

c. 对策型,鱼头在左,特性值通常以"如何提高/改善……"来写。

鱼骨图法作图步骤:

a. 确定分析对象,找出分析问题。

b. 了解和确定影响问题的主要特征。

c. 分析产生系统行为的原因。

d. 整理各个原因,按逻辑关系排列,从大到小画在图上。

e. 对主要原因做出标记。

f. 检查是否有原因遗漏。

g. 做标题等有关事项,以便查考。

注意的问题:提出的系统行为要具体明确;对每一种系统行为必须绘制一个图形,不能把几种系统行为混到一起;主干线的箭头方向应从左到右,不能颠倒;分析原因应细致到能采取具体措施为止;分析原因不能混进处理意见;对重要原因要标出符号和次序;分析图制作过程中必须听取广泛的意见。

②目标—手段法

目标—手段法就是将要达到的目标和所需要的手段按照系统展开,一级手段等于二级目标,二级手段等于三级目标,依次类推,便产生了层次分明、相互联系又逐渐具体化的分层目标系统。

目标—手段法的实质是运用效能原理不断分析的过程。

此方法常用于分析物流目标实现的手段,比如经营效益的达成手段、降低成本的措施等。

③KJ 法

KJ 法是一种直观的定性分析方法,由日本东京工业大学的川喜田二郎教授开发。其基本原理是把一个个信息做成卡片,将这些卡片摊在桌子上观察,把有"亲近性"的卡片集中起来合成为子问题,依次做下去,最后求得问题整体的构成。

KJ法的实施步骤如下:

a. 尽量广泛地收集与问题可能有关的信息,用关键的语句简洁地表达出来。

b. 一个信息做成一张卡片,卡片上的标题要简明易懂。

c. 把卡片摊在桌子上通观全局,充分调动人的直觉能力,把有"亲近性"的卡片集中到一起作为一个小组。

d. 给小组取个新名称,其注意事项同步骤a,作为子系统来登记。

e. 重复步骤c和d,分别形成小组、中组和大组,对难于编组的卡片单独存放。

f. 根据小组间的类似关系、对应关系、从属关系和因果关系等进行排列。

g. 将排列结果画成图表,即把小组按大小用粗细线框起来,把"有向枝"(带箭头的线段)连接起来,构成一目了然的整体结构图。

h. 观察结构图,分析它的含义,取得对整个问题的明确认识。

KJ法的应用范围很广,常用于以下物流生产和管理活动中:

a. 迅速掌握未知领域的实际情况,找出解决问题的途径。

b. 对于难以理出头绪的事情进行归纳整理,提出明确的方针和见解。

c. 通过管理者和员工的一起讨论和研究,有效地贯彻和落实企业的方针政策。

d. 成员间互相启发,相互了解,促进为共同目的的有效合作。

(2)定性方法在物流分析中的应用

①利用鱼骨图法分析服务水平下降的原因

在服务水平下降的鱼骨图(图3-2)中,分析现场作业的原因,尽可能对人、机、料、法、环、信六个方面进行原因分析,这是物流企业对质量等进行分析的重要手段之一。

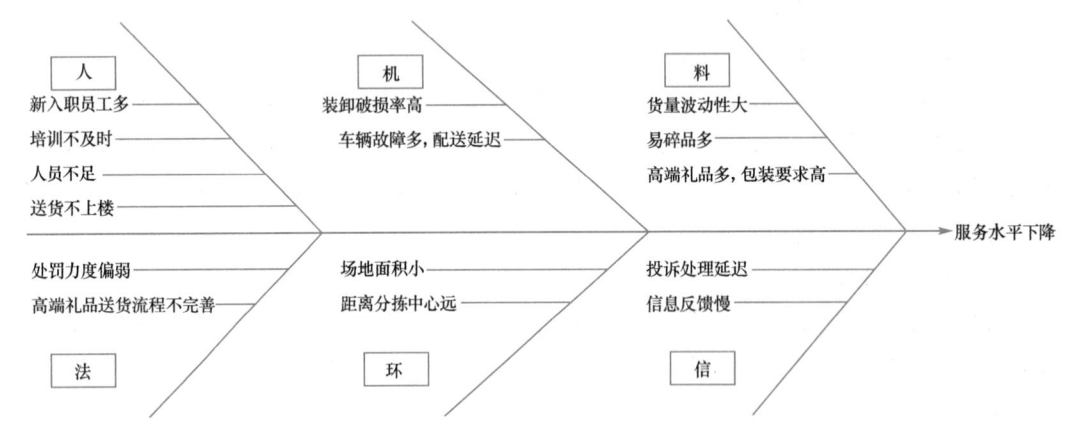

图3-2 服务水平下降的鱼骨图

人:第一个要素就是人,不管是收货、上架,还是打单、出库,做任何事情首先都需要有人。

机:代表机器、工具、设备,我们做任何一件事情基本都离不开机器、工具、设备。

料:指物品、物料,做任何一个东西都要跟物品、物料打交道。

法:指流程、方法、注意事项等,做任何一件事情都有一套流程、方法等。

环：可以理解为操作场地、存放场地、存放空间、空间环境等，仓储人员做任何一件事情，首先要有一块场地。

信：就是信息，我们做一件事情，要掌握与这件事情相关的知识、资料、图像、数据文件等。

通过鱼骨图分析，可以看出来，近期由于人员波动和新入职员工较多，在培训上投入不足，需要人力资源等部门加强送货服务标准的培训，同时增加设备投入，提高拣货效率，完善包装，尽可能对货量进行预测，加强对高端礼品配送的流程管理、包装管理，易碎品的包装管理，运输安全等；加强事后处罚力度，进一步引导员工按照标准流程作业；明确处理投诉的时效，加快信息反馈。通过以上措施提升服务水平，并在后期建立监督和检查机制，按照日度、月度等进行复盘，尽快完成能力提升。

②利用目标—手段法提升市场份额

通过目标—手段分析（图 3-3）能够给出下一步的行动计划和工作重点，也为后面的定量分析提供指标。经过讨论，对客户进行行业细分，制定价格策略、折扣策略、需要改进的服务水平，提升售后服务等都会在接下来的工作中成为重点，并按照周度、月度和季度进行复盘，看是否达到了提升市场份额的预期。

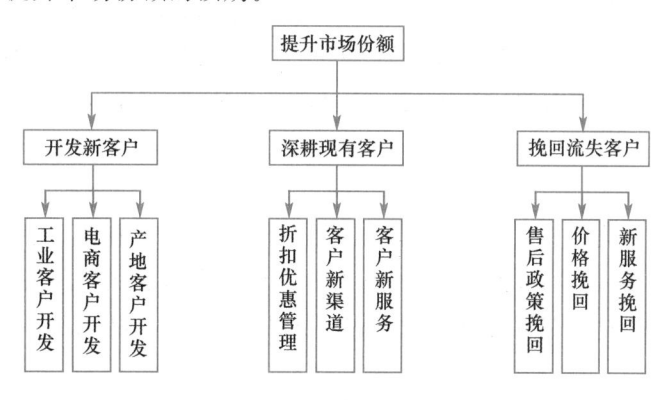

图 3-3 目标—手段分析

素养园地

大数据时代下的数据分析，需要德技并修，德育、技能教育并重

在近些年出台的职业教育政策文本中，"德技并修"是一个出现频次很高的词。这是职业教育对智能化时代需求的呼应，精准表征了当今时代理想的职业教育人才规格。大数据时代，数据成为个人、企业和社会的重要资产，德技并修，以正确的价值观来开发数据，造福于社会，显得尤为重要。何谓德技并修？如何正确理解"德"与"技"的关系？对这些根本问题亟须进行准确定位。

德技并修，首先是指"德技融合"，即德育与技能教育一体化。德技并修应是德育融于技能教育，不能孤立于技能教育之外；技能教育则必须蕴含德育的元素，不能是"纯化"的技能训练。二者是有机的整体，不是两种原本分别进行的教育活动的生硬拼凑。

德技并修，根本的含义是确立以德为本、以德驭技。"德""技"不是对立的关系，而应相辅相成。二者之中,"德"是根本,是学生整全发展的底蕴,是学生未来职业发展与获得人生价值的保障;同时也是技能学习的激发器,是正确使用技能的定盘星。"技"是学生发展的鲜明标志,是学生胜任工作的硬核本领,也是学生未来安身立命不可或缺的保证;同时,"技"是养成学生一般道德和职业道德的基本途径,也反过来倒逼德育与时俱进。德技互融互动,理论上意味着以德驭技、以技育德,二者一体化实施。

"寓德于技"也是德技并修应有的题中之意。德育的本质决定了其必须融于具体活动中,课堂教学无法组织开展真实的活动,而职业教育的很多专业课教学就是活动教学,能为有效的德育提供广阔空间。基于此,职业教育的德育应主要依靠专业课程与教学,我们要大力挖掘数据分析专业课教学中的德育元素,努力促进德育融入数据分析教学,使数据分析专业课教学成为德育的主阵地。

2. 定量方法

(1)定量方法的内容

定量方法主要包括数学规划法、统筹法、系统优化法和系统仿真。

①数学规划法

数学规划法也就是所谓的运筹学方法。这是一种对系统进行统筹规划,寻求最优方案的数学方法。其理论与方法包括线性规划、动态规划、整数规划、排队规划和库存论等。这些理论和方法都可以用来解决物流系统中物流设施选址、物流作业的资源配置、货物配载、物料存储的时间与数量等问题。

②统筹法

统筹法也称为网络计划技术,是指运用网络来统筹安排、合理规划系统的各个环节。它用网络图来描述活动流程的线路,把该时间作为节点,在保证关键线路的前提下安排其他活动,调整相互关系,以保证按期完成整个计划。该项技术可用于物流作业的合理安排。

③系统优化法

系统优化法是在一定的约束条件下,求出目标函数的最优解。物流系统包含很多参数,这些参数相互制约,互为条件,同时受外界环境的影响。系统优化研究就是在不可控参数变化时,根据系统的目标来确定可控参数的值使系统达到最优状况。

④系统仿真

系统仿真就是根据系统分析的目的,在分析系统各要素性质及其相互关系的基础上,建立能描述系统结构或行为过程的、具有一定逻辑关系或数量关系的仿真模型,据此进行试验或定量分析,以获得正确决策所需的各种信息。

上述方法各有特点,在实践中都得到了广泛的应用,其中系统仿真技术近年来的应用较为普遍。随着计算机科学与技术的飞速发展,系统仿真技术的研究也不断完善,应用不断扩大。

(2)定量方法的应用

①库存控制模型

库存控制的目的:

a.服务水平最高:快速供货。

b. 库存费用最低:总成本=持有成本+订购成本+缺货成本,总成本最低。

c. 在合理范围内达到满意的服务水平。

库存控制要解决的问题:

a. 订货间隔期:多长时间进行库存量的检查?

b. 订货点问题:在什么时间点进行订货?

c. 订货批量:每次订货批量为多大最划算?

库存补货策略:

a. 定量订货策略:根据订货成本,计算出经济订货批量,作为每次订单商品的量,当库存量下降到预定的订货点(R)时,提出采购请求,采购量为 Q,采购后,商品达到最大库存量。这种订货策略适用于品种数量少,平均占用资金额大,需重点管理的商品。

b. 定期订货策略:根据计算出的经济订货批量,通过订购次数=年总需求量/经济订货批量,计算出全年订购次数,订购周期=360/订购次数,作为参考的订购周期。按照预定的订购周期,到了订货时间后,提出订购需求,每次订购的商品的批量不同。这种订货策略适用于品种数量大,平均占用资金额小,需一般管理的商品品类。

根据商品属性的不同订货策略,库存控制模型可分为单周期库存基本模型和多周期库存基本模型。

A. 单周期库存基本模型

单周期库存基本模型主要用于对不易保存的商品(冻品等)以及有效期短的商品(如鲜奶)的订货。

单周期库存基本模型在企业运营中常发生"报童问题",即卖报商采购报纸的问题。每天早上,卖报商以批发价0.3元(每份)向报社采购当天的报纸,然后以零售价1元(每份)进行售卖。如果报纸在当天没有卖完,他会把报纸以 0.05 元(每份)的价格卖给废品回收站。那么卖报商应该如何确定报纸的采购数量?

在物流库存控制中,就需要考虑不易保存的商品和有效期短的商品如何订购才能使成本最低。

单周期库存基本模型中采购量和实际需求量的关系:

• 根据预测确定的采购量和实际需求量一致。

• 根据预测确定的采购量和实际需求量不一致:

如果实际需求量大于采购量,会发生机会成本(缺货成本);

如果实际需求量小于采购量,则会发生沉没成本(超储成本)。

常用的定量处理方式包括:

a. 期望损失最小值法

比较不同采购量下的期望损失,把期望损失最小的采购量作为最佳采购量。期望损失$[E_L(Q)]$的计算公式为

$$期望损失=缺货成本损失之和+超储成本损失之和$$

即

$$E_L(Q) = \sum_{d>Q} C_u(d-Q)p(d) + \sum_{d<Q} C_0(Q-d)p(d)$$

式中　d——需求量；

　　　Q——采购量；

　　　C_u——单位缺货成本；

　　　C_0——单位超储成本；

　　　$p(d)$——需求量为 d 时的概率。

【例 3-1】　某网店慕斯蛋糕需求分布见表 3-1。

表 3-1　某网店慕斯蛋糕需求分布

需求(d)(个)	0	10	20	30	40	50
概率[$p(d)$]	0.05	0.15	0.2	0.25	0.2	0.15

已知,每个蛋糕的采购价 $C=50$ 元,售价 $P=80$ 元。若在 1 天内卖不出去,则每个蛋糕只能按折扣价 $S=30$ 元卖出。该网店每天采购几个蛋糕最佳?

假设网店购买的蛋糕数量为 Q,当 $d<Q$ 时,单位超储成本为

$$C_0 = 50 - 30 = 20(元)$$

当 $d>Q$ 时,单位缺货成本为

$$C_u = 80 - 50 = 30(元)$$

当 $Q=30$ 时,

$E_L(30) = [30 \times (40-30) \times 0.2 + 30 \times (50-30) \times 0.15] + [20 \times (30-0) \times 0.05 +$
$\qquad 20 \times (30-10) \times 0.15 + 20 \times (30-20) \times 0.2]$
$\qquad = 280(元)$

当 Q 为其他预测值时,$E_L(Q)$ 计算结果见表 3-2。

表 3-2　慕斯蛋糕 $E_L(Q)$ 计算结果

采购量(Q)(个)	实际需求(d)(个)						期望损失 [$E_L(Q)$] (元)
	0	10	20	30	40	50	
	0.05	0.15	0.2	0.25	0.2	0.15	
0	0	45	120	225	240	225	855
10	10	0	60	150	180	180	580
20	20	30	0	75	120	135	380
30	30	60	40	0	60	90	280
40	40	90	80	50	0	45	305
50	50	120	120	100	40	0	430

根据期望损失最小值法的规则,则网店应订购慕斯蛋糕数量 Q 为 30 个。

b. 期望利润最大值法

比较不同采购量下的期望利润,把期望利润最大的采购量作为最佳采购量。期望利润 [$E_P(Q)$] 的计算公式为

期望利润＝销售利润之和－超储成本损失之和

即

$$E_P(Q) = \sum_{d<Q}[C_u d - C_0(Q-d)]p(d) + \sum_{d>Q}C_u Q p(d)$$

结合【例3-1】计算：

当 $Q=30$ 时，

$E_P(30) = (30 \times 30 \times 0.25 + 20 \times 30 \times 0.2 + 10 \times 30 \times 0.15 + 30 \times 30 \times 0.2 + 30 \times 30 \times 0.15) - (20 \times 0.05 \times 30 + 20 \times 0.15 \times 20 + 20 \times 0.2 \times 10)$

$= 575（元）$

当 Q 为其他预测值时，$E_P(Q)$ 计算结果见表3-3。

表3-3　　　　　　　　慕斯蛋糕 $E_P(Q)$ 计算结果

采购量(Q)(个)	实际需求(d)(个)						期望利润 $[E_P(Q)]$（元）
	0	10	20	30	40	50	
	0.05	0.15	0.2	0.25	0.2	0.15	
0	0	0	0	0	0	0	0
10	−10	45	60	75	60	45	275
20	−20	15	120	150	120	90	475
30	−30	−15	80	225	180	135	575
40	−40	−45	40	175	240	180	550
50	−50	−75	0	125	200	225	425

根据期望利润最大值法的规则，则网店应订购慕斯蛋糕数量 Q 为30个。

c. 边际分析法

增加一个单位采购，那么此采购最后只有两种可能：售出或滞销。何时能够售出由市场需求决定，在无法确定的情况下，市场需求仅能以销售概率来表示。于是考虑是否要增加此采购，应评估该采购可能售出的概率。若能售出的概率高，则可增加此采购，否则不增加。

边际利润：增加一单位的采购，售出后所得的利润称为边际利润（Marginal Profit，MP）。边际利润乘以该增加单位采购售出的概率，则为期望边际利润。

边际损失：增加一单位的采购，未能售出所受的损失称为边际损失（Marginal Loss，ML）。边际损失乘以该增加单位采购不能售出的概率，则为期望边际损失。

用边际分析法进行存库决策，需要满足条件：

$$p \times MP \geqslant (1-p) \times ML$$

式中　p——该采购能售出的概率。

整理变形，得

$$p \geqslant ML/(MP+ML)$$

【例3-2】　中秋节将近，某采销经理负责网上某品牌月饼的销售，每盒进价50元，零售价为80元，过了中秋节，未售出的月饼以每盒25元的价格退回生产厂家。最后两天的需求量预测为35～40盒，35盒肯定能够售出，40盒以上一定卖不出去。该品牌月饼需求数据见表3-4，利用边际分析法确定采销经理订购多少盒月饼最优。

表 3-4　　　　　　　　　该品牌月饼需求数据

需求量(盒)	需求的概率分布	实际售出量(盒)	售出的概率(p)
35	0.1	1~35	1
36	0.15	36	0.9
37	0.25	37	0.75
38	0.25	38	0.5
39	0.15	39	0.25
40	0.1	40	0.1
41	0	41 或更多	0

$$MP=80-50=30(元)$$
$$ML=50-25=25(元)$$
$$p \geqslant ML/(MP+ML)=25/(25+30) \geqslant 0.45$$

则月饼售出概率应大于或等于 0.45。

月饼边际分析见表 3-5。

表 3-5　　　　　　　　　月饼边际分析

需求量(盒)	需求的概率分布	售出的概率(p)	期望边际收益($p \times MP$)(元)	期望边际损失[$(1-p) \times ML$](元)	净收益(MP−ML)(元)
35	0.1	1	30	0	30
36	0.15	0.9	27	2.5	24.5
37	0.25	0.75	22.5	6.25	16.25
38	0.25	0.5	15	12.5	2.5
39	0.15	0.25	7.5	18.75	−11.25
40	0.1	0.1	3	22.5	−19.5
41	0	0	0	25	−25

由表 3-5 最后一列可知,最佳订购量为 38 盒。

B. 多周期库存基本模型

多周期需求指在一定的时间周期内对商品的重复、均匀、连续的需求,其库存需要根据销售情况不断地进行循环补充。

多周期库存基本模型中,年库存总成本(TC)的计算公式为

$$TC=C_h+C_o+C_p+C_s$$

式中　C_h——年持有成本;

C_o——年订货成本;

C_p——年采购费用;

C_s——年缺货费用。

a. 基本经济订货批量模型

该模型的基本假设包括:

——只涉及一种商品。

——需求(D)是已知的常数,即需求是均匀的。

——不允许发生缺货($C_s=0$)。

——订货提前期是已知的,且为常量。

——一次订货量无最大、最小限制。

——订货费用与订货批量无关。

——产品成本不随批量而变化,即没有数量折扣。

库存量变化如图3-4所示。

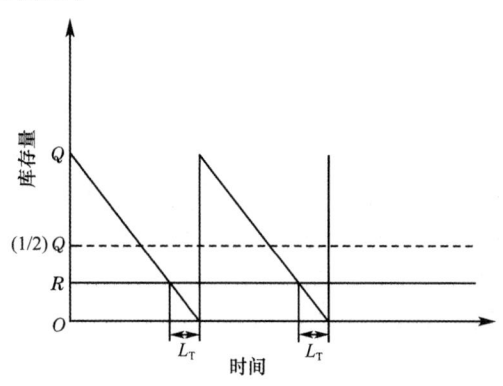

图 3-4 库存量变化

$$TC = C_h + C_o + C_p + C_s$$
$$= QH/2 + DS/Q + CQ \quad *(1)$$

式中 H——单位库存持有成本;

Q——订货量;

S——单次订货成本;

C——单位产品采购成本。

对 *(1)公式两边求导:

$$\frac{dTC}{dQ} = \frac{1}{2}H - \frac{DS}{Q^2}$$

令 $\frac{dTC}{dQ} = 0$,可得经济订货批量为

$$Q^* = \sqrt{\frac{2DS}{H}}$$

则年订货次数为

$$n = \frac{D}{Q^*}$$

【例3-3】 根据销售预测需要,采销经理每年以 10 元/件的单价购入一种商品 40 000 件。每次订货费用为 500 元,资金年利率为 6%,单位维持库存费按库存商品价值的 3% 计算。通过最低订货批量计算经济订货批量、年库存总成本、年订货次数。

解 经济订货批量$(Q^*) = \sqrt{\frac{2 \times 40\,000 \times 500}{10 \times 6\% + 10 \times 3\%}} \approx 6\,666$(件)

年库存总成本$(TC) = \frac{Q \times H}{2} + \frac{D \times S}{Q} + C \times Q = \frac{6\,666 \times 0.9}{2} + \frac{40\,000 \times 500}{6\,666} + 10 \times 40\,000 \approx 406\,000$(元)

年订货次数$(n) = \frac{D}{Q^*} = \frac{40\,000}{6\,666} \approx 6$(次)

b. 有数量折扣的经济订货批量模型

在现实采购业务中,为了让采购的批量更大,生产商或品牌商往往会提供一定采购数量下的折扣政策,以刺激采购数量的增大。

由于价格折扣模型的年总费用曲线不连续,因此成本最低点是一阶导数为零的点(切线水平的点)或是曲线的间断点。

经济订货批量确定步骤如下:

——计算基本经济订购批量。

——每个单位价格只在各自的可行范围内有一个经济订货批量,因为各范围不重叠。经济订货批量在最低价格范围内,即为最优订货批量;经济订货批量在其他范围内,则为各最低单位价格的价格间断计算经济订货批量总费用,其中最低总费用对应的数量(经济订货批量或价格间断)便是最优订货批量。

【例 3-4】 某事业部需要采购 816 箱液体清洁剂,订货成本是 12 元,持有成本是每年每箱 4 元,商品订货价格见表 3-6,求最优采购批量。

表 3-6　　商品订货价格

订货数量(箱)	订货价格(元/箱)
1~49	20
50~79	18
80~99	17
100 以上	16

按照基本经济订货批量计算:

$$Q^* = \sqrt{\frac{2 \times 816 \times 12}{4}} \approx 70(箱)$$

70 箱的订货价格为 18 元/箱,则

年库存总成本 = 库存维持费用 + 订货费用 + 购买费用

$$TC_{70} = \frac{70 \times 4}{2} + \frac{816}{70} \times 12 + 816 \times 18 \approx 14\,968(元)$$

此价格非采购最低价格,需要计算在其他低价格区域的年库存总成本。

以 17 元/箱的成本购买,至少需要每批 80 箱:

$$TC_{80} = \frac{80 \times 4}{2} + \frac{816}{80} \times 12 + 816 \times 17 \approx 14\,154(元)$$

以 16 元/箱的成本购买,至少需要每批 100 箱:

$$TC_{100} = \frac{100 \times 4}{2} + \frac{816}{100} \times 12 + 816 \times 16 \approx 13\,354(元)$$

根据成本最优原则,在存在数量折扣的情况下,单次批量采购数量为 100 箱时,成本最低,为 13 354 元。

②车辆路线安排(网络规划)

A. 单回路运输——TSP 模型及求解

单回路运输问题是指在路线优化中,设存在节点集合 D,选择一条合适的路径经过所有的节点,并且要求闭合。

单回路运输模型在运输决策中主要用于单一车辆的路径安排,目的在于该车辆遍历所有的配送节点后,达到所行驶距离最短。

TSP模型是单回路运输问题最为典型的一个模型,它的英文全称是 Traveling Salesman Problem,中文叫作旅行商问题。

TSP模型可以描述为:在给出的一个顶点网络(有向或无向)中,找出一个包含所有顶点的具有最小路径的环路。任何一个包含网络中所有顶点的环路被称作一个回路(Tour)。在旅行商问题中,要设法找到一条最小路径的回路,此模型中可以把任意一个点作为起点(因此也是终点),这也是 TSP 模型的一个特点。

TSP 模型:

顶点间的距离为:$C = \{C_{ij} \mid i,j \in \mathbf{N}, 1 \leqslant i,j \leqslant n\}$

最短路径为 $\min \sum_{i=1}^{n} \sum_{j=1}^{n} C_{ij} x_{ij}$

约束条件:

$$\sum_{j=1}^{n} x_{ij} = 1, i = 1, 2, \cdots, n; \sum_{i=1}^{n} x_{ij} = 1, j = 1, 2, \cdots, n;$$

$$x_{ij} \in \{0,1\}, i = 1, 2, \cdots, n; j = 1, 2, \cdots, n$$

决策变量:

$$x_{ij} \begin{cases} = 0, & \text{从 } i \text{ 到 } j \text{ 无路径} \\ = 1, & \text{从 } i \text{ 到 } j \text{ 有路径} \end{cases}$$

TSP 问题的解法包括:

• 枚举法

对于小型问题,这是一种十分有效的方法。它不适用于大型问题。

• 整数规划法

可以用于解决部分 TSP 模型,其中分支定界法是一种比较实用的算法,但是该算法也是只能对一部分中小规模的 TSP 问题进行求解,对于大多数问题的求解都存在一定的难度。

• 启发式算法

对于大规模的 TSP 问题,一般都采用启发式算法。启发式算法不仅可以用于各种复杂的 TSP 问题,而且对于中小规模问题也同样适用。它的不足在于,只能保证得到可行解,而各种不同的启发式算法所得到的结果不完全一样。当用启发式算法求解时,如何设计算法是对求解结果的精度影响较大的一个因素。

• 最近邻点法

最近邻点法比较适合多数人简单规划路径,简单易懂,容易上手。

最近邻点法在最短路径规划中的求解步骤如下:

步骤一:选择一个点,作为整个路径的起点。

步骤二:找到距离选择的点最近的一个顶点,并将其加入路径。

步骤三:重复步骤二,直到将配送地址中的所有顶点都加入路径。

步骤四:将最后一个加入的顶点和起点连接起来,这样就构成了一个 TSP 问题的解。

需要注意:路径不能有交叉和迂回,否则就不是最短路径。

【例 3-5】 现有一个连通图,它们的距离矩阵见表 3-7,它们的相对位置如图 3-5 所示,假设两点之间的距离是对称的。

表 3-7　　　　　　　　　　距离矩阵　　　　　　　　　　单位:km

节点	v_1	v_2	v_3	v_4	v_5	v_6
v_1	0	10	6	8	7	15
v_2	10	0	5	20	15	16
v_3	6	5	0	14	7	8
v_4	8	20	14	0	4	12
v_5	7	15	7	4	0	6
v_6	15	16	8	12	6	0

把节点 v_1 作为起点,从 v_1 出发,$T=\{v_1\}$,比较其到 v_2,v_3,v_4,v_5,v_6 节点的距离,选择最小值 v_3,加入路径,$T=\{v_1,v_3\}$。

按照此步骤从节点 v_3 出发,观察距离 v_3 最近的节点:
$$\min\{c_{3i}|i\in\mathbf{N},1\leqslant i\leqslant 6,\text{且 }i\neq 1,3\}=c_{32}=5(\text{km})$$

将 v_2 节点加入路径,$T=\{v_1,v_3,v_2\}$。

重复上述步骤,找到距离 v_2 最近的节点(考虑不能迂回的问题):
$$\min\{c_{2i}|i\in\mathbf{N},1\leqslant i\leqslant 6,\text{且 }i\neq 1,3,2\}=c_{25}=15(\text{km})$$

这样 v_5 是距离 v_2 最近的节点,将 v_5 加入回路,$T=\{v_1,v_3,v_2,v_5\}$。

依次类推,分别再将 $v_4、v_6$ 加入回路,得到最后的解为:$T=\{v_1,v_3,v_2,v_5,v_4,v_6\}$。结果如图 3-5(a)所示。总行驶路程为:
$$f(T)=6+5+15+4+12+15=57(\text{km})$$

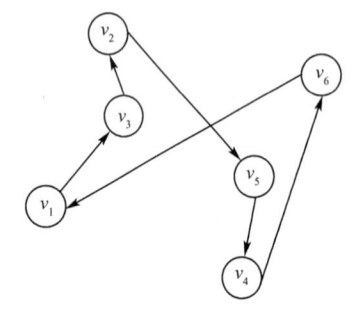

(a)路径一:最近邻点法,存在交叉,需要优化　　　　(b)路径二:最近邻点法,不存在交叉或迂回,线路最优

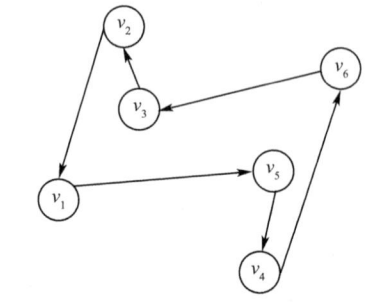

图 3-5　最近邻点图

存在线路交叉,非最优路径。

按照上述方法,重新计算最优路径,如图 3-5(b)所示。
$$T_2=\{v_1,v_5,v_4,v_6,v_3,v_2\}$$
$$f(T_2)=7+4+12+8+5+10=46(\text{km})$$

根据计算结果可以看到,路径二为最优的规划路径。

B. 多回路运输——VRP 模型及求解

VRP(Vehicle Routing Problem)模型最早是由 Dantzig 和 Ramser 在 1950 年提出的,它是解决多回路问题的一个非常成功的模型,是运筹学与组合优化领域的前沿与研究热点问题。

该问题的研究目标:对一系列顾客需求点设计适当的路线,使车辆有序地通过,在满足一定的约束条件(如货物需求量和发送量、交发货时间、车辆容量限制、行驶里程限制、时间限制等)下,达到一定的优化目标(如里程最短、费用最少、时间尽量少、车队规模尽量小、车辆利用率高等)。

多回路运输问题可通过区域分割的方法,把大的区域分割成无数小的区域,按照 TSP 模型的最近邻点法进行规划,注意在这个过程中线路不交叉、不迂回,还要关注车辆装载率、时间窗口等的限制。

③仓库选址

仓库选址是指运用科学的方法决定仓库地理位置,匹配公司的发展战略,以方便达到公司的经营目标和利润目标。

仓库选址通过影响商品的流转速度和流通费用,以及企业对客户的服务水平和服务质量,进而影响企业的销售量和利润。

仓库选址需要考虑经济因素(当地的税收政策、运输成本、原材料供应、人力成本、建筑成本、土地成本等)、环境因素(地理环境因素、交通条件、配套的水电供应等)和竞争因素(竞争对手、服务水平等)。

仓库选址的方法包括:

A. 重心法

重心法的基本逻辑:在选址位置上,总运输成本最低。

一定量的物品,需要按照一定的运输费率由仓库向收货人发出,仓库在建设的时候就要选择总运输成本最低的点作为仓库选址的点。

重心法的数学建模公式为

$$\min T_C = \sum V_i R_i d_i$$

式中　T_C——总运输成本;

　　　V_i——i 点需求量/运输量/生产量;

　　　R_i——从仓库到 i 点的运输费率;

　　　d_i——从仓库到 i 点的距离。

$$d_i = \sqrt{(x-x_i)^2 + (y-y_i)^2}$$

要求出运输成本最低的仓库位置坐标(x,y),则重心法的计算公式为

$$\overline{x} = \sum d_{ix} V_i / \sum V_i$$

$$\overline{y} = \sum d_{iy} V_i / \sum V_i$$

式中　$\overline{x}$——重心的 x 坐标;

　　　$\overline{y}$——重心的 y 坐标;

　　　d_{ix}——第 i 个地址的 x 坐标;

　　　d_{iy}——第 i 个地址的 y 坐标。

【例 3-6】　假设某商品在三个地方有需求,要在距离这三个需求点合适的地址建造仓库,运输量和运输成本存在线性关系,三个需求点的位置和年需求量见表 3-8,用重心法计算仓库的位置。

表 3-8　三个需求点的位置和年需求量

需求点	年需求量（件）	坐标(x,y)
A	6 000	150,75
B	8 200	100,300
C	7 000	275,380

根据重心法的计算公式计算：

$$\overline{x}=6\ 000\times150+8\ 200\times100+7\ 000\times275/(6\ 000+8\ 200+70\ 00)\approx172$$
$$\overline{y}=6\ 000\times75+8\ 200\times300+7\ 000\times380/(6\ 000+8\ 200+7\ 000)\approx263$$

仓库的地址坐标为(172,263)。

B. 线性规划法

线性规划法一般用于在多个仓库地址中进行最优仓库地址的选择。

寻找物流网络中仓库的数量、规模和位置，目标是通过该网络运输的所有成本在一定的约束条件下最低。

约束条件包括：

——不能超过每个供货地的供应能力。

——所有商品的需求必须得到满足。

——各个仓库的吞吐量不得超过其吞吐能力。

——必须达到最低吞吐量，仓库才能开始运营。

——同一消费者所需的所有商品由同一个仓库供应。

【例 3-7】　某物流公司原有三个仓库 A、B、C，现在准备新建一个仓库，向四个收货方 E、F、G、H 提供产品，现有 X、Y 两个地址方案。两个方案除了运输成本，其他成本都相同，公司现考虑选择一个使得成本最小的方案。各个仓库、两个地址方案和各个收货人的供给量与需求量以及运输成本的有关数据见表 3-9 和表 3-10。

表 3-9　仓库和收货方的供给量与需求量以及运输成本的有关数据　　单位：元/km、t

仓库	收货方				供给量
	E	F	G	H	
A	25	35	36	60	15
B	55	30	45	38	6
C	40	50	26	65	14
需求量	10	12	15	9	

表 3-10　两个地址方案的供给量以及运输成本的有关数据　　单位：元/km、t

仓库	收货方				供给量
	E	F	G	H	
X	60	40	66	27	11
Y	50	60	56	32	11

求最优选址。

根据线性规划法列出最优选址表见表 3-11。X_{ij} 为从仓库向收货方的供货量，C_{ij} 为从仓库到收货方的运输成本。

表 3-11　　　　　　　　　最优选址表　　　　　　　单位:元/km、t

仓库	收货方				供给量
	E	F	G	H	
A	X_{11}	X_{12}	X_{13}	X_{14}	15
B	X_{21}	X_{22}	X_{23}	X_{24}	6
C	X_{31}	X_{32}	X_{33}	X_{34}	14
X	X_{41}	X_{42}	X_{43}	X_{44}	11
需求量	10	12	15	9	

$$\min Z_X = \sum_{i=A}^{X} \sum_{j=E}^{H} C_{ij} X_{ij}$$
$$= 25 \times X_{11} + 35 \times X_{12} + \cdots + 66 \times X_{43} + 27 \times X_{44}$$

约束条件:

$$X_{11} + X_{12} + X_{13} + X_{14} = 15$$
$$X_{21} + X_{22} + X_{23} + X_{24} = 6$$
$$X_{31} + X_{32} + X_{33} + X_{34} = 14$$
$$X_{41} + X_{42} + X_{43} + X_{44} = 11$$
$$X_{11} + X_{21} + X_{31} + X_{41} = 10$$
$$X_{12} + X_{22} + X_{32} + X_{42} = 12$$
$$X_{13} + X_{23} + X_{33} + X_{43} = 15$$
$$X_{14} + X_{24} + X_{34} + X_{44} = 9$$
$$X_{ij} \geqslant 0$$

利用 Excel 求解:

$$\min Z_X = 1\ 293$$

同理求得

$$\min Z_Y = 1\ 373$$

则在 X 地新建一个仓库为最优方案。

④货位指派与拣货路径

商品进入仓库后,储位一般会根据库存商品 ABC 分类法进行规划,确认后,相应的拣货路径也会固定。

• 进货口和出货口在同一侧

按照库存周转量进行 ABC 划分,并将具有最大周转率的库存放在靠近出入口的位置,如图 3-16 所示。

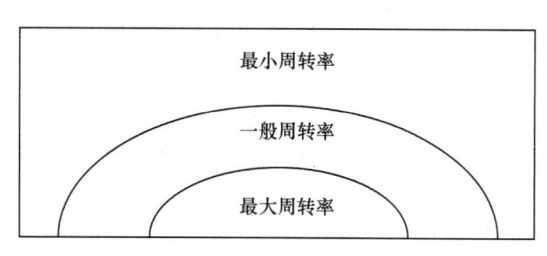

图 3-16　出入口图(进货口和出货口在同一侧)

- 进货口和出货口不在同一侧

按照进出库次数比,进行储位的分布设计和规划。

【例 3-8】 某仓库产品的进出库情况见表 3-12。

表 3-12 某仓库产品的进出库情况

产品	进货量	进库次数(次)	出货批量	出库次数(次)	进库/出库次数比
A	40 栈板	40	1 栈板	40	1
B	200 箱	67	3 箱	67	1
C	1 000 箱	250	8.箱	125	2
D	30 栈板	30	0.7 栈板	43	0.7
E	10 栈板	10	0.1 栈板	100	0.1
F	100 栈板	100	0.4 栈板	250	0.4
G	800 箱	200	2.0 箱	400	0.5
H	1 000 箱	250	4.0 箱	250	1

则储位分布如图 3-7 所示。

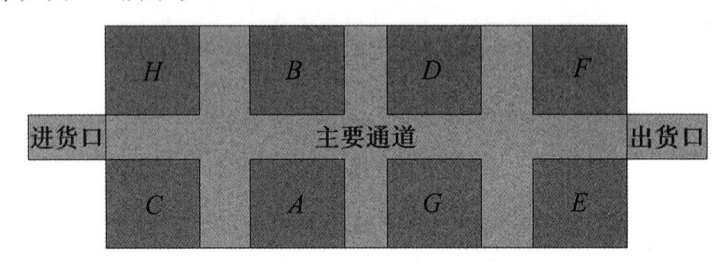

图 3-7 储位分布

3. 综合物流方案

对于大多数的物流企业来说,在选择仓库地址时,除考虑成本因素,还需要考虑:在服务的客户范围内,仓库需要设置几个?每个仓库的规模有多大?在服务水平一定的前提下,每个仓库的覆盖范围需要多大?在什么状态下,成本最优?

①仓库的覆盖范围

如果想要物流运营平稳,必须根据销售渠道范围、配送距离、仓库产能、运输方式、运输时效等确定一个仓库的基础覆盖范围,保证订单的基础运营,防止来回切换供应地址导致错误率提升、额外成本增加。

设定了覆盖范围后,就可根据设置的配送频次、线路、运输方式等确定时效承诺。

②仓库的品类设置

确定好仓库的布局和数量后,需要根据销量的预测、现货率指标、库存周转天数、历史销量等因子计算仓库内需要保存的商品的品类及需要放置的商品的数量,实现库存总成本最低和现货率水平最高的平衡。

现货率是指电商在售商品中,有库存的货品占比。如页面显示在售 10 款商品,20 个 SKU,10 000 件库存,实际仓库只有 9 款商品,10 个 SKU,5 000 件库存,则针对商品现货率就是 90%,针对 SKU 现货率就是 50%,针对库存数量现货率就是 50%。

通过精准的销量预测,能够防止呆滞库存的发生,减少无效调拨、重复调拨、低效调拨等,降低整体的物流履约成本。

③运输方式的选择

不同的运输方式对应不同的物流成本,在相同的履约时效下,多仓和单仓的不同,也会限制选择不同的运输方式。跨境电商多选择海运＋海外仓＋落地配方式或空运;国内如果是单仓布局,为满足 24 小时和 48 小时的履约时效,需要选择空运的方式完成干线运输;如为多仓布局,则可以全部选择陆运。可依据预测货量提前布局,通过缩短配送距离来降低对运输工具的依赖性。

④订单的优化管理

在选择了合适的运输方式后,日常运作中也要对供货网络内的订单进行分析,找出规律及可优化的方向。如终端客户,一般为门店、商超或 4S 店,下单量如果能达到整车满载,可安排车辆从仓内直发,省掉中间的转运和再次分拣的环节,提升配送效率和降低运营成本;多个客户在同区域的同一条运输线路上且下单频率接近,就可以考虑利用串点送货的方式进行配送,尽量使用更大的车型,但是如果为城市配送就需要考虑城市内部道路的限行问题和限行的时间窗口。

⑤配送频次的选择

为了在竞争中提供更高的服务水平,物流企业都会选择单日多频次的配送服务,一般设定为 150 km 范围内实现当日达。如果在目前的仓库布局下,无法完成某些区域的当日达,则会通过设置城市仓的方式,增加商品布局来完成;是否需要设置城市仓,并履行当日达的配送服务,需要通过最小成本法进行综合比较和选择。

任务实施

线性规划法分析

【例 3-7】中 Excel 求解过程如下:

步骤一:在 Excel 中将公式写入单元格,如图 3-8 所示。

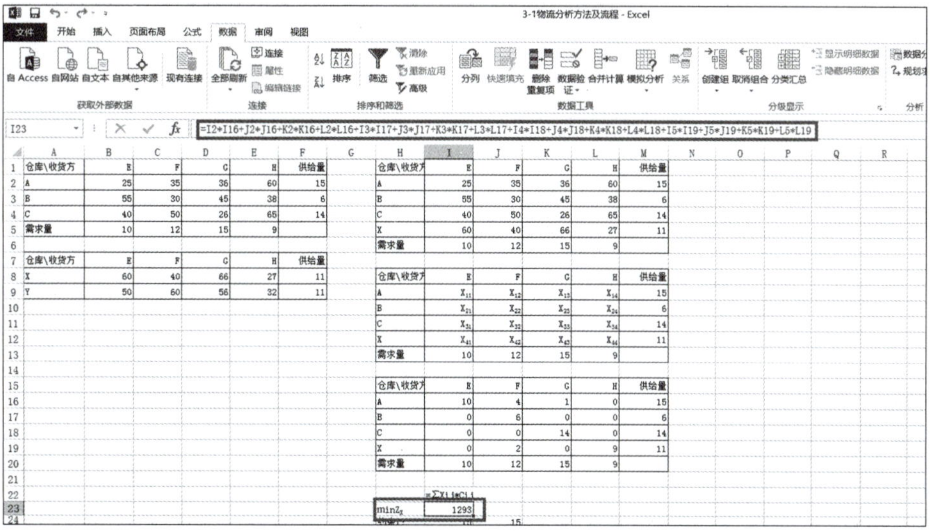

图 3-8 将公式写入单元格

物流数据分析与应用

步骤二:选择数据分析工具"规划求解",将写好公式的单元格作为目标进行选择,同步添加线性约束条件,如图3-9所示。

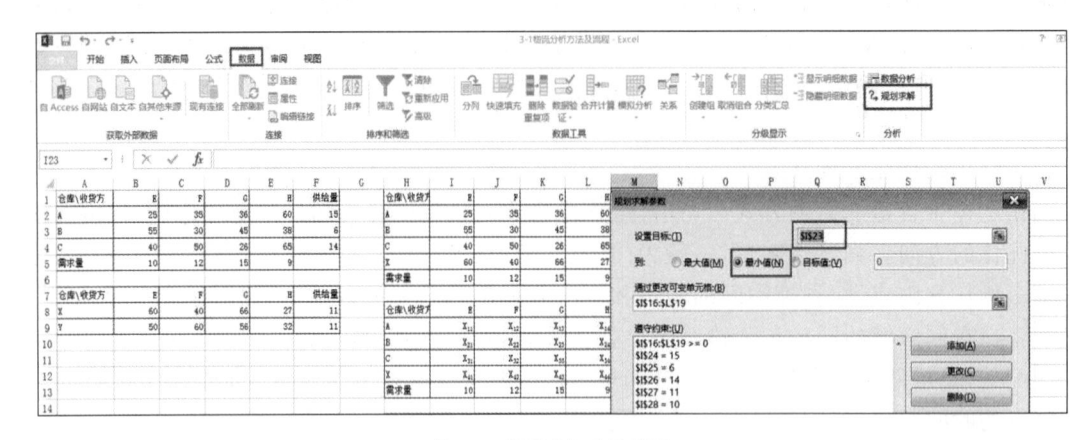

图 3-9　规划求解参数设置

步骤三:准备完成后,单击"求解(S)"按钮,如图3-10所示。

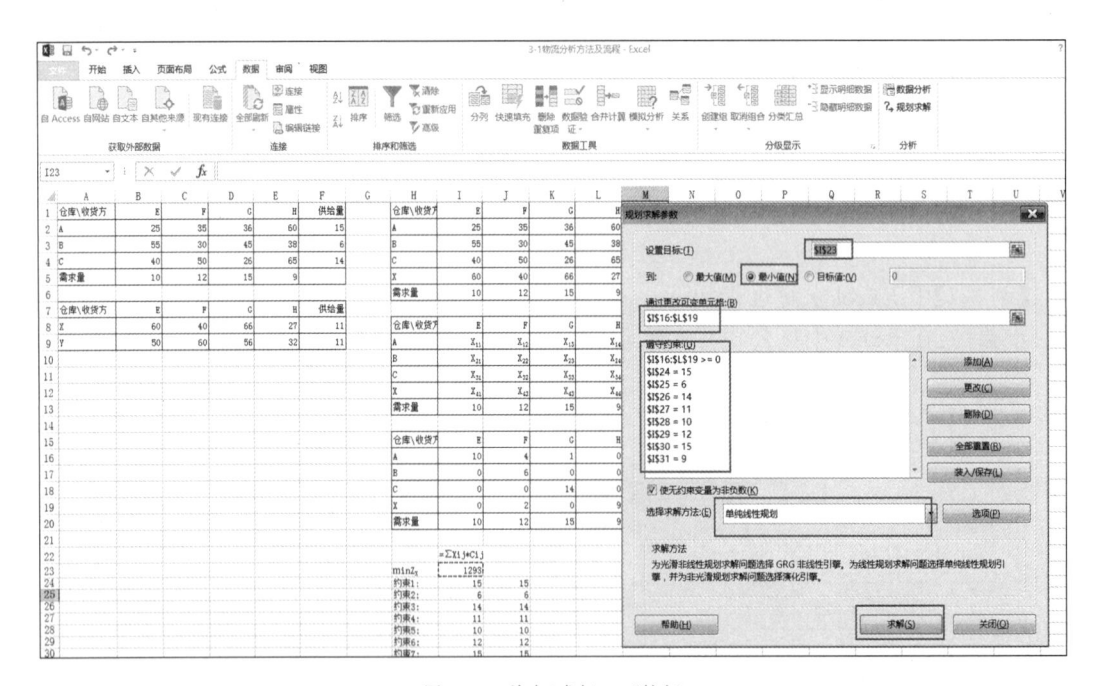

图 3-10　单击"求解(S)"按钮

步骤四:得到最终结果,如图3-11所示。

同理

$minZ_Y = 1\ 373$

通过比较,在X地新建一个仓库为最优方案。

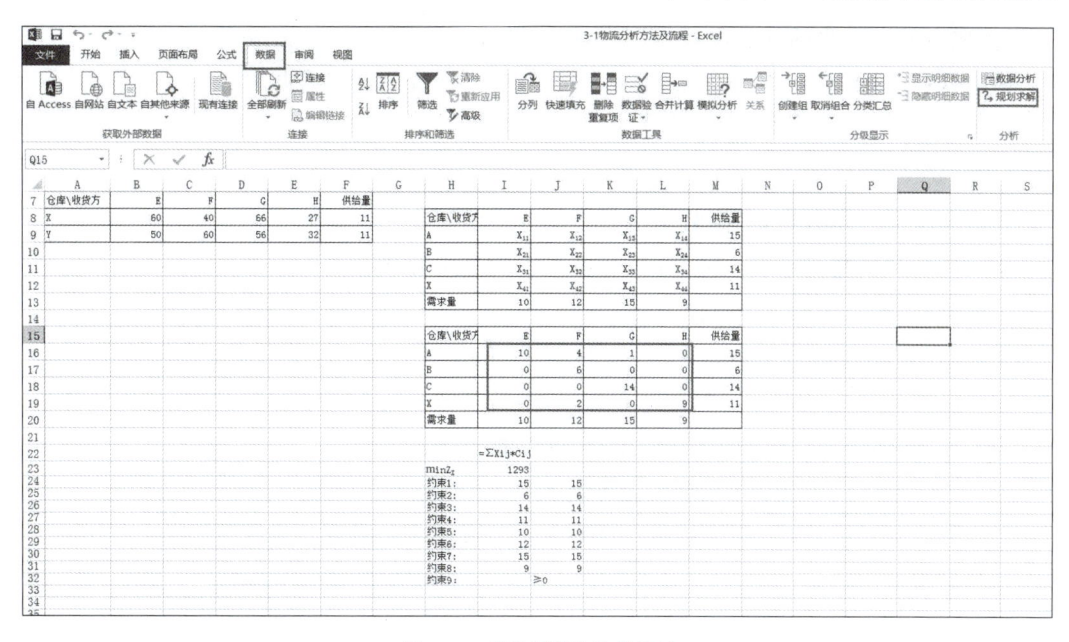

图 3-11　线性规划法结果展示

任务 3-2　物流分析流程认知

知识准备

由于物流过程本身存在"背反"现象,因此需要对相关的因素进行协调、配置;在设计物流系统时,需要考虑成本和服务水平的平衡性,要么实现在既定的服务水平下,投入最少,要么实现在合理的投入下,服务水平最高,这些都要涉及对物流的分析。

物流分析流程一般包含以下步骤:

1. 定义主题

根据前面的分析,物流分析的目标主要包含 5 个方面的优化:服务优化、速度优化、成本优化、规模优化、库存优化。因此进行物流分析的第一步就是确定本次物流分析要达成的目标,比如成本下降 10%,服务水平(配送时效)提升 5%,库存持有成本降低 5%。有了明确的分析目标和主题,优化和分析才能更具有针对性,进而得出更可靠的结果和结论。

微课:物流分析流程

2. 提出假设

物流分析的主题定义完成后,由于物流系统涉及的上下游流程多,各因素之间相互制约,甚至存在"背反"情况,因此在对特定的主题进行分析时,需要假定一些基础条件,在特定的条件下进行分析,并得到最优的分析结果和方案。一旦预定的假设或环境发生变化,优化方案往往会大打折扣,达不到预期的效果。

常见的假设包括:政策一致性假设,不允许缺货假设,需求一致性假设,供应一致性假设,运输成本只受距离的影响假设,服务水平一致性假设等。

例如,【例3-7】中,在X和Y地进行选择时,假定条件为两地之间只有运输成本不同,其他成本都相同,在这种条件下,得到X地优于Y地的结论。

3. 数据收集

物流分析立足于数据,数据收集也是必不可少的一步。

要设计合理的物流系统,必须分析物流系统的基本要素。

①所研究商品(Product)的种类、品项数。

②商品的数量(Quantity),年度目标的规模、价格。

③商品的流向性(Route),配送中心数量,消费者数量,订单等。

④服务(Service)水平、时效性、安全性、商品投诉等。

⑤时间(Time),不同时间周期内业务的波动性、业务量。

⑥物流成本(Cost),对不同作业环节的设施成本、设备成本、人员成本等进行统计和整理。

判断要素之间的相互关系、使用率、使用强度、使用成本等是否合理,是否达到了最优的水平,将其作为分析的基础。

4. 数据分析

在得到基础的数据后,利用数据分析工具在特定的约束条件下进行数据分析。如在【例3-7】中,利用单纯线性规划方法,对X和Y地为收货地址配送不同数量的商品进行分配,并计算在约束条件下的最小成本。

5. 评估

根据设定的分析目标和通过第4步得到的分析结论,进行评估,得到符合预期的物流方案。

如在【例3-7】中,定义主题:选择一个成本最小的方案。

根据数据分析的结果,$\min Z_X = 1\,293 < \min Z_Y = 1\,373$,因此选择$X$地作为最优的仓库选址方案。

6. 方案优化

评估选择完成后,需要对方案的执行过程和结果进行监督和监控,以便于判断选择的是否是最优的方案。如【例3-7】中,在实际运行中,如按照规划的方案运行,要对实际产生的成本和规划中的成本进行比较,如实际成本＞规划成本,则需要判断是否约束条件发生了变化,如未变化,则需要对方案重新进行评估,并对方案再次进行优化,不断地进行检查和检验,直到达到预定的目标或优于预定的目标。

职场直通车

一、某物流公司分析专员岗位职责

1. 策略支持:深入理解业务流程,结合业务定位、发展情况,提出资源分配的建议和意见,并推动落地、跟踪和执行。

2. 决策支持:结合业务策略,搭建资源投入模型,参与公司年度预算编制。及时定位业务问题,输出管理报告。

3. 财务分析:设定合理的体系化指标评价体系,对整体业务运营情况进行定期评估并横向对比,进行行业研究和数据分析,提出相应财务建议。

二、物流商业分析师岗位职责

1. 负责物流(仓储、配送加工)相关业务的经营分析,基于经营数据监控业务指标的运营情况、提供业务运营预警,并持续优化核心经营监控体系。

2. 搭建供应链供给及库存的数据体系,研究供应链的全链路进销存优化策略和分析体系,产出有精炼意义的观点,用来推进业务的重要决策。

3. 结合业务发展,开展专题性分析研究,深入探查并帮助解决业务发展中的关键性问题,为业务推进提供决策支持,为业务增长挖掘关键驱动因素,并不断提炼和完善分析方法论。

4. 基于经营分析,编制业务预算逻辑、制定业务考核目标并协同各业务方完成落地执行以及复盘迭代。

5. 针对业务发展,对接数据产品化相应需求,提出数据产品化建议,跟进产品上线并持续优化。

任务实施

物流分析

物流分析流程包括从各部门、各方面收集、处理、汇总、传递、共享信息并创造信息价值等活动。

步骤一:明确问题。

一是目标,例如利润最大化、成本最小化、运费最小化等。描述所研究问题的目标的数学表达式称为目标函数。二是约束条件,例如生产能力约束、资金约束、材料约束、运力约束等。

步骤二:利用基于活动的成本数据在企业物流全过程的传递,实现对企业物流成本的ABC(基于活动的物流成本)控制和价值链分析。

企业通过对物流全过程的成本数据的传递,可以实现对企业物流从供应商到消费者全过程实际成本的计算和控制,达到对企业物流成本的 ABC 控制和价值链分析要求,从而优化企业的物流成本结构,使企业物流全过程的成本分布更为合理,达到降低物流成本的目标。

步骤三:利用对企业产品的市场数据的共享,实现对市场更好地响应。

企业产品的市场数据在企业各部门的传递和交互,将改变企业生产部门或采购部门以前脱离市场实际进行指令式计划操作的现象,使得企业的生产计划和采购计划更有针对性,进而带动物流操作也更有效率。另外,可以改变以前企业信息在各部门长时间辗转传递使

物流数据分析与应用

得企业对市场的反应总是很慢的弊端,利用增强的生产能力和采购能力,实现对市场和顾客需求更好地及时响应。

课后练习

结合物流分析流程和分析方法,对自己公司的物流业务运营进行分析,判断公司业务是否处于最优状态。

习 题

一、单选题

1.(　　)是指物流系统的本质要以用户为中心,树立用户第一的观念。在物流活动中要做到无缺货、无货物损伤和丢失等现象出现,并且费用要低。

　　A.服务优化　　　　B.速度优化　　　　C.成本优化　　　　D.规模优化

2.(　　)是指物流系统的快速、及时是其服务性的延伸。快速、及时既是用户的要求,又是社会发展进步的要求。在物流领域可采用诸如直达物流、多式联运、时间表系统等管理方法和技术。

　　A.服务优化　　　　B.速度优化　　　　C.成本优化　　　　D.规模优化

3.(　　)是指在物流领域里,可以通过推行集约化经营方式,提高物流作业的能力,以及采取各种节约、省力、降耗措施等,实现降低物流成本的目标。

　　A.服务优化　　　　B.速度优化　　　　C.成本优化　　　　D.规模优化

4.(　　)以物流规模作为物流系统的目标,以追求"规模效益"。在物流领域里是以分散或集中等不同方式建立物流系统的,因此要研究物流的集约化、机械化、自动化以及信息系统的利用。

　　A.服务优化　　　　B.速度优化　　　　C.成本优化　　　　D.规模优化

5.(　　)是指对库存的控制。库存控制是及时性的延伸,也是物流系统本身的要求,涉及物流系统的效益。

　　A.服务优化　　　　B.速度优化　　　　C.库存优化　　　　D.规模优化

二、多选题

1.在设计和运行物流系统时,要以宏观经济效益和微观经济效益的双重优化为目的。具体来讲,物流系统优化要实现(　　)目标。

　　A.服务优化　　　　B.速度优化　　　　C.成本优化　　　　D.规模优化

2.不是常见的定性分析法的有(　　)。

　　A.鱼骨图法　　　　　　　　　　　B.目标—手段法

　　C.KJ 法　　　　　　　　　　　　D.综合分析法

3.鱼骨图一般有(　　)。

　　A.整理问题型　　B.原因型　　　　C.对策型　　　　D.结果型

4. 鱼骨图法作图步骤包括( )。

A. 确定分析对象,找出分析问题

B. 了解和确定影响问题的主要特征

C. 分析产生系统行为的原因

D. 整理各个原因,按逻辑关系排列,从大到小画到图上

5. KJ 法的应用范围很广,常用于( )。

A. 迅速掌握未知领域的实际情况,找出解决问题的途径

B. 对于难以理出头绪的事情进行归纳整理,提出明确的方针和见解

C. 通过管理者和员工的一起讨论和研究,有效地贯彻和落实企业的方针政策

D. 成员间互相启发,相互了解,促进为共同目的的有效合作

三、判断题

1. 物流系统分析就是利用科学的分析工具和方法,通过模型进行仿真试验、优化分析和综合评价,从而为决策提供充分依据。( )

2. 物流系统分析作为一种决策的工具,其主要目的在于为决策者提供直接判断和决定最优方案的信息和资料。( )

3. 在应用鱼骨图时,提出的系统行为要具体明确;对每一种系统行为必须作一个图形,能把几种系统行为混到一起。( )

4. 鱼骨图主干线的箭头方向从右到左,不能颠倒。( )

5. 在应用鱼骨图时,分析原因应细致到能采取具体措施为止;分析原因能混进处理意见。( )

学习单元 4

发货分析

学习目标

知识目标：

- 掌握发货量分析方法
- 掌握发货频次分析方法
- 掌握发货方案的制订和优化

技能目标：

- 利用定性分析方法开展发货定性分析
- 利用定量分析方法开展发货定量分析

思政目标：

- 坚定共产主义信念
- 走群众路线,从群众中来,到群众中去
- 严谨务实,艰苦奋斗

思维导图

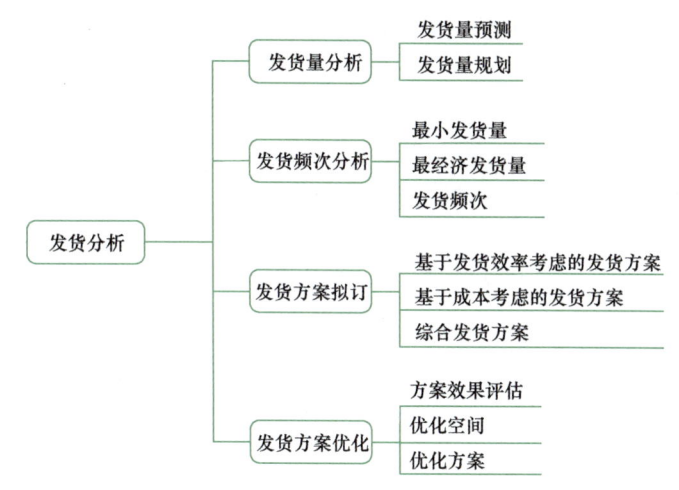

- 发货分析
  - 发货量分析
    - 发货量预测
    - 发货量规划
  - 发货频次分析
    - 最小发货量
    - 最经济发货量
    - 发货频次
  - 发货方案拟订
    - 基于发货效率考虑的发货方案
    - 基于成本考虑的发货方案
    - 综合发货方案
  - 发货方案优化
    - 方案效果评估
    - 优化空间
    - 优化方案

单元导入

海外仓、自发货、FBA 三种发货方式的优劣势

亚马逊有三种配送方式,每种配送方式都有自己的特点。只有使用合适的配送方式才能节省成本,削减不必要的开支。

1. 海外仓

优势分析:海外仓曾被认为是近年来跨境电商物流的最佳配送方式。相对而言,海外仓优势显著,既可以为仓库拓展当地市场,物流成本又比 FBA 低很多。最重要的是,海外仓的发货速度快。由于海外仓是在当地,因此可以第一时间响应发货。

劣势分析:海外仓虽然有很多优势,但也有自己的不足。由于海外仓是在海外建造的仓库,因此管理起来很困难。另一个问题是海外仓库存压力很大。

总结:海外仓自出现以来,已经不仅仅是在海外做仓的简单过程,而是寻找跨境电商的新途径,一定程度上完成了资源整合。海外仓可自产自销,省去很多不必要的工序,提升了用户体验等。

2. 自发货

优势分析:自发货是选择快递物流专线自己处理货物,所以自发货的优势也比较简单明了。商家可以根据需要进行选择,合理发货,进而减轻库存压力,操作也很灵敏。

劣势分析:选择自发货,产品排名会低,甚至曝光率低到很难被用户知晓。其成本也不是很低,所以需要根据自己的情况选择。

总结:如果你有特定的粉丝,不关心排名,可以选择自发货。灵活便捷的自发货依然是大部分跨境电商的首选。

3. FBA

优势分析:FBA 是指卖家将其在亚马逊上销售的产品库存直接发送到亚马逊当地市场

的仓库。客户下单后,亚马逊系统会自动完成后续发货,因此,FBA 实际上是亚马逊选择的配送方式。FBA 的物流不仅速度快,而且可以提高排名,获得高曝光率。

劣势分析:FBA 的成本比较高,操作起来不是很方便,需要自己清关,会耽误一些时间,影响用户体验,且退货率高。

总结:FBA 手续复杂,费用较高,但对于卖家来说,在坚持用户体验的同时,能得到亚马逊渠道的支持。

思考:

1. 作为卖家,如何选择合适的第三方物流服务商?
2. 物流服务商的选择影响卖家的方面有哪些?

启示:

1. 上面剖析了亚马逊的三种发货方式,作为卖家,还需要了解如何挑选适宜的第三方物流服务商。

2. 随着跨境电商的不断发展,物流服务在整个范畴所扮演的角色也越来越重要,而物流服务商的挑选又将直接影响卖家的成本及买家的体验度,卖家可以从这四个方面考虑:安全、价格、信誉、效率。

任务 4-1 发货量分析

知识准备

仓库日均发货量(一般按照体积来计算)、发货车型、线路安排、存储时间、送货时间窗口、装卸货的效率等数据是发货设计的基础。

由于仓库面积的限制,月台的设置数量有限制,如果单位时间内发货量过大,则会造成发货区爆仓,形成积压,同时也会造成取货车辆的排队现象,影响接货的效率,因此进行发货量的预测,根据预测做好发货区的规划显得尤为重要。

1. 发货量预测

(1) 发货量预测的内容

发货量是进行发货规划的基础,没有准确的发货量数据,则无法完成对发货区域的规划和设计。发货量预测按照时间维度可分为周度货量预测、月度货量预测、年度货量预测等。预测的时间维度越小,预测的难度越大,目前月度货量预测使用范围较广。

年度货量预测一般用来进行一般的预算,在实践中使用较少;月度货量预测需要关注一年中是否存在季节性变化,并预测月度的峰值货量,作为柔性生产的基础。

(2) 发货量预测的方法

发货量预测还需要一定的方法支持。发货量预测和销售预测是一致的,都可采用移动平均法、加权移动平均值法、季节性指数平滑法等定量预测方法进行预测;同时需要在预测货量时,对促销活动的影响等进行一定量的剔除和修正,尽可能形成一个预测的基准线;在

微课:发货量分析

发货量预测的过程中还需要考虑现货率情况,是否允许缺量发货,如允许缺量发货,还需要考虑允许缺量发货的程度。

此部分内容在学习单元2中进行了详解,这里不再赘述。

素养园地

我国大数据产业领跑全球,"数据红利"期正稳步到来

近年来,随着5G网络的大力布局,大数据产业几乎同步高速发展,已融入经济、生活的方方面面。

大数据作为5G新基建的重要一环,无论在民生还是工业领域,都起到不可替代的作用。随着我国人口老龄化的到来,"人口红利"逐渐消失,而"数据红利"正稳步到来。如何更好地释放"数据红利"?如何掐准节点拓宽产业转型?在数字经济时代,"数据红利"的形成既是机遇,也是挑战。

1. 增幅领跑全球

2021中国互联网大会正式发布了《中国互联网发展报告(2021)》(以下简称《报告》),其中披露了多项中国互联网基础资源和基础应用数据。《报告》显示,2020年,我国大数据产业规模达到718.7亿元,同比增长16.0%,其增幅领跑全球大数据市场。大数据在金融、医疗健康、政务等领域成绩突出。

当然,这些成绩还是不够的,在2021中国互联网大会"链网协同创新发展论坛"上,中国工程院院士倪光南表示,大数据的重要性,无论是社会治理能力,还是智慧城市建设,以及对国家网络安全来讲,都是非常重要的,国家也非常重视。"但要注意,我们需要数据活起来,要适应中国的特点。"

因此,下一步是如何盘活数据。

2. 为数字经济赋能

据IDC(互联网数据中心)测算,我国拥有的数据量全球占比将从2018年的23.4%提升到2025年的27.8%。也就是说,我国拥有的数据资源优势明显,数据市场发展潜力巨大。为此,需要建设更多的数据中心予以承载。

作为5G双千兆网络的提供商以及运营商中最大的云提供商,被称为领跑IDC行业"常青树"的中国电信,在数据中心建设上一向超前投入,其倾心打造"2+X"模式,即内蒙古、贵州两个超大规模的云基地+378个国内数据中心的云网融合布局,受到业界关注。据不完全统计,仅近3个月,中国电信就开启了多个数据中心的建设。例如:2021年7月6日,江西电视台新闻综合频道报道了中国电信中部云计算大数据中心二期项目基本建成,即将投入使用;6月29日,位于仪征经济开发区大数据产业园的中国电信江北数据中心(仪征园区)正式开服;4月28日,中国电信(国家)数字青海新型大数据中心奠基仪式在海东河湟新区举行。

大规模的数据中心建设一方面提高了产业间的信息交互水平,另一方面也为我国数字经济建设赋能,成为加速万物互联时代到来的助推器。

3. "数据红利"的到来

大数据作为产业转型升级的有力工具,在民生领域,将会拓宽交通、文旅、医疗、教育等的新应用场景;在工业领域,将重塑传统产业,多维度赋能企业的智能化生产以及网络化协同。

物流数据分析与应用

当前,数据正成为新一轮科技革命和产业变革的关键生产要素,因此,如何释放"数字红利"?如何抢抓新一轮科技革命和产业变革的新机遇,以此激发数字经济的新动能?这些问题值得深思。

国务院发展研究中心创新发展研究部副部长表示,未来的产业竞争将更加依赖数字创新,全球产业正在加快向数字化、智能化转型,数字增加值在产业价值链中占比逐步提升。在数字创新方面领先的国家和地区将逐渐占据全球价值链上游,传统依靠低成本劳动要素参与全球价值链的国家和地区将受到冲击。

总之,"数据红利"的到来既是机遇也是挑战,只有持续保持大数据产业的创新才能保证数字经济更早地驶入"快车道"。

(来源:中国产业发展研究网,2021-07-28)

2. 发货量规划

(1) 发货量规划的内容

发货作业是按照服务履约时效排定用户所需商品的品种、规格、数量、送货地点、送货车辆和人员的规划。依据发货量预测的结果,对发货区域进行相应的面积和资源配置,则为发货量规划的主要内容。

① 发货暂存区

发货暂存区是货物存放的区域,如为流水线自动化设备作业,且有足够数量的装卸货站台,则一般不需要发货暂存区,否则要根据实际的存放货量计算发货暂存区面积。

② 月台

根据收货和发货月台的位置关系,月台分为 U 型月台、I 型月台、L 型月台(图 4-1)。

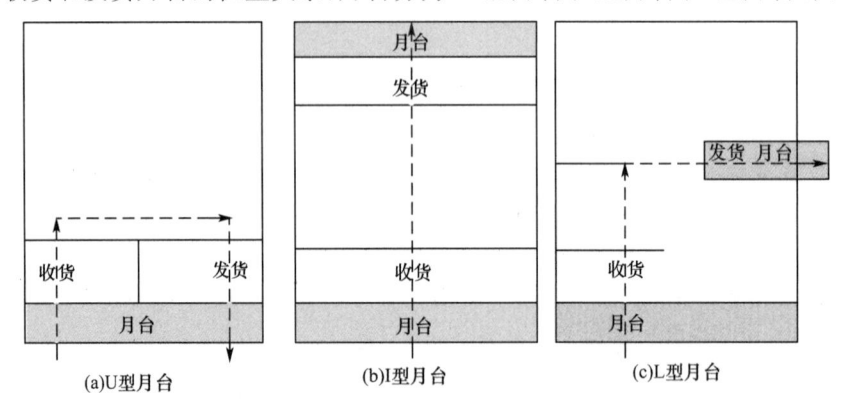

图 4-1 月台

U 型月台:收货月台和发货月台位于仓库的同一区域,与 I 型月台和 L 型月台相比,具有更大的生产柔性。

I 型月台:收货区和发货区之间隔着存储区,动线最长,需要投入更多的设备和人力。

L 型月台:中间的通道必须垂直于月台。

采用何种类型的月台,还受到仓库原有环境的影响,特别是租赁型的仓库,要根据原仓库的设计进行月台类型的选择。

不同用途的月台,是以货车车厢内的底面高度来设计月台的高度的,我们常常会看到不同高度的月台,从 0.9 米到 1.3 米不等,目前普洛斯标准仓库的月台高度为 1.3 米。

一般月台的宽度为 4.5～6.0 米,主要考虑月台的使用需求、装卸货物的频繁程度、装卸的货物尺寸、月台的设备及叉车型号等因素。

目前大部分的月台都配置了调节平台,即使是统一高度的货车,也会因为轮胎的充气与载荷的大小而出现高差。如果日常作业中带尾板的厢式货车比较多,可以考虑不设计调节平台。调节平台的尺寸也影响月台的宽度,一般调节平台的深度可达 2.4 米。

一般月台会配置伸缩皮带输送机,通过伸缩功能,皮带输送机工作时可以伸展到车厢里面,大大方便了装卸。不工作时,设备可以收回到室内,伸展长度可以达到 6～10 m。

③ 发货波次

发货波次是指按照商家下单需求,根据收货时间确认配送发货时间,进而确认的发货次数。

比如某物流公司的"211"波次,分为 7:00 波次和 12:00 波次,分别在 7:00 和 12:00 开始进行配送的装车环节。

④ 发货线路

发货线路是依据客户的收货地址和收货量设置的配送线路,也是道口设置的依据。

常见的发货线路分为:直发、串点、再分拣。

直发即从仓内生产完成后,选择合适的配送车型,进行从仓库到收货地址的直接配送,不进行任何周转。

串点与直发的不同点在于,末端收货的地址不止 1 个,由 2 个以上的收货地址组成。

再分拣是目前单仓库、单园区的货量不足,需要一个新的场地,进行货物的再次分拣和组合,车辆满载达到一定的需求后采用直发或串点的方式进行线路的规划。

⑤ 发货车型

发货量是决定车型的关键,因此要了解不同的车型的装载量,根据装载量来计算装载率,配置线路的车型。

常见车型的数据和载重量分布见表 4-1。

表 4-1　　　　　　　常见车型的数据和载重量分布

车型	车辆数据			车厢数据			载重量		
	车长 (m)	车宽 (m)	车高 (m)	车厢长 (m)	车厢宽 (m)	车厢高 (m)	载重 (t)	净空 (m^3)	80%装载系数
面包	4.5	1.7	1.8	1.7	1.1	1.1	0.6	2.1	0.5
金杯	5.0	1.7	2.0	2.7	1.4	1.2	1.0	4.5	0.8
依维柯	5.0	2.0	2.5	3.4	1.7	1.5	1.8	8.7	1.4
4.2 米	6.0	2.3	3.2	4.2	2.1	2.1	1.8	18.5	1.4
6.5 米	9.0	2.5	4.0	6.5	2.4	2.5	8.0	39.0	6.4
7.6 米	10.0	2.5	4.0	7.6	2.4	2.5	10.0	45.6	8.0
9.6 米	12.0	2.5	4.0	9.6	2.4	2.6	15.0	59.9	12.0
13.5 米	16.5	2.5	4.0	13.5	2.4	2.6	28.0	84.2	22.4
16.5 米	19.5	2.7	4.3	16.5	2.7	2.9	30.0	129.2	24.0
17.5 米	20.5	2.8	4.3	17.5	2.8	3.0	35.0	147.0	28.0

根据车型和载重量进行串点线路的车辆选择和配置,在这个过程中需要关注重货和轻货的搭配比例,防止超载或载货量不足。

一般在城市配送中,由于限行因素的影响,使用4.2米及以下车型较多,距离远的干线和支线运输采用6.5米以上车型。

⑥车辆来源

配送使用自己的车辆资源还是使用外包车辆,主要考虑的因素是配送成本;同时为了保证服务水平和质量,对于核心和重点客户,尽量利用自营车辆进行配送。

⑦货物交接

对于使用第三方车辆的发货,需要进行双方的信息交接,包括发货的货物名称、数量、型号、配送注意事项等,双方现场确认无误后,在发货交接单上签字。

同时需要在发货交接环节考核承运商的接货及时率、车辆满载率、车型匹配度,可以通过拍照和封签的方式进行交接完成的确认。

(2)发货量规划的方法

①发货暂存区的面积计算

发货暂存区的面积主要受到发货波次和暂存时间的影响,暂存时间越长,比如1天发1次,则需要的发货暂存区的面积越大。

发货暂存区是发货时临时存放物品的作业区域。发货暂存区的位置应靠近库门和月台,一般设置在库房的两侧,发货暂存区面积的大小,根据波次收发批量的大小、物品规格品种的多少、供货方和用户的数量、收发作业效率的高低、仓库的设备情况、收发货的均衡性、发货方式等确定。

$$发货暂存区面积 = \sum_{i=1}^{n} S_i + W$$

式中 S_i——第i个客户的商品占地面积;

W——通道面积;

n——客户数量。

模型条件:

——货物出库以托盘为单位进行交接。

——单托盘放置同一个客户的订单商品,不得混放。

——托盘不得多层摆放,防止货物破损。

——生成暂存和装车相互独立,全部完成后方可进行装车。

②月台数量计算

月台数量设计中最重要的影响因素就是仓库大门的数量,过多或过少的月台数量都会导致一系列问题的出现。

为了进行月台数量计算,必须要有以下数据:日均吞吐量、车辆装车时长及车辆装车可用的工作时长。如分为多个出库波次,设计时还要考虑高峰时操作量。

月台数量的计算公式为

$$N = \frac{D \times H}{S}$$

式中 N——月台数量;

D——日均吞吐量(货车数量);

H——车辆装车时长;

S——车辆装车可用的工作时长。

③发货车型选择

车型选择的计算模型为

$$\max\left\{\frac{V_i}{V_车}\right\} \quad i=1,2,\cdots,n$$

式中　V_i——单线路总体积;

　　　$V_车$——车型的装载体积;

　　　n——线路数量。

约束条件:

——总质量≤车辆载重。

——车型不得超过限行规定。

——车辆不得超过当地的排放标准。

——干线整车开通标准:不低于理论装载量的 50%。

④发货波次设置

通过配送时间倒推仓内最晚发货时间的计算公式为

$$T_发 = T_装 + \sum_{i=1}^{n} T_运 + \sum_{j=1}^{n} T_卸$$

式中　$T_发$——最晚发货时间;

　　　$T_装$——装车时长;

　　　$T_运$——运输时长;

　　　$T_卸$——卸货时长。

发货线路为

仓 —运输时长 $T_{运1}$／卸货时长 $T_{卸1}$→ 串点 1 —运输时长 $T_{运2}$／卸货时长 $T_{卸2}$→ 串点 2 —运输时长 $T_{运3}$／卸货时长 $T_{卸3}$→ 串点 3

波次规划:按照 $T_发$ 时间进行前置生产,生成不同波次。波次规划示例如下:

发货口	最晚发出时间					最晚收货时间	客户
A	11:00					15:00	客户1
B		11:05				16:00	客户2
C			11:10			17:00	客户3
D	11:00波次			14:00		17:30	客户4
E					15:00	20:00	客户5
F					15:30	19:00	客户6
				14:00波次			

⑤发货线路规划

根据学习单元3中的最近邻点法进行规划,并依据车载量计算能够覆盖的收货地址,以及计算需要的配送车型。

不同距离的优选车型见表4-2,开通条件为装载率在50%以上。

表 4-2　　　　　　　　　　不同距离的优选车型

距离(千米)	<150	151~500	501~800	801~1 500	>1 501
参考车型	4.2米	6.8米	9.6米	12.5米	17.5米

可推荐更大车型进行运载,也需要根据实际发货量进行配置。

⑥车辆来源选择

选择车辆外包的最主要原因是提高车辆使用率,减少返程时的车辆空驶,降低企业的运营成本。

车辆自营和外包的选择不是固定不变的,受到多方面因素的影响,比如履约时效的要求、履约质量的要求等;最重要的还是考虑货量的规模,当企业的货量不足时,以单边运输为主,这时选择干线运输外包成本最为节约,同时在发展的初期,车队的管理和运营能力欠缺,干线外包也是降低管理成本的方式之一。

随着货量的不断增多,干线货量提升。货量激增后,原来单向运输的车辆逐步形成了多班次的稳定线路。在装载量和车辆利用率都得到大幅提升时,需要考虑将车队的运营收回,进行干线的车辆运营。

对于同城末端配送,选择自营还是外包,基本上取决于各自运营的成本大小。在同城配送履约上,都是当日送达,能够及时对出现的异常情况进行处理,避免出现大的服务异常。

任务实施

发货车型分析

对表4-1中的数据进行分析。

步骤一:分析目标

配置线路的车型。

步骤二:分析原理

1. 发货量是决定车型的关键,因此要知道不同车型的装载量,根据装载量计算装载率,配置线路的车型。

2. 串点线路的多少,除了受到配送时间的限制,还与各点的货量分布有关,这决定了串点的门店数量和车型。

步骤三:实施过程

1. 选中车型、载重、净空、80%装载系数四列数据,如图4-2所示。

微课:发货车型分析

	B	C	D	E	F	G	H	I	J	K
1										
2		车辆数据			车厢数据			载货量		
3	车型	车长	车宽	车高	车厢长	车厢宽	车厢高	载重	净空	80%装载系数
4	面包	4.5	1.7	1.8	1.7	1.1	1.1	0.6	2.1	0.5
5	金杯	5	1.7	2	2.7	1.4	1.2	1	4.5	0.8
6	依维柯	5	2	2.5	3.4	1.7	1.5	1.8	8.7	1.4
7	4.2米	6	2.3	3.2	4.2	2.1	2.1	1.8	18.5	1.4
8	6.5米	9	2.5	4	6.5	2.4	2.5	8	39	6.4
9	7.6米	10	2.5	4	7.6	2.4	2.5	10	45.6	8.0
10	9.6米	12	2.5	4	9.6	2.4	2.6	15	59.9	12.0
11	13.5米	16.5	2.5	4	13.5	2.4	2.6	28	84.2	22.4
12	16.5米	19.5	2.7	4.3	16.5	2.7	2.9	30	129.2	24.0
13	17.5米	20.5	2.8	4.3	17.5	2.8	3	35	147.0	28.0

图 4-2　选中车型、载重、净空、80％装载系数四列数据

2．选择"插入"选项卡下如图 4-3 所示的图形。

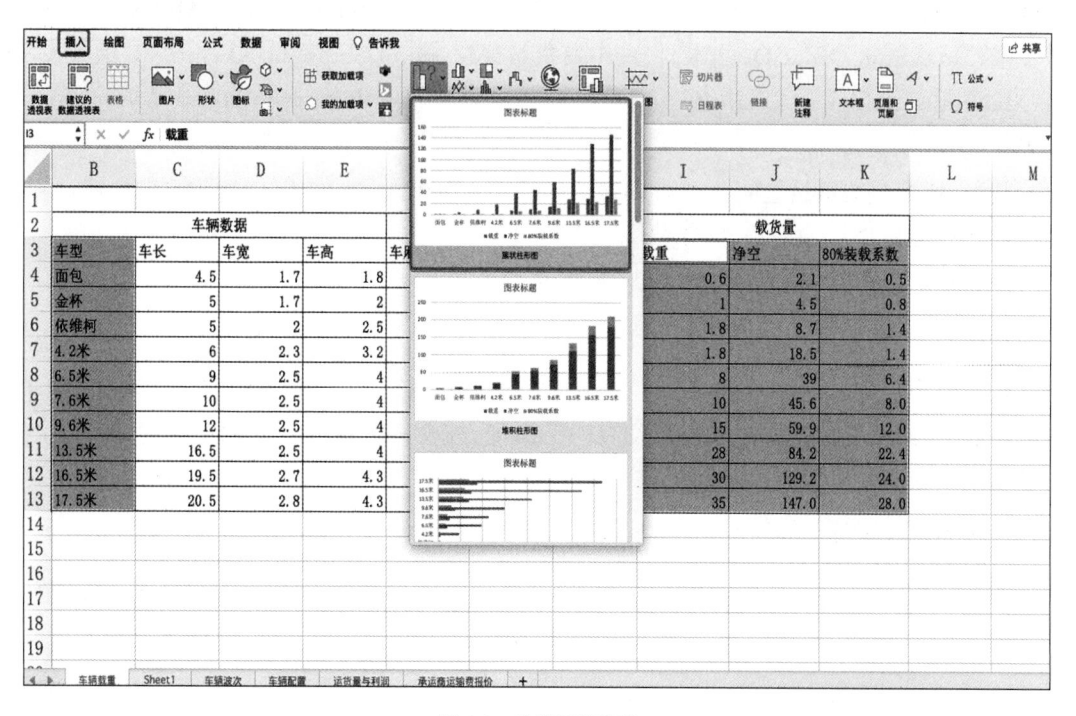

图 4-3　选择图形类型

3. 生成车辆数据对比图,如图 4-4 所示。

微课:发货分析

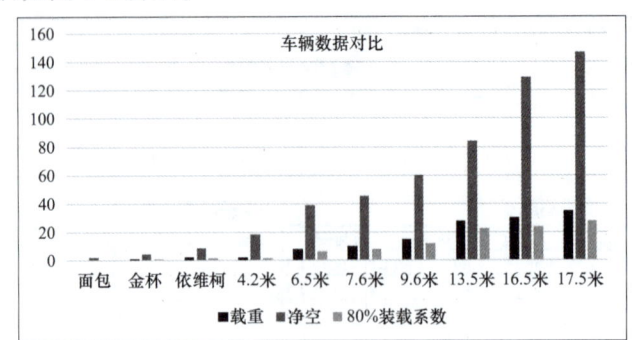

图 4-4 车辆数据对比图

任务 4-2 发货频次分析

微课:发货频次分析(上)

知识准备

发货频次和运输方式的选择对物料订购是非常关键的,它会影响对生产计划变动的响应能力、库存水平、呆滞库存的风险以及物料移动。

为了满足标准包装数量(Standard Number of Packaging,SNP)、运输车辆、运输成本等要求,需要对客户订单设置最小订货量(Minimum Order Quantity)、最大订货量(Maximum Order Quantity)、最小发货量(Minimum Shipment Quantity)、最大发货量(Maximum Shipment Quantity),通过控制发货频率和发货量,调整和控制在库库存,优化库存成本。

其中,标准包装数量也叫包装收容数,比如箱规管理,红牛 250 mL×24 罐/整箱,整箱则为标准包装数量。

下面将从最小发货量、最经济发货量、发货频次三方面展开。

1. 最小发货量

设置最小发货量,可以对客户的最小发货订单数量进行约束,避免出现发货数量小于标准包装数量,或发货数量小于产线单位时间工作量,或发货数量小于运输车辆的装载量,从而能够保持物流运作效率的最优化。

最小发货量的数学模型:

$$MPQ = SNP \times N(N \text{ 为整数 } 1,2,3\cdots)$$
$$= JPH \times N(N \text{ 为整数 } 1,2,3\cdots)$$
$$= 车辆装载量 \times N(N \text{ 为整数 } 1,2,3\cdots)$$

式中 SNP——标准包装数量;

JPH—单位时间仓内生产数量。

按照标准包装数量进行发货,能够提升物流运营效率,减少拆零操作和包装流程,降低成本的同时,使装卸效率最大化。

2. 最经济发货量

在日订单量确定的情况下,除需要满足最小发货量,发货中还受到车辆资源、作业时间、订单满足率、作业成本等因素的影响,不同发货量对应不同的发货成本,为使作业成本最低,需要考虑每日最经济发货量。

最经济发货量受到企业经营利润指标的影响。

(1)最经济发货量分析方法——量本利分析法

①量本利分析法的计算公式

$$营业利润 = 收入 - 变动成本 - 固定成本$$

即

$$P = px - bx - a = (p-b)x - a$$

式中　P——营业利润;

　　　a——固定成本;

　　　b——单位变动成本;

　　　x——物流量;

　　　p——产品或服务单价;

　　　$p-b$——单位边际收入;

　　　$(p-b)x$——边际收入总额。

$P>0$ 时,企业盈利;$P<0$ 时,企业亏损。

②保本点分析

所谓保本点,又称盈亏平衡点,是指企业或物流系统的业务量刚好使利润等于零,即出现既不盈利又不亏损的状况。

$$P = px - bx - a = (p-b)x - a = 0$$

$$x = \frac{a}{p-b}$$

即

$$保本点业务量 = \frac{固定成本}{单位边际收入}$$

(2)最经济发货量应用实践

【例4-1】　根据公司的历史数据,单位变动成本为150元/吨,日固定成本总额为20万元,单位运价为200元/吨。

①若企业为留住客户,采取利润为0的策略,最经济发货量为多少?

②如企业后期想实现每日3 000元的利润,最经济发货量为多少?

解　$P = px - bx - a = (p-b)x - a$

$P=0$ 时，

$$x_1 = \frac{200\,000}{200-150} = 4\,000(吨)$$

$P=3\,000$ 元时，

$$x_2 = \frac{200\,000 + 3\,000}{200-150} = 4\,060(吨)$$

3. 发货频次

(1) 发货频次对库存量的影响

对于采购的一方来说，供应商送货频率越高，前置时间越短，原材料库存就会越少，可以用固定订货周期模式来说明。

这种模式的特点是订货周期是固定的，采购员在固定的时间点检查核对未来需求和库存情况，根据前置时间，来创建新的采购订单。订货的周期可以是一天、一周，甚至是一个月。每次订货的数量是变动的，除非客户的需求和生产排程非常稳定。

固定订货周期模式首先要设定一个最大库存量，其计算公式如下：

最大库存量＝(订货提前期＋订货周期)×平均每天的需求用量＋安全库存

而每次需要订货的数量是在最大库存量的基础上，减去库存和在途数量。订货数量的计算公式如下：

订货数量＝(订货提前期＋订货周期)×平均每天的需求用量＋安全库存－(库存数量＋在途数量)

(2) 发货频次的计算

发货频次的计算公式为

$$发货频次 = \frac{年天数}{订货周期}$$

注：年天数通常取 360 天。

【例 4-2】 订货提前期是 7 天，订货周期是 28 天，平均每天的需求量是 20 件，安全库存为 200 件，当前库存数量是 150 件，还有 50 件的在途数量。最大库存量、本次需要订购的数量、发货频次分别是多少？

最大库存量＝(7＋28)×20＋200＝900(件)

本次需要订购的数量＝900－(150＋50)＝700(件)

$$发货频次 = \frac{360}{28} \approx 13(次)$$

从上述计算可以看出，订货提前期和订货周期对最大库存量的影响很大。

素养园地

新时代属于每一个人

在中国新时代的新征程里，每一个中国人，每一个中国企业，都在用自己的方式讲述着中国故事。海尔作为一家中国企业，也在向世界讲述着企业在物联网时代引领世界的故事。从传统企业到创客平台，从借鉴国外管理模式到创新中国管理模式，海尔的故事很长，内容却很有滋味。

《人民日报》、新华社、央视等国内权威的媒体连续对海尔进行报道,向世界展示中国企业的创新故事。

2017年11月20日,《人民日报》发表文章《全球价值链中高端咋迈进(各抒己见)》,海尔被"点名"。文章指出,企业是全球产业竞争的主体,各国在全球产业价值链中的地位,是由企业竞争力高低决定的。近年来,以华为、中兴、联想、海尔、吉利等为代表的中国跨国公司,已经在全球市场拓展上取得了很大进步。

在全球产业链的竞争中,中国企业已经从廉价劳动力的比较优势上升到智能创造的领先优势,海尔亦是如此。互联网+时代的到来,实现与用户零距离的互联互通,成为很多企业一直在思考的问题。在海尔的产业视野中,把电器变"网器",让用户参与到产品的设计、研发与制造过程中,从而让用户的需求变成产品,形成服务。

这是真正的互联互通,从"电力驱动"转变为互联网的"智能驱动",海尔为用户构建了一个开放、透明的智慧生态圈,也在家电行业掀起了一股"网器"热潮。

从"中国制造"到"中国智造",海尔的COSMOPlat平台同样瞩目。

作为全球唯一一个用户参与交互的工业互联网平台,COSMOPlat同样以"用户"为核心,发挥用户的主动性,通过用户赋能,实现产品的迭代升级。

这个拥有自主知识产权面向智能制造的中国版工业互联网平台,从它构建的理念、实施的效果以及生态影响力和用户的响应度来看,正在引领全球智能制造的未来。

在全球市场,海尔早已走在前列,它的智能制造成为全球企业学习的焦点。

2017年11月18日,央视《晚间新闻》播出了《海尔:"人单合一",带来创业新天地》,就海尔的"人单合一"管理模式进行报道,展示了海尔创业平台的系列成果,对海尔首创的"人单合一"管理模式予以肯定。

互联网时代,当其他大企业在打造企业"帝国"的时候,海尔放眼全球、放眼未来,发现大企业管理模式上的空缺,独创了"人单合一"管理模式,从一个传统的家电企业转型成为一个开放共享的创新平台,在平台上,全球创新网络资源与创新用户或企业相衔接,构建起交互平台,实现零距离交互。目前海尔已有包括智能互联平台等几十个创业子平台,孵化了3 600多家小微企业,其中年营收过亿元小微企业有100多个。

已经走过十多年的"人单合一"模式,从一开始的被质疑、被否定,到后来专家学者走进海尔,关注与参与"人单合一",再到如今国家层面高度认可、管理学家充分肯定,"人单合一"走了一条独一无二的路。

海尔用自己的亲身实践告诉世界,企业要想在物联网时代得以生存,就必须从解决产品经济改变为解决方案经济,打破企业封闭的"茧"。

"人单合一"没有止步于中国,海尔将"人单合一"推广到全世界,并多次得到实践,收购GEA就是其中一个。

收购GEA后,海尔摒弃了其原来的员工结构、继任者选拔计划,以小微、抢单取而代之,用"人单合一"模式改变了固定薪酬制,调动起员工的积极性,这使得GEA改头换面,重新焕发活力。

正因为GEA是美国的主流公司,是传统管理模式的典型代表,当海尔对其进行改变并

物流数据分析与应用

取得一定成效时,世界都对"人单合一"刮目相看。也正是"人单合一"模式在海外的成功落地,证明了中国管理模式有望引领世界潮流。

不积跬步,无以至千里。海尔模式在权威媒体上的频频亮相,是对海尔三十多年来深耕企业创新的认可,也是对"人单合一"模式走向世界的鼓励。

中国梦的实现离不开每一个中国人、每一个中国企业的努力。海尔是中国管理的"造梦师",同时又是中国管理模式的"实践者",它向世界讲述的中国新故事,将成为中国企业,乃至世界企业管理的经典。

任务实施

最经济发货量分析

微课:发货频次分析(下)

步骤一:分析目标

根据【例4-1】直观展示企业最经济发货量。

步骤二:分析原理

企业利润=(单位运价-单位变动成本)×发货量-日固定成本

步骤三:实施过程

1. 选取5个不同发货量计算企业利润分别为0、2 000元、4 000元、6 000元、8 000元。

2. 根据发货量计算企业利润,在Excel中输入公式,如图4-5所示。

图4-5 在Excel中输入公式

3. 选中1、2两行数据,插入图表。选择图表类型为XY(散点图),然后选择第二个图,如图4-6所示。

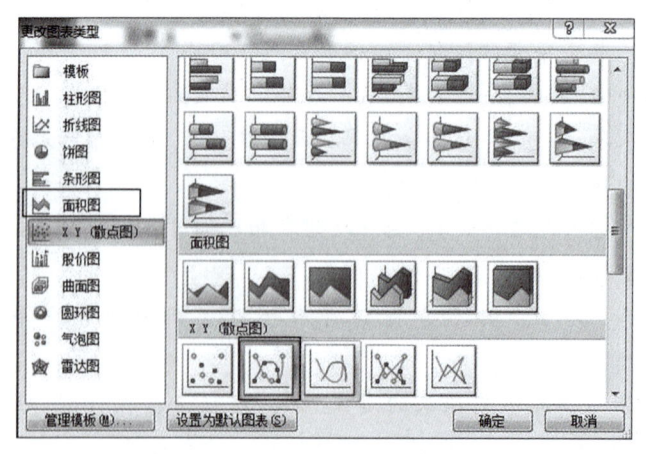

图4-6 插入XY(散点图)

4. 选择快速布局—单击布局1,即生成如图4-7所示的图形。

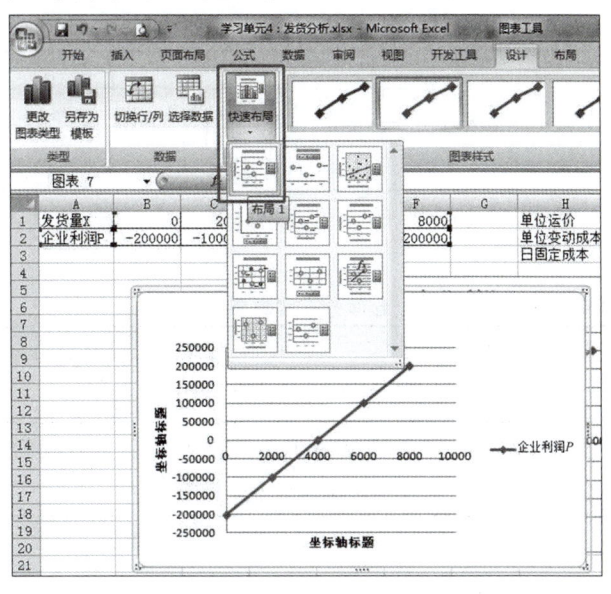

图4-7 生成图形

5. 修改坐标轴标题即可得到不同发货量下企业利润线,如图4-8所示。

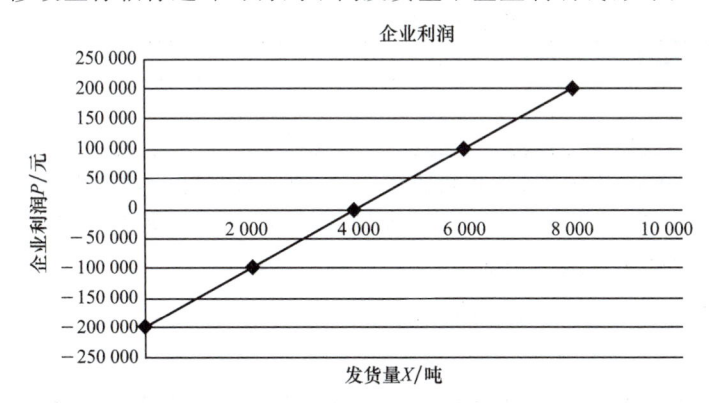

图4-8 不同发货量下企业利润线

微课：最经济发货批量分析

任务4-3 发货方案拟订

知识准备

对于订单履约,为更好地提升客户体验,企业可以通过设置多级分仓的方式进行订单发货,在订单预测的基础上设置前置仓、城市仓等,尽可能缩短配送时长,建立企业竞争优势。

在电商仓库和快消品发货作业中,仓库的作业方式可分为自营和外包方式,同时配送的作业方式也可分为自营和外包方式,根据作业效率和成本的两两组合,可以产生最基础的发货方案。

根据作业方式的不同,产生 4 种基础发货方案,见表 4-3。

表 4-3　　　　　　　仓库的作业方式

仓储	配送	
	自营(A)	外包(B)
自营(A)	AA	AB
外包(B)	BA	BB

作业方式确定了之后,根据仓库的分布不同,又分为一仓发全国和多地分仓发货,见表 4-4。

表 4-4　　　　　　　仓库分布和发货

仓库数量	发货方式
一个总仓	一仓发全国
多地分仓	多地分仓发货

根据仓内生产波次的不同,发货方式又分为单波次发货和多波次发货,见表 4-5。

表 4-5　　　　　　按仓内生产波次发货

生产波次	发货方式
1 个	单波次发货
≥2 个	多波次发货

根据运输方式的不同,又可分为不同的发货方案,见表 4-6。

表 4-6　　　　　　　按运输方式发货

运输方式	发货方式
汽车	陆运
飞机	空运

不同的经营方式、仓库分级、仓库波次、运输方式等,形成多种多样的发货方案。在上述因素影响下,可形成 $C_4^1 C_2^1 C_2^1 C_2^1 = 32$ 种发货方案。在发货时,首先要考虑满足客户需求,达到客户要求的服务水平。

1. 基于发货效率考虑的发货方案

(1)发货效率的影响因素

在作业过程中,影响发货效率的主要因素包括缺货率、当日发出货物量(发货及时率)等。

微课:发货方案拟订(上)

缺货后,商品无法在客户订购后及时发出,可能会导致客户不满,造成客户投诉,因此在库内,需要有满足客户需求的库存。

当日发出货物量越大,则发货效率越高。此环节受到拣货效率、打包效率、交接效率等多方面的影响,是一个综合多种因素后产生的结果。

发货及时率指标能够反映一个公司的发货效率。通过发货效率的反馈,可在既定的服务水平下,选择适当的发货方案。其计算公式为

$$发货及时率 = \frac{实际发货数量}{当日应发货数量} \times 100\%$$

(2)基于发货效率的方案选择

基于发货效率的方案主要是考虑每日订单的出库量占应出库量的比例,此比例越高越好。某企业发货效率方案见表 4-7。

表 4-7　　　　　　　　　某企业发货效率方案

指标	方案1	方案2	方案3	方案4	方案5	方案6	方案7
接收单量（单）	106 733	23 983	55 146	20 218	17 590	21 550	6 177
出库单量（单）	102 887	22 965	54 059	19 716	16 603	21 335	6 082
待生产单量（单）	3 846	1 018	1 087	502	987	215	95
发货及时率	96.4%	95.8%	98.0%	97.5%	94.4%	99.0%	98.5%

通过上述7个发货方案的比较,方案6的发货及时率最大,因此选择方案6作为公司的发货方案。

2. 基于成本考虑的发货方案

近年来,随着新零售等诸多互联网衍生产品的出现以及消费者对服务质量要求的不断提高,企业需要从成本方面考虑发货方案。

（1）基于成本考虑的发货方案的影响因素

在考虑发货成本时,需要关注商品本身的价值,不同价值的商品对选择发货方式有非常重要的影响,基本上发货费用为商品价值的5%～10%。

物流成本必须与发货人所能承担的成本和利润相匹配,是物流企业经营的重要原则之一。物流成本不能过多侵吞发货人的利润,如某公司历史18元/件的发货成本,要做到物流成本占商品价格的比重不超过5%,则商品价值必须超过360元;要做到不超过3%,则商品价值必须超过600元,这就决定了商品价值和物流成本必须是正相关的关系。

因此在依据成本考虑发货方案时,物流费用占比就成了重要的参考因素。物流费用占比的计算公式为

$$物流费用占比 = \frac{商品物流费用}{商品价值} \times 100\%$$

（2）基于成本考虑的发货方案举例

这里以快递公司为例,进行发货方案选择:

根据公司年报,2021年,A公司单票收入为1.34元;B公司单票收入为2.02元;C公司单票收入为2.04元;D公司单票收入为2.07元（以陆运为主）;E公司单票收入为15.59元（以航空运输为主）。

手机、笔记本、组装电脑、水果生鲜、腕表、运动户外、珠宝等品类E公司使用占比高:腕表、组装电脑与笔记本使用E公司的频率是100%,手机使用E公司的频率为93.8%,紧随其后,这类商品价值高昂,都在1 000元以上,18～20元的物流费用占其收入比重不足2%,甚至更低,商家可以承担,且商家会考虑物流服务商所代表的品牌调性。另外,水果生鲜使用E公司配送的主要原因在于商品的特殊性,即物流不当会带来商品损坏的沉没成本。

鲜花绿植、男装、美妆、眼镜、珠宝饰品E公司使用率居中:当商品价格逐步下沉至几百元的区间,同时对商品新鲜度的要求也降低时,商家使用E公司的频率开始降低。

家纺、厨具、鲜花、配件、文具、童鞋、母婴、零食、女装、内衣等商家鲜少使用E公司的快递服务,根源依然是商品本身的特质,零碎购买、单价低廉、标准化易配送,E公司很难抢占这块市场。

3. 综合发货方案

现实生活中,发货效率及成本都是企业需要考虑的因素,下面我们综合分析发货方案,合理优化。

众所周知,在电商物流领域,存在着两种模式:一种是以仓配节点为基础的仓配网络;一种是以运输网络(航运+陆运)为核心的配送网络。

(1)以仓配节点为基础的仓配网络

主要以仓配模式为主,建立了区域仓—前置仓—配送站的仓储配送网络,通过仓储前置和商品前置,减少货物的搬运次数和操作环节,缩短下单后配送环节的运输距离,从而达到高效履约的效果。

(2)以运输网络(航运+陆运)为核心的配送网络

主要以网络型物流为主,履约流程包括揽件、转运(分拨)、干线运输、转运(分拨)、派送等环节。企业通过投入大量直营末端网点、高效干线运输资源(飞机、高铁)、自动化设备来缩短揽件、分拨、运输、配送环节的时间,以达到高效履约。

(3)综合发货方案举例

对比来看,仓配模式通过大量前置的仓储资源投入,缩短了消费端供应链环节的运输距离,但仓库作为固定资产与飞机、高铁等运输资源相比无法轻易调整重置,灵活性较差。其履约成本除了受到规模效应的影响,还与商品和库存需求的预测精确度相关,预测数据的偏差会大幅提升供应商、仓与仓间调拨的需求和成本。使用此种模式的公司需要依托海量消费数据和技术能力的积累,通过精准库存需求预测,提升入仓前、区域仓—前置仓运输环节效率,减少仓间调拨次数,从而提高整个履约链条的效率。

以快递包裹(质量:3 kg)为例,对比北京至上海的发货方案。

供应商工厂在北京,在北京有一个总仓,需要发货到上海,可以选择的发货方案包括:

• 仓配模式:

北京工厂—汽车运输—上海 RDC(区域分发中心)—末端配送。

• 网络模式:

①北京工厂—北京 CDC(中央配送中心)—揽收—汽车运输—末端配送;

②北京工厂—北京 CDC—揽收—航空运输—末端配送。

客户 2021 年 9 月 20 日下订单,发货时效比较:

• 仓配模式:

根据预测,提前备货至上海 RDC,运输时效 $= \dfrac{上海-北京距离}{平均运输时效} = \dfrac{1\ 242}{60} \approx 21\ h$

末端配送时效:1 d

履约时效=末端配送时效:1 d

客户收货时间:2021 年 9 月 21 日

• 网络模式:

①运输时效 $= \dfrac{上海-北京距离}{平均运输时效} = \dfrac{1\ 242}{60} \approx 21\ h$

末端配送时效:1 d

履约总时效=运输时效+末端配送时效=21 h+1 d=1 d 21 h

故运输过程需要两天。

客户收货时间:2021 年 9 月 23 日

②航空运输时效:2 h 10 min

末端配送时效:1 d

履约总时效＝航空运输时效＋配送时效＝2 h 10 min＋1 d＝1 d 2 h 10 min

客户收货时间：2021 年 9 月 21 日

实际中要通过不同的布局模式和运输方式，针对客户需求，参考货物价值，选择合适的发货模式。

任务实施

发货方案计划

步骤一：分析目标

制订发货方案。

步骤二：分析原理

通过比较表 4-7 中各种方案的发货及时率确定公司最有效的发货方案。

步骤三：实施过程

1. 打开 Excel，选中 A～H 8 列，单击"插入"选项卡，选择如图 4-9 所示的图表类型。

图 4-9　选择插入图表类型

2. 发货方案拟订可视化图形如图 4-10 所示。

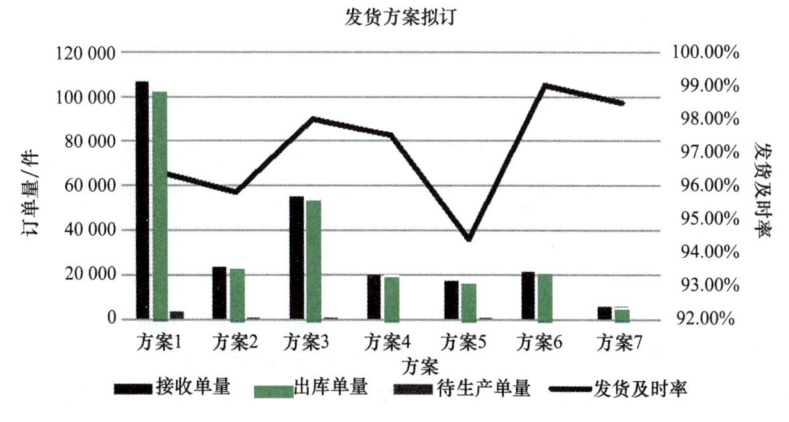

图 4-10　发货方案拟订可视化图形

通过比较，方案 6 的发货及时率最大，因此选择方案 6 作为公司的发货方案。

任务 4-4 发货方案优化

知识准备

配送中心是现代物流系统中的重要环节,按照订单配送货物是配送中心的基本功能。近年来,我国配送业有了很大的发展,但现阶段的物流配送业还不成熟。一方面,很多配送中心是由原有的批发企业、储运企业转化来的,存在着设备陈旧、管理水平低及信息化建设落后等问题;另一方面,随着经济全球化的发展,市场竞争越来越激烈,客户需求也趋于多样化,很多配送中心难以满足越来越高的市场要求。因此,物流配送企业在资源有限的情况下,不断地优化现有流程、提高企业的整体效益就显得尤为重要。

微课:发货方案优化(上)

1. 方案效果评估

在企业物流方案评估模型中,主要输出物流效率、物流成本以及运营风险方面的内容。同时,通过对物流运营进行场景化与数字化,对其结果从时效变化、成本变化和服务变化等方面进行评估,以便寻找最优发货方案。

(1)时效变化

时效是一个公司的发货效果的最直接体现,可以通过不断地优化发货时效和客户期望收货时间之间的差异,提升客户体验。

根据时效的不同,可以将发货方案分成两小时达订单、当日达订单、次日达订单、三日达订单、非工作日配送订单、指定日期发货订单、预定产品发货订单等。

通过设置不同的发货时效订单,可以生成不同的仓内生产波次,合理安排各时间段的劳动人员,合理规划劳动强度。

通过对不同时效要求的订单进行监控,观察时效变化情况,判断发货方案是否最优。时效差异的计算公式为

$$时效差异 = 客户期望时效 - 实际送达时效$$

如客户期望时效为1天,实际送达时效为2天,则

$$时效差异 = 1 - 2 = -1(天)$$

这就需要通过发货方案进行优化和改善。

(2)成本变化

不同仓库覆盖范围不同,会导致发货方案发生变化,引起发货成本的变化;单仓覆盖下,选择不同的物流承运商,会导致成本发生变化;多仓覆盖下,发货仓库的选择、仓库支援关系的变化、仓库调拨方式等都会导致发货方式的变化。

(3)服务变化

针对不同的客户分层,设置不同的服务标准,为高层级的客户提供额外的增值服务,增加公司收入。比如针对高价值商品提供专送服务、专车、专人、专用包装、专业服务流程和标准。

如某物流公司的准时达,收取增值费用69元,按照单区域每日配送1 000单计算,则该区域可产生额外收入

$$69 \times 1\ 000 = 69\ 000(元)$$

2. 优化空间

为了满足当今客户更快速和更时常发生的配送要求,物流中心的发货方案必须比以前更快速,而且更有效率。为了更加有效率地发货,我们一定要从优化空间方面入手。

(1) 设置不同的仓库发货策略

公司在进行仓库布局时,可按照仓库覆盖范围分成不同的区域,比如 A 仓库覆盖华北, B 仓库覆盖华东, C 仓库覆盖华南, D 仓库覆盖西北, E 仓库覆盖东北, F 仓库覆盖西南, G 仓库覆盖华中等。

为更好地满足客户订单需求和时效要求,各仓库之间需要建立支援关系,形成仓库的内配和调拨。比如陕西的客户购买的商品在 D 仓库无货,在库存满足的情况下,优先选择临近的 G 仓库进行发货;依次按照指定的发货规则和逻辑进行发货。

在仓库之间进行货物调拨时,可以进行越库操作,减少入库、上架、拣货、包装等环节,提高发货效率。越库是指实物从收货直接"流动"到出货过程,越过上架、存储、拣货,直接进行发货,最早起源于沃尔玛。

越库主要适用于以下品类:
① 鲜花、水果、海鲜等时效性要求较高且不便于进行存储的品类。
② 服装等具有季节性的高周转品类。
③ 无须进行严格批次管控的快消品。

还存在一种提高发货及时率的方式,在 G 仓库直接发货至陕西,不再通过内配调拨至 D 仓库,以减少内配的流程。

(2) 选择不同的履约服务商

除公司内部运营做精细化管理,依然可以通过物流承运商的选择降低履约的成本。

职场直通车

一、企业 A——物流数据分析师

工作职责:
(1) 负责物流供应链数据分析,找出问题点并能提出有效解决方案;
(2) 帮助大数据开发经理整理需求,撰写可行性分析报告;
(3) 协助产品经理完成物流大数据项目的开发设计工作;
(4) 负责改进项目的方案报告及相关文案工作;
(5) 调研终端客户的基础数据及业务情况。

二、企业 B——数据(仓储物流)分析师

职位详情:
负责质量控制,全国仓储数据分析。
岗位要求:
(1) 2 年以上物流/供应链相关领域业务端、运营端工作经验;
(2) 数据分析能力强,具备优秀的逻辑思维、沟通能力;
(3) 能独立开展模块工作;

(4)始终保持学习热情,通过多渠道获取工作相关的专业知识与经验,并不断将专业知识应用于工作之中,以提升工作绩效。

(3)区分不同的客户类型

客户类型不同,可以采用不同的发货策略。根据发货量和忠诚度,可以区分不同的客户类型。

①优质客户:客户和公司合作几年,业务量大,利润高,还经常介绍其他客户过来。
②填仓客户:合作的业务很多,但每次业务金额很小,利润很低,有的甚至亏损。
③潜力客户:客户是大集团客户,购买力强,但客户特别挑剔,流失率很高。
④飞鸟客户:客户主要和公司的竞争对手合作,偶尔小业务委托本公司。

在进行发货方案设计时,依据客户对公司的忠诚度和业务量的大小,配置不同的发货优先级,提供不同的增值服务类型,优化成本结构。

3. 优化方案

根据覆盖范围、时效、服务等,可形成不同的优化方案。

(1)根据不同的客户类型配置不同的发货时效及收费标准

发货时效及收费标准示例见表 4-8。

表 4-8　　　　发货时效及收费标准示例

发货时效	会员价格	非会员价格
2 小时达	免费	不提供
当日达/次日达	特定城市,订单满 69 元免费,未满 69 元每单 10 元运费	每单 10 元+2 元/kg
1 个工作日送达	免费	每单 10 元+2 元/kg
2 个工作日送达	免费	每单 10 元+1 元/kg
4~5 个工作日送达	免费	每单 10 元+0.5 元/kg
非紧急订单 6 个工作日送达	免费	每单 10 元+0.5 元/kg
非工作日配送	每单加收 10 元运费	不提供
指定日期配送	免费	不提供
预售产品配送	免费	根据商品收费

(2)依据不同商品质量进行发货优化

假设不同的承运商的运输费用报价见表 4-9。

表 4-9　　运输费用报价

承运商	运输费用(元)
A	$10×(x-1)+22$
B	$2.49x+60$
C	$0.43x+200$

注:x 为发货商品质量,单位为 kg。

不同的商品质量运输费用计算结果见表 4-10。

表 4-10　　　　运输费用计算结果

x(kg)	0	1	20	40	60	80	100	120
A 运输费用(元)	12	22	212	412	612	812	1012	1 212
B 运输费用(元)	60	62	110	160	209	259	309	359
C 运输费用(元)	200	200	209	217	226	234	243	252

注:x 为发货商品质量。

任务实施

发货方案优化

依据不同商品质量进行发货优化,根据分析结果选择合适的发货计划。

步骤一:获取数据。不同的商品质量运输费用见表 4-10。

步骤二:选中 1~4 行数据,插入图表,如图 4-11 所示。

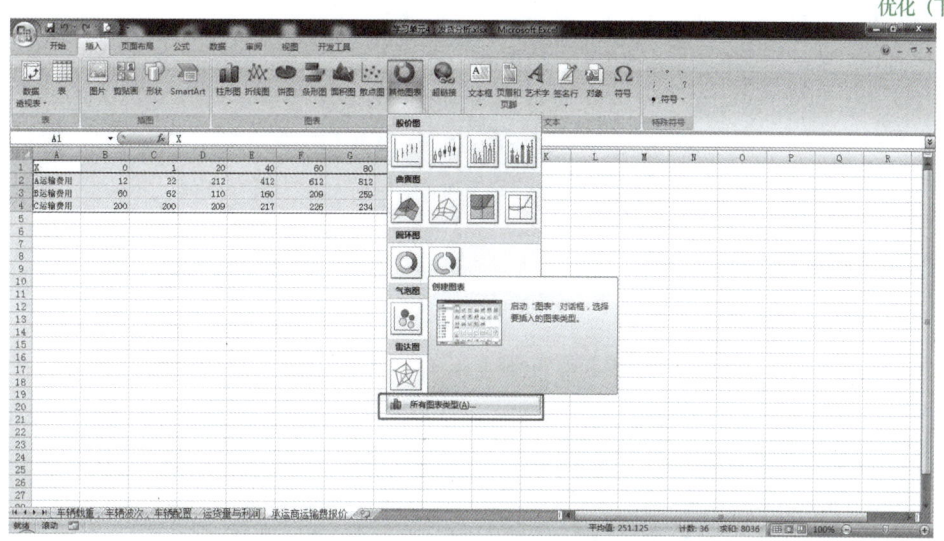

图 4-11 选中数据,插入图表

(1)选择 XY(散点图)中的第二个图表,如图 4-12 所示。

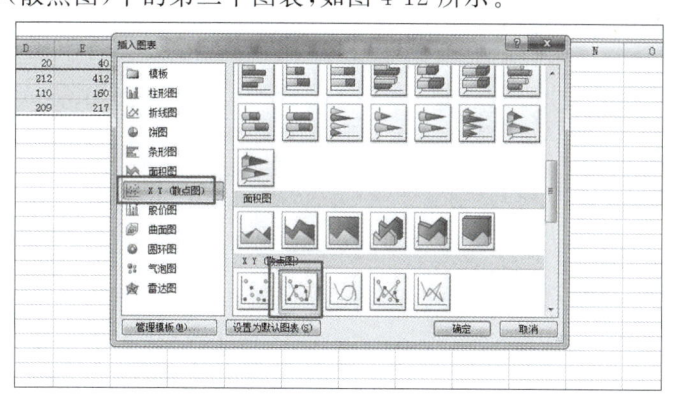

图 4-12 选择 XY(散点图)

(2)生成下列趋势线,如图 4-13 所示。

步骤三:分析结果。

临界点 1:7 kg,7 kg 以内选择承运商 A;

临界点 2:68 kg,68 kg 以上选择承运商 C;

7~68 kg,选择承运商 B。

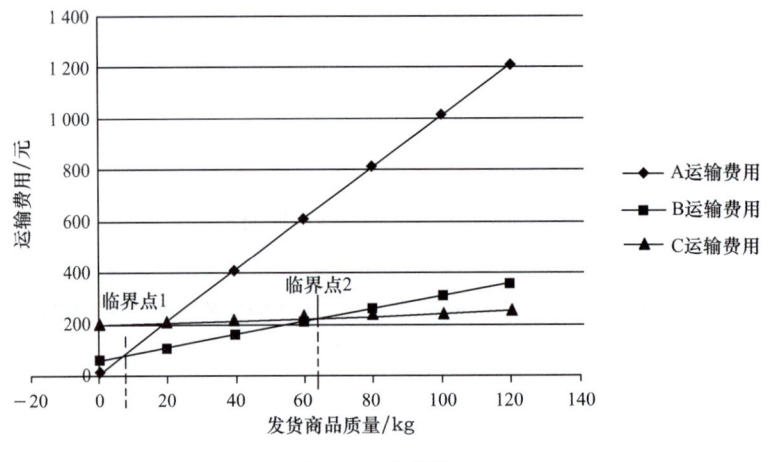

图 4-13　趋势线

课后练习

1. 针对公司的现状,对发货情况进行优化。如何选择发货承运商?
2. 在既定条件下,是否调整仓库的覆盖范围?

习　题

一、单选题

1. (　　)是进行发货规划的基础,没有准确的发货量数据,则无法完成对发货区域的规划和设计。
   A. 发货量　　　　B. 生产量　　　　C. 存储量　　　　D. 计划量
2. 一般用来进行一般的预算,在实践中使用较少的是(　　)。
   A. 周度货量预测　　　　　　　　B. 月度货量预测
   C. 年度货量预测　　　　　　　　D. 日度货量预测
3. 需要关注一年中是否存在季节性变化,并预测月度的峰值货量,作为柔性生产的基础的是(　　)。
   A. 周度货量预测　　　　　　　　B. 月度货量预测
   C. 年度货量预测　　　　　　　　D. 日度货量预测
4. 收货月台和发货月台位于仓库的同一区域的是(　　)。
   A. U 型月台　　　B. L 型月台　　　C. I 型月台　　　D. S 型月台
5. 收货区和发货区隔着存储区,动线最长,需要投入更多的设备和人力的是(　　)。
   A. U 型月台　　　B. L 型月台　　　C. I 型月台　　　D. S 型月台

二、多选题

1. 发货量预测按照时间维度可分为(　　)。
   A. 周度货量预测　　　　　　　　B. 月度货量预测
   C. 年度货量预测　　　　　　　　D. 日度货量预测

2. 发货量预测和销售预测是一致的,都可采用(　　)。
A. 移动平均法　　　　　　　　　　B. 加权移动平均值法
C. 季节性指数平滑法　　　　　　　D. 插值法
3. 发货量规划的内容主要涉及(　　)。
A. 发货暂存区的面积计算　　　　　B. 月台数量设置
C. 发货车型的选择　　　　　　　　D. 发货波次的设置
4. 根据收货和发货月台的位置关系,月台分为(　　)。
A. U型月台　　　B. L型月台　　　C. I型月台　　　D. S型月台
5. 常见的发货线路分为(　　)。
A. 直发　　　　　B. 串点　　　　　C. 再分拣　　　　D. 间发

三、判断题

1. 仓库面积的限制,月台的设置数量有限制,如果单位时间内发货量过大,则会造成发货区爆仓,形成积压。(　　)
2. 月台数量的限制,会造成取货车辆的排队现象,但不会影响接货的效率。(　　)
3. 发货量预测的时间维度越小,预测的难度越大,目前月度货量预测使用范围较广。(　　)
4. 在发货量预测的过程中还需要考虑现货率情况,是否允许缺量发货。如允许缺量发货,还需要考虑允许缺量发货的程度。(　　)
5. 发货作业是按照服务履约时效排定用户所需商品的品种、规格、数量、送货地点、送货车辆和人员的规划。(　　)

学习单元 5
包装分析

学习目标

知识目标：
- 掌握常见的包装种类
- 掌握包装选择的方法
- 掌握包装成本的计算方法

技能目标：
- 利用评分表法对包装效果进行评估
- 基于要素分析法计算包装的成本
- 利用产能效率和产能利用率进行精细化管理

思政目标：
- 坚持实事求是永不过时
- 养成思辨、勇于探索的精神
- 树立基于数据的思维理念，用数据核心思维方式思考问题和解决问题

思维导图

- 包装分析
  - 包装的种类和作用认知
    - 包装的种类
    - 包装的作用
  - 包装的选择
    - 包装目的分析
    - 包装效果评估
  - 包装成本分析
    - 基于要素成本分析
    - 基于业务成本分析
  - 包装效率分析
    - 基于产能效率分析
    - 基于利用效率分析

单元导入

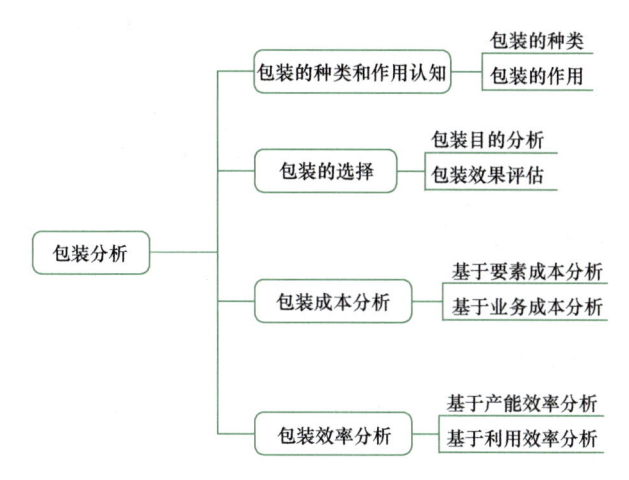

产品包装设计如何分析

现在人们的审美要求越来越高,在设计产品包装的时候,也要跟上时代的节奏,否则产品就很难获得消费者的认可。产品包装的设计风格是非常多样化的,不同的产品也有着不同的设计要求,那么应该如何分析产品包装设计的好坏呢?

1. 美学角度

产品包装需要富有创意,但更重要的是符合人们的基本审美需求。虽然说艺术美学没有统一的标准,但是能够获得大多数人认可的美,就是可行的。

2. 营销角度

除了看产品包装是否美观以外,还要从营销的角度去看产品包装是否符合市场需求,是否能够起到营销的作用,这一点也是至关重要的。

3. 消费者心理

消费者普遍都有一种心态,就是产品包装越精美,产品的价值就越高,自己也就越愿意花钱去消费这样的产品。所以判断产品包装设计是否足够好,要看包装能否给予消费者足够的心理暗示。

思考:

1. 包装的目的和作用是什么?
2. 包装在物流运输中处于什么地位?

启示:

1. 明白包装在物流市场上的重要性。
2. 商品在流通中越接近客户,包装越要有促进销售的效果。

任务 5-1 包装的种类和作用认知

知识准备

从有产品的那一天起，就有了包装。包装已成为现代商品生产不可分割的一部分，也成为各商家竞争的强力利器，各厂商纷纷打着"全新包装，全新上市"去吸引消费者，以期改变产品在消费者心中的形象，从而提升企业自身的形象。包装已融合在各类商品的开发设计和生产之中，几乎所有的产品都需要通过包装才能成为商品进入流通过程。

在不同的时期，不同的国家，对包装的理解与定义也不尽相同。以前，很多人都认为，包装就是以转动流通物资为目的，是包裹、捆扎、容装物品的手段和工具，也是包扎与盛装物品时的操作活动。自20世纪60年代以来，随着各种自选超市与卖场的普及与发展，包装由原来的保护产品的安全流通为主，一跃转向销售员的作用，人们对包装也赋予了新的内涵和使命。包装的重要性，已深被人们认可。为了对包装有一个清晰的了解，我们将从以下两方面展开：包装的种类和作用。

1. 包装的种类

按照包装的功能，包装分为商业包装（销售包装）和运输包装。商业包装主要是为了促进商品的销售，运输包装是为了强化运输，保护商品。运输包装按照在流通运输中的作用分为小包装（内包装）和大包装（外包装）。

运输包装（外包装）分为单件运输包装和集合运输包装两大类。运输包装按包装的外形分为包、箱、桶、袋、管、卷、捆、罐等；按包装的结构方式分为软性、半硬性、硬性包装；按包装材料分为纸制、金属制、木制、塑料制、棉麻制、陶瓷制、玻璃制包装以及草柳藤编织制品等包装。

单件运输包装是指在运输过程中作为一个计件单位的包装。按包装造型的不同，单件运输包装的种类主要有：

①箱。凡价值较高，容易受损的商品，多用箱装。视不同商品的特点，可选用木箱、纸箱、瓦楞纸箱和夹板箱等。有些贵重商品还有使用金属箱的。一般箱内还衬用防潮的纸或塑料薄膜，箱外通常打包铁皮或塑料胶带。

②袋。袋主要有棉布袋、麻袋和玻璃纤维袋等，一般用来包装粉状、颗粒状或块状的货物。农副产品及化学废料等常用袋装。

③包。凡可紧压且品质不受损坏的商品可以打包。用包包装时，一般用打包设备将货物压实，再用麻布、棉布等包裹，包外用条带扎紧。包一般用来包装棉花、棉纱、羽毛、羊毛、布匹、茧丝、纤维等货物。

④桶。桶有木桶、铁桶、纸板桶与塑料桶之分。桶主要用于对流体、半流体、粉状、颗粒状等货物的包装。

除以上四种外，常见的还有瓶、卷、篓、捆、筐、坛、罐等。

集合运输包装是将若干单件运输包装组合成一件大包装，如集装箱、集装包、集装袋、托盘等。集合运输包装有利于提高装卸速度、减轻装卸搬运劳动强度、方便运输、保证货物数量与质量,并促进包装标准化,节省成本。

常见的集合运输包装有:

①集装箱。它是指由钢板、铝板、纤维板等坚固材料制成的长方形大箱。大小规格有许多种,装载质量为5～40吨。国际上最常用的集装箱有8×8×20立方英尺和8×8×40立方英尺两种。集装箱是现代化运输的一种包装,始于20世纪初,20世纪50年代起迅速发展,它既便于装卸、运输,又能有效地保护商品。使用集装箱要有专用的船舶、码头和装卸设施。集装箱已成为最适合当前国际陆、海、空运输装卸的一种运输包装。采用集装箱装货,既可以是整箱使用集装箱,又可以是部分使用集装箱。前者称为整箱货(FCL),后者称为拼箱货(LCL)。

②集装包和集装袋。集装包是用塑料纤维丝编织成的轴口式大包,两边有四个吊带,每包可装载1～1.5吨货物,适合装载已包装好的桶、袋等商品。集装袋一般也是用塑料纤维编织成的圆形大口袋,它适宜装载散装货物,每袋一般可装1吨商品。

③托盘。托盘一般指用木材、金属或塑料制成的托板。托板上堆放货物后,用塑料薄膜、金属绳索等加以固定组合。托盘下有插口供铲车起卸、堆放之用。每一托盘可装载约1吨或1立方米的货物。集装托盘既能起到搬运工具的底托作用,又有集合包装容器、集合货物的作用。

在目前的电商作业过程中,由于订单商品的多样性,需要根据不同的订单类型选择合理化的包装,这也是目前包装研究的重点。

素养园地

绿水青山就是金山银山

2005年8月15日,时任浙江省委书记习近平在浙江安吉县余村考察时,首次提出"绿水青山就是金山银山"的理念。今天,这一理念已经成为全党全社会的共识和行动,成为新发展理念的重要组成部分。党的十八大以来,从加快推进生态文明顶层设计和制度体系建设,加强法治建设,建立并实施中央环境保护督察制度,到大力推动绿色发展,深入实施大气、水、土壤污染防治三大行动计划,率先发布《中国落实2030年可持续发展议程国别方案》,实施《国家应对气候变化规划(2014—2020年)》,我国生态环境保护发生了历史性、转折性、全局性变化。实践充分证明,绿水青山既是自然财富,又是经济财富,生态本身就是经济,保护生态就是发展生产力。

那么在包装中我们如何成就"绿色"?

绿色包装即无公害包装或环境友好包装,是指对生态环境无污染、对人体健康无毒害、能回收或再生复用、可促进持续发展的包装。它具有生态环境保护和资源再生两个特征。

改革开放以来,我国经济迅速发展,但由于环保意识较薄弱,导致环境日渐恶化,资源过度消耗,由包装引起的污染到处可见。单是包装废弃物每年总量就在1 500万吨以上,且回收率较低。旧塑料回收率仅为9.6%,旧纸和纸板也不过15%。在日处理垃圾中,仅快餐盒和塑料袋就有近千吨之多。这就迫切要求改进包装以保护环境和资源。20世纪80年代末,绿色革命的步伐加快,绿色包装也应运而生。在世界环保呼声日益高涨的大环境下,我国的绿色包装也于1993年兴起。这不仅顺应了国际环保发展趋势的需要,符合世贸组织有关贸易协定的要求,也是一种强有力的国际营销手段。绿色包装还有利于国家产业结构的调整,是我国实施可持续发展战略的重要方面。因此,绿色包装是我国的主攻方向。

(资料来源:根据新华网、豆丁网资料整理)

2. 包装的作用

包装在商业过程中最主要的作用是促进销售,表明商品的基本生产信息等。随着物资交换的频繁发生,运输包装应运而生,其最重要的作用就是保护功能和方便作业功能。

(1)保护功能

①防止货物破损变形

物流服务的第一要义是保持货物的安全,安全性得到保证后再提升时效和服务体验,因此包装的第一项功能就是防止货物破损变形,减少商品理赔,增强企业的营利能力。

②防止货物发生化学变化

由于不同货物在同一个车辆内运输时,不同的货物之间存在发生化学反应或化学变化的可能性,因此可通过包装减少货物之间和货物与空气之间的接触和交换,防止货物发生化学变化。

③防止有害生物对货物的影响

对于食品类等商品,容易遭受有害生物的侵扰,通过外包装能够隔绝有害生物与商品之间的接触,减少有害生物对货物的影响。

④防止异物混入和货物污染、丢失、散失

对于商品运输,特别是零担运输,需要经过多次的装卸搬运活动,如果不采用合理化的包装,容易造成一单多商品货物的丢失和散失,影响作业效率的同时,会造成影响客户的体验等问题。

(2)方便作业功能

①方便商品的存储

在商品的存储过程中,需要按照一定的码垛规则进行商品的存放,方便对商品的数量的清点。

②方便物资的装卸

采用标准化的商品包装单元,能够在运输作业的各个环节进行装卸和搬运工具的配置,提升装卸和搬运的效率。

③方便运输

采用标准化的商品包装单元,能够在运输的过程中形成预装载,及时对需要的车辆数量进行调度。

④方便物品识别

包装标识(图 5-1)分为运输包装收发货标识、包装储运图示标识、危险品货物包装标识。通过包装标识能清晰地知晓货物的形状和装卸安全注意事项。

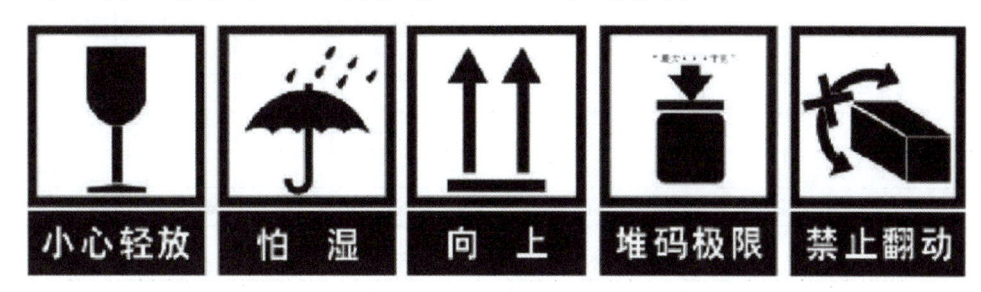

图 5-1　包装标识示例

任务实施

包装的作用

步骤一：分析目标

1. 研究包装的种类。
2. 了解包装的作用。

步骤二：分析原理

1. 明确包装种类。
2. 根据包装种类的不同，判断产品的销量。
3. 基于包装种类和作用，分析其产销率。

步骤三：实施准备

1. 确定产品：酒类包装。
2. 列举可以分类的种类：纸箱包装、玻璃包装、木头包装、塑料包装。
3. 以包装材料为例，我们选取了 4 种主要包装进行数据统计，见表 5-1～表 5-4。

微课：包装的种类和作用（下）

表 5-1　　　　　　　　　纸箱包装数据统计表

成本要素	成本价	总成本	产量	单箱成本	销量
材料成本	60 元	390 元	2 000 箱	0.195 元/箱	1 340 箱
设备成本	168 000 元	93 元	2 000 箱	0.05 元/箱	1 340 箱
技术成本	0	0	2 000 箱	0	1 340 箱
辅助成本－标签	0.01 元/个	20 元	2 000 箱	0.01 元/箱	1 340 箱
人工成本	320 元/天	640 元	2 000 箱	0.32 元/箱	1 340 箱
其他成本－电费	1.3 元/度	9.88 元	2 000 箱	0.005 元/箱	1 340 箱
合计				0.58 元/箱	1 340 箱

表 5-2　玻璃包装数据统计表

成本要素	成本价	总成本	产量	单箱成本	销量
材料成本	80 元	430 元	1 800 箱	0.24 元/箱	1 200 箱
设备成本	188 000 元	100 元	1 800 箱	0.06 元/箱	1 200 箱
技术成本	0	0	1 800 箱	0	1 200 箱
辅助成本—标签	0	0	1 800 箱	0	1 200 箱
人工成本	320 元/天	640 元	1 800 箱	0.36 元/箱	1 200 箱
其他成本—电费	0	0	0	0	1 200 箱
合计				0.66 元/箱	1 200 箱

表 5-3　木头包装数据统计表

成本要素	成本价	总成本	产量	单箱成本	销量
材料成本	200 元	460 元	1 500 箱	0.307 元/箱	949 箱
设备成本	238 000 元	132 元	1 500 箱	0.09 元/箱	949 箱
技术成本	0	0	1 500 箱	0	949 箱
辅助成本—标签	0.01 元/个	20 元	1 500 箱	0.01 元/箱	949 箱
人工成本	320 元/天	640 元	1 500 箱	0.43 元/箱	949 箱
其他成本—电费	0	0	0	0	949 箱
合计				0.837 元/箱	949 箱

表 5-4　塑料包装数据统计表

成本要素	成本价	总成本	产量	单箱成本	销量
材料成本	60 元	390 元	1 000 箱	0.39 元/箱	832 箱
设备成本	168 000 元	93 元	1 000 箱	0.093 元/箱	832 箱
技术成本	0	0	1 000 箱	0	832 箱
辅助成本—标签	0.01 元/个	20 元	1 000 箱	0.02 元/箱	832 箱
人工成本	320 元/天	640 元	1 000 箱	0.64 元/箱	832 箱
其他成本—电费	0	0	1 000 箱	0	832 箱
合计				1.143 元/箱	832 箱

步骤四:实施过程

对各类包装的产销率进行计算。计算公式为

$$产销率 = 销量/产量 \times 100\%$$

计算结果见表 5-5。

表 5-5　各类包装产销率

包装分类	产量(箱)	销量(箱)	产销率
纸箱包装	2 000	1 340	67.00%
玻璃包装	1 800	1 200	66.67%
木头包装	1 500	949	63.27%
塑料包装	1 000	832	83.20%

步骤五:数据可视化与结果分析

对所有产品的销量、产销率进行插入可视化图形操作。

①以"纸箱包装"这一行的产销率计算为例,在"产销率"下方单元格中输入"=",选中"销量"下方单元格内容,输入"/",再选中"数量"下方单元格内容,最后按 Ctrl+Enter 键,即输入成功。玻璃包装、木头包装、塑料包装的操作相同。产销率对比图如图 5-2 所示。

包装分类	产量	销量	产销率
纸箱包装	2000	1340	67.00%
玻璃包装	1800	1200	=$C12/$B12
木头包装	1500	949	63.27%
塑料包装	1000	832	83.20%

图 5-2 产销率对比图

②产销率计算好后,选中"产销率"列的内容,按 Ctrl+1 键,会出现"分类"设置页面,选中"百分比",设置保留的小数位数,如图 5-3 所示。

图 5-3 产销率百分比设置图

③选中"包装分类"列的内容,按 Ctrl 键,再选中"销量"列的内容,单击"插入",选择推荐的图表,如图 5-4 所示。

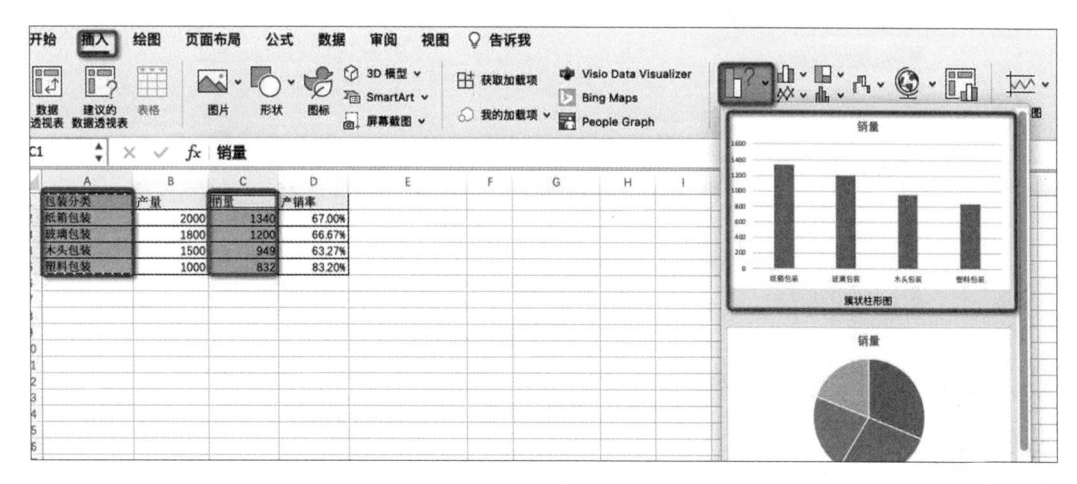

图 5-4 操作流程图

物流数据分析与应用

④选择第一个柱形图(簇状柱形图),生成的包装销量统计分析图如图 5-5 所示。

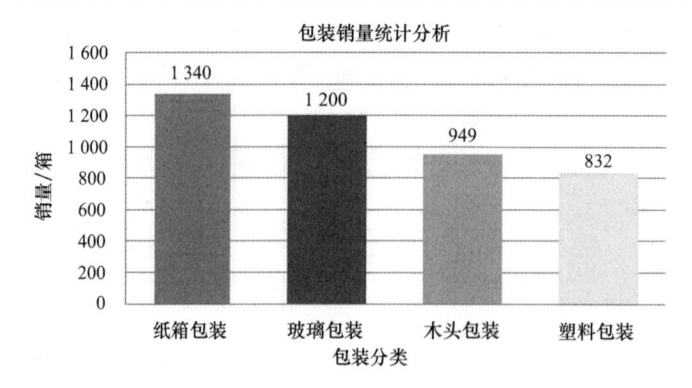

图 5-5　包装销量统计分析图

⑤选中"包装分类"列的内容,按住 Ctrl 键,再选中"产销率"列的内容,单击"插入"选项卡,选择折线图中的带数据标记折线图,如图 5-6 所示。

图 5-6　选择带数据标记折线图

⑥生成的包装产销率统计分析图如图 5-7 所示。

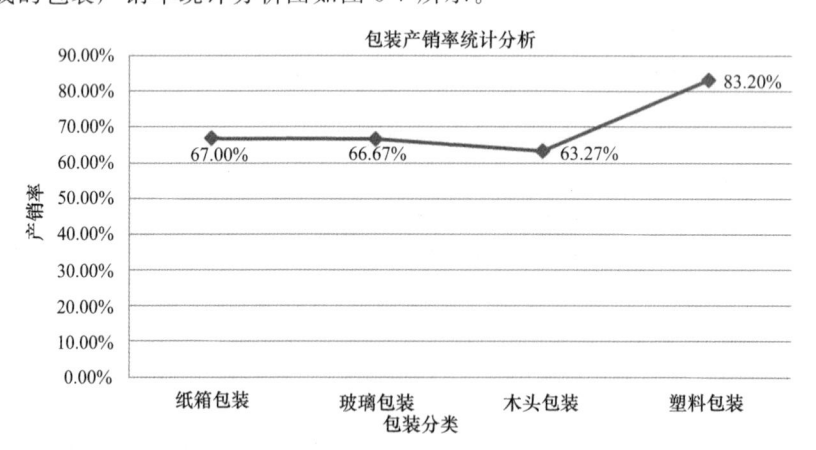

图 5-7　包装产销率统计分析图

微课:包装种类分析

步骤六:通过分析,得出结论

产量最高的是纸箱包装。

销量最高的是纸箱包装。

产销率最高的是塑料包装。

因此,在选择包装的时候,我们可以根据自己的需求来确定。

任务 5-2 包装的选择

知识准备

《韩非子·外储说左上》记载着一则"买椟还珠"的故事：一个郑国人从楚国商人那里买到一颗有外饰漂亮木盒的珍珠，竟然将盒子留下，而将珍珠还给了楚国商人。从某种意义上来讲，正是"精椟配美珠"神奇的包装效果，招揽顾客，成功地引起消费者关注，并使顾客有了购买的冲动。假如这颗珍珠被放在一个破纸包中，珍珠再珍贵，可能也不会有人问津。

包装作为一个品牌的外在表现，是企业希望自己的品牌给消费者一种什么感觉。它所产生的差异以及由此而表现出的"品牌特征"，使其成为吸引消费者的主导因素。包装所承载的物质利益与精神利益就是消费者购买的东西，对包装所代表的品牌要在消费者心智中形成一个烙印，充分表现出品牌的内涵。假如内涵没有或者是不突出，消费者听到、看到包装没有产生联想，品牌就成为无源之水。

微课：包装的选择（上）

1. 包装目的分析

工作中我们应该选择怎样的包装来储存、运输和销售货物？下面我们通过物流包装标准化、物流包装模数化来进行介绍。

（1）物流包装标准化

包装标准是指为保障物品在贮存、运输和销售中的安全和出于科学管理的需要，以包装的有关事项为对象所制定的标准。

物流包装标准化是以物流包装为对象，对包装的用料、结构造型、容量、规格尺寸、标志以及盛装、垫衬、封贴和捆扎方法等方面所做的技术规定。

物流包装标准化是提高物流包装质量的手段。它是供应链管理中核心企业与节点企业以及节点企业之间无缝连接、快速反应、适时、适量准时供应的基础，否则供应链管理将难以启动；是企业之间横向联合的纽带，是合理利用资源和原料的有效手段，可提高包装制品的生产效率。物流包装标准化有利于促进国际贸易的发展，增强市场竞争力；便于识别和分类，每一包装单位的容量和质量相同，可以方便商品计量和检验。

（2）物流包装模数化

物流模数是指物流设施与设备的尺寸基准。物流模数是为了物流的合理化和标准化，以数值关系表示的物流系统各种因素尺寸的标准尺度。它是由物流系统中的各种因素构成的，这些因素包括：货物的成组、成组货物的装卸机械、搬运机械和设备货车、卡车、集装箱以及运输设施、用于货物保管的机械和设备等。

物流包装模数是以集装单元为基础的包装容器的长和宽尺寸为基数，关于物流包装基础尺寸的标准化及系列尺寸选定的一种规定。

①模数分割法

物流包装的长度理论上应该是 $L/2$、$L/3$、$L/4$、$L/5$……宽度是 $W/2$、$W/3$、$W/4$、$W/5$……（备注：L——托盘的长度；W——托盘的宽度。）

以 1 100 mm×1 100 mm 的托盘为例，如果物流包装的模数取 $L/3$、$W/4$，则

$$L/3 = 1\ 100/3 \approx 366.67\ \text{mm}$$

$$W/4 = 1\ 100/4 = 275\ \text{mm}$$

所以，物流包装的外形尺寸应取 366.67 mm×275 mm。

②组合分割法

组合分割法是将物流包装的长（l）和宽（w）按比例分割后组合并存在以下关系：

$$nl + mw + A = W$$

$$n'w + m'l + A = L$$

这是以托盘规格为依据的方法。

式中：n、m 分别为沿托盘宽度（W）方向摆放横向和纵向包装的个数；

n'、m' 分别为沿托盘长度（L）方向摆放横向和纵向包装的个数；

A 为按照包装规格存放托盘后的剩余距离。

l/w 的值很多，因此可以求出很多组物流包装的长和宽的尺码数据，常使用的 l/w 的值有 3/2、4/3、5/4、6/5、17/12 等。

用组合分割法确定的物流包装的长度和宽度，可以在托盘上组合码成各种形式，有利于托盘的利用，其中当 l/w 为 3/2 时，托盘的表面利用率可达 96%。

以车厢内轮廓尺寸为依据时：

L、B、H 分别代表车厢内轮廓的长、宽、高。

l、b、h 分别代表物流包装的长、宽、高。

侧放时：物流包装的特征为 l/H；

立放时：物流包装的特征为 b/H；

平放时：物流包装的特征为 h/H。

绝大多数物流包装可以实现标准化，但是物流包装模数也有一定的局限性，当货品尺寸超过常规或为异形物时，无法按照模数尺寸包装。

ISO（国际标准化组织）已经制定了有关物流的许多设施、设备等方面的技术标准，并且制订了国际物流基础尺寸的标准方案：

• 物流基础模数尺寸：600 mm×400 mm。

• 物流集装箱基础模数尺寸：以 1 200 mm×1 000 mm 为主，也允许 1 200 mm×800 mm 及 1 100 mm×1 100 mm。

物流基础模数尺寸与集装箱基础模数尺寸的配合关系如图5-8所示。

2. 包装效果评估

我们确定了包装的规格、尺寸，接下来就要确定包装的效果。

（1）评估的要素

评估的要素包括包装规格、包装材料、包装工艺、包装设计、包装重量、包装承载能力、包

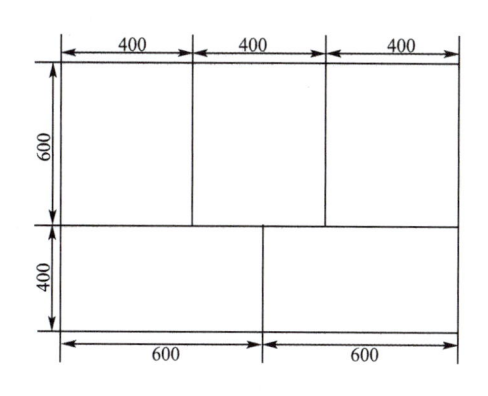

单位：mm

图 5-8　物流基础模数尺寸与集装箱基础模数尺寸的配合关系

装运输方式、包装的密封性、包装的抗摔性、包装的防磕碰能力、包装的防水性、包装的适用性、顾客需求/其他需求、包装的制作成本等。

（2）评估的方法

主要采用评分表法进行包装效果评估。评分表见表 5-6。

表 5-6　　　　　　　　　评分表

	供应商		包装名称		
序号	评价指标	指标说明（示例）	权重分值（分）	评分（分）	备注
1	包装规格	规格的匹配性	10	8	
2	包装材料	是否符合要求	5	4	
3	包装工艺	是否符合要求	5	4	
4	包装设计	是否具有差异化及创新性	5	3	
5	包装重量	是否符合要求	5	4	
6	包装承载能力	承受重量的能力	10	8	
7	包装运输方式	是否方便运输，成本如何	5	4	
8	包装的密封性	根据测试标准而定	5	4	
9	包装的抗摔性	根据测试标准而定	10	5	
10	包装的防磕碰能力	根据测试标准而定	10	7	
11	包装的防水性	根据测试标准而定	10	8	
12	包装的适用性	适合产品类型，通用性	5	3	
13	顾客需求/其他需求	是否满足客户的特殊需求	10	8	
14	包装的制作成本	性价比是否符合预算标准	5	4	
		合计	100	74	

任务实施

包装效果评估

步骤一：分析目标

1. 探索包装目的。

2. 解析包装效果评估。

微课：包装的选择（下）

物流数据分析与应用

步骤二:分析原理

1.包装评价指标搭建。

2.包装权重分值设定。

步骤三:实施准备

1.确定包装的标准:用料、结构造型、容量、规格尺寸、标志。

2.评估的要素包括包装规格、包装材料、包装工艺、包装设计、包装重量、包装承载能力等。

3.根据包装评价指标(表 5-6),汇总数据。

步骤四:实施过程

结合实际情况将包装对象具体数据录入表格,如图 5-9 所示。

供应商		递一包装服务有限公司		包装名称	海尔冰箱包装		
序号	评价指标	指标说明(示例)	详情	权重分值	结果	备注	
1	包装规格	规格的匹配性	1m*0.9m*0.9m	10	10		
2	包装材料	是否符合要求	木材	5	4		
3	包装工艺	是否符合要求	符合包装	5	4		
4	包装设计	是否具有差异化及创新性	无	5	3		
5	包装重量	是否符合要求	20kg	5	4		
6	包装承载能力	承受重量的能力	强	10	8		
7	包装运输方式	是否方便运输,成本如何	公路运输	5	4		
8	包装的密封性	根据测试标准而定	有一定的密封性	5	3		
9	包装的抗摔性	根据测试标准而定	有一定的抗摔性	10	5		
10	包装的防磕碰能力	根据测试标准而定	防磕碰	10	5		
11	包装的防水性	根据测试标准而定	有一定的防水性	10	5		
12	包装的适用性	适合产品类型,通用性	通用	5	4		
13	顾客需求/其他需求	是否满足客户的特殊需求	能满足	10	8		
14	包装的制作成本	性价比是否符合预算标准	50元整	5	3		
			合计	100	68		

图 5-9 录入包装对象具体数据

对相应数据的权重进行计算,其中

$$权重 = 评分/合计 \times 100\%$$

步骤五:数据可视化与结果分析

对所有产品的权重进行插入可视化图形操作。

①选中如图 5-10 所示的内容。

A	B	C	D	E	F
供应商		递一包装服务有限公司		包装名称	海尔冰箱包装
序号	评价指标	指标说明(示例)	详情	权重分值	结果
1	包装规格	规格的匹配性	1m*0.9m*0.9m	10	10
2	包装材料	是否符合要求	木材	5	4
3	包装工艺	是否符合要求	符合包装	5	4
4	包装设计	是否具有差异化及创新性	无	5	3
5	包装重量	是否符合要求	20kg	5	4
6	包装承载能力	承受重量的能力	强	10	8
7	包装运输方式	是否方便运输,成本如何	公路运输	5	4
8	包装的密封性	根据测试标准而定	有一定的密封性	5	3
9	包装的抗摔性	根据测试标准而定	有一定的抗摔性	10	5
10	包装的防磕碰能力	根据测试标准而定	防磕碰	10	5
11	包装的防水性	根据测试标准而定	有一定的防水性	10	5
12	包装的适用性	适合产品类型,通用性	通用	5	4
13	顾客需求/其他需求	是否满足客户的特殊需求	能满足	10	8
14	包装的制作成本	性价比是否符合预算标准	50元整	5	3
			合计	100	68

图 5-10 选中内容

②单击"插入"→饼图→"二维饼图",选择第一个图表,如图5-11所示。

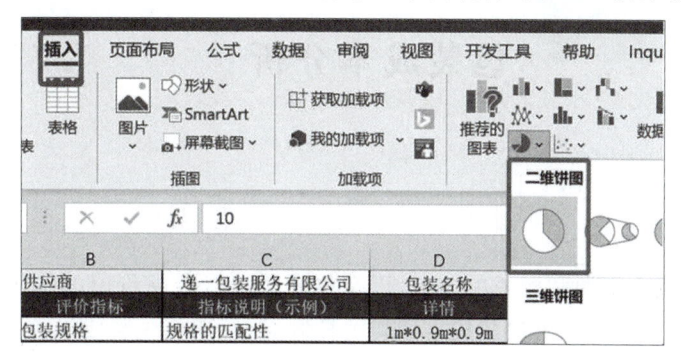

图5-11 插入二维饼图

③选中图表→右击→"添加数据标签",如图5-12所示。完成的效果如图5-13所示。

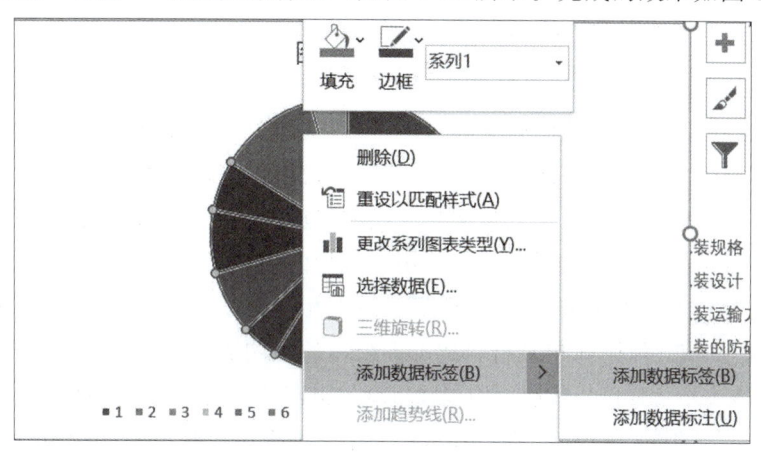

图5-12 添加数据标签

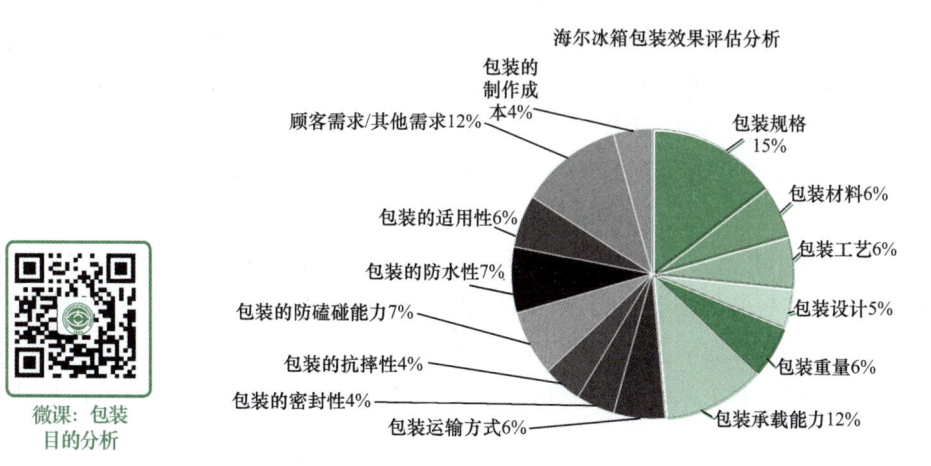

图5-13 海尔冰箱包装效果评估分析图

步骤六:通过分析,得出结论

权重最高的是包装规格,次高的是包装承载能力和顾客需求/其他需求。

因此,在选择包装的时候,我们重点要考虑包装规格和顾客需求/其他需求。

任务 5-3 包装成本分析

知识准备

通过对包装成本来源和构成的分析,以及包装成本对产品价值的作用和包装成本对包装效益的影响的分析,可提出包装成本的相关控制对策,建立包装成本控制的体系和控制流程,最终明确包装成本控制应从包装物成本、包装使用成本和包装流通成本等方面进行,以达到降低包装成本的目的,为企业创造更大的效益。下面将从基于要素成本分析和基于业务成本分析方面展开。

微课:包装成本分析

1. 基于要素成本分析

物流领域的包装成本在内容上包括包装材料成本(基本上为采购获得)、包装设备成本(物流包装机械费用)、包装技术成本(实际人员成本和物流包装技术费用)、包装人工成本(包装工人工资)和包装辅助成本。

包装材料成本指货物包装时的材料费用。常见的包装材料有木箱、木架、纸箱、金属、塑料、玻璃、陶瓷等。不同的包装材料功能不同,成本相差也很大,同时物流企业的包装材料基本采用外采的方式获得,因此包装材料成本即公司的采购成本。

包装设备成本指货物包装所使用的包装机械的折旧费摊销。包装机械的使用,可以提高包装的劳动生产率,降低员工的劳动强度,还可以大幅度地提高包装水平,完成包装的标准化。前期需要一定的资金投入,后期以折旧为主的费用摊销形式,会将费用转移到包装成本中。

包装技术成本是指对一定的包装技术的设计、实施所支出的费用。为避免物品流通过程中受到外界的不良影响,包装时需要采用一定的技术措施,如实施缓冲包装、防潮包装、防雾包装、保鲜包装等,这些技术的设计、实施都需要一定的费用支出,这其中也包含了设计人员对包装外观和功能的设计成本。

包装人工成本指从事包装工作的人员和其他相关人员的工资、奖金、补贴、加班费等的费用总和。

包装辅助成本是指对包装的一些辅助物品费用的支出。对商品进行包装时,需要采用一些辅助物品,如包装标记、包装的拴挂物、装卸注意事项的标记符号等。这些辅助物品所造成的费用支出,也是包装费用的组成部分之一。

从理论上来说,包装成本还应该包括回收费用、顾客退货和因产品不适而重新包装的费用。

下面以某酒类运输包装为例介绍基于要素的成本分析。

酒类由于商品价值较高,在运输途中,需要保证外包装箱的完好和防污染,因此在出库时采用缠绕膜方式进行再包装,保障货物在运输时的整洁,以及货物运输的安全性。

投入的要素及成本包括:人工 2 人,辅助上线货物及搬运,日工资 350 元/人;打包机

1台,成本168 000元,功率3.8 kW·h,效率1 000件/h;缠绕膜(50 cm宽,420 m长),60元/卷;酒箱规格:250 mm×170 mm×170 mm;日均出库2 000件,缠绕要求:全包2圈。

单个酒箱需要的缠绕膜长度=170×4×2=1 360 mm

2 000箱酒需要的缠绕膜长度=单个酒箱需要的缠绕膜长度×酒箱出库数量
=1 360×2 000=2 720 m

$$需要的缠绕膜数量=\frac{2\ 000箱酒需要的缠绕膜长度}{单个缠绕膜长度}=\frac{2\ 720}{420}≈6.5卷$$

运输包装要素的成本见表5-7。

表5-7　　　　　　　　运输包装要素的成本

成本要素	成本价	总成本	单箱成本
材料成本	60元	390元	0.195元/箱
设备成本	168 000元	93元	0.05元/箱
辅助成本－标签	0.01元/个	20元	0.01元/箱
人工成本	350元/天	700元	0.35元/箱
其他成本－电费	1.3元/度	9.88元	0.005元/箱

计算各成本占比,见表5-8。

表5-8　　　　　　　　成本占比计算

成本要素	成本价	总成本	单箱成本	成本占比
人工成本	350元/天	700元	0.35元/箱	57.71%
材料成本	60元	390元	0.195元/箱	32.16%
设备成本	168 000元	93元	0.05元/箱	7.67%
辅助成本－标签	0.01元/个	20元	0.01元/箱	1.65%
其他成本－电费	1.3元/度	9.88元	0.005元/箱	0.81%

在进行占比等数据的展示时,通常选用饼图,本例中要素成本占比如图5-14所示。

基于要素成本占比分析

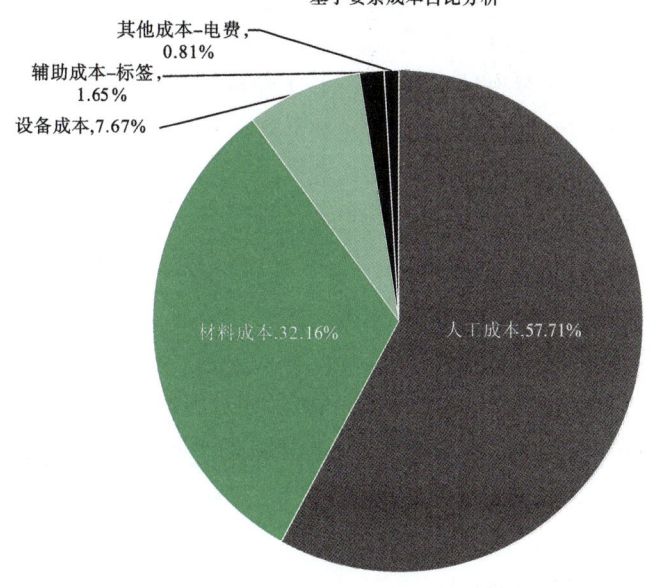

图5-14　要素成本占比

结论分析：

①人工和材料成本占到整个包装成本的80%以上，如需降低成本，需要对人工和材料进行选择，如提高劳动生产率或降低采购成本等。

②设备成本在总成本中占比较低，企业可以尝试投入自动化设备，降低成本的同时，降低人工作业强度。

优秀文化传承

改善生态环境、保护自然资源

"绿水青山就是金山银山"，习近平高度重视生态环保工作，多次对寄递行业生态保护工作做出明确指示批示，强调要杜绝过度包装，避免浪费和污染环境。

习近平强调：生态环境保护是功在当代、利在千秋的事业。

我们要积极践行习近平生态文明思想，走在行业污染治理的"第一方阵"，打赢污染防治攻坚战、打好蓝天碧水保卫战，响应中国邮政绿色邮政建设行动，兑现绿色行动宣言，实施包装减量、胶带瘦身、循环回收、节能减排和绿色采购的"绿色包装"。同时，鼓励、引导寄件人使用绿色包装、减量包装，减少使用一次性塑料包装，推广使用可循环、易回收、可降解的绿色包装。

2. 基于业务成本分析

对于不同的项目场景，采用的包装要素不同，因此对于项目的包装成本分析就变得很有意义；依据项目生命周期，供应链管理可以分为项目前期管理、项目后期管理。对于新项目前期供应链管理工作，会收到客户的RFQ(Request For Quotation，报价请求)；正确有效地对新项目的包装成本进行分析，给予适当的项目报价具有重要的作用。

(1)包装成本分析的前提条件

包装成本分析首先要确定包装项目的生命周期、生命周期内的需求量、产品信息、包装物最大外尺寸、包装物质量、包装收容数、可回收包装周转天数等重要因素。

①项目的生命周期：决定可回收包装的折旧次数。

②生命周期内的需求量：决定可回收包装的投资数量。

③产品信息：影响车辆装载率，主要考虑最大外尺寸($L \times W \times H$)和产品净重。

④包装物最大外尺寸：影响装载率及运输成本。

满箱$L \times W \times H$：需要优先评估车辆额定载荷。

空箱(空箱返回)$L \times W \times H$：需要优先评估车辆有效装载空间。

⑤包装物质量：影响车辆装载数量(对于重货，需要优先评估车辆额定载荷；对于轻货，需要优先评估车辆有效装载空间)。

空箱毛重：自身质量。

满箱毛重：车辆和货物、包装物质量。

⑥包装收容数：影响可回收包装的日需求数量。

⑦可回收包装周转天数:影响可回收包装总投资数量。

厂内周转天数:厂内满箱和空箱周转天数。

厂内与外库之间的在途周转天数:在途满箱和空箱周转天数。

外库周转天数:外库满箱和空箱周转天数。

外库与客户之间的在途周转天数:在途满箱和空箱周转天数。

客户处周转天数:客户处(线边、缓存区、空箱放置区)满箱和空箱周转天数。

分析完上述因素后,还需要考虑包装物是否可以回收。

(2)可回收包装成本的构成

①可回收包装折旧成本

铁质器具:5年折旧。

塑料器具:3年折旧。

②可回收包装维修成本

铁质通用器具:年维修费用=器具单价×维修费率(17％)×器具总投资数量。

铁质专用器具:年维修费用=器具单价×维修费率(10％)×器具总投资数量。

塑料器具:无维修费用。

③可回收包装模具成本

吸塑模具:5年折旧。

注塑模具:5年折旧。

其他模具:5年折旧。

(3)不可回收包装成本的构成

不可回收包装材料很多,如纸箱、膜袋、膜片、胶带纸、打包带、打包扣、干燥剂、外包装标签等。

不可回收包装成本是最容易分析的,只需将不可回收的包装材料全部考虑到位,不要遗忘即可。

(4)包装成本计算

$$包装成本=可回收包装成本+不可回收包装成本$$

$$可回收包装成本=包装折旧成本+包装维修成本+包装模具成本$$

任务实施

成本分析

步骤一:分析目标

1.理解基于要素成本分析。

2.知道并明白基于业务成本分析。

步骤二:分析原理

$$包装成本 = 可回收包装成本 + 不可回收包装成本$$

$$可回收包装成本 = 包装折旧成本 + 包装维修成本 + 包装模具成本$$

因此

$$包装成本 = 包装折旧成本 + 包装维修成本 + 不可回收包装成本$$

注:本案例没有包装模具成本,故包装模具成本为0。

步骤三:实施准备

1. 深度理解包装成本分析方法。
2. 根据不同的成本分析方法计算成本。

下面我们以海尔冰箱包装为例进行成本分析。表5-9为海尔冰箱包装成本分析表。

表5-9 海尔冰箱包装成本分析表

前提条件	说明一	说明二
1.项目的生命周期	1年(以250个工作日算)	
2.生命周期内的需求量	1.8万套	
3.产品尺寸	0.85 m×0.60 m×0.55 m	质量:45 kg
4.包装物尺寸	0.88 m×0.62 m×0.57 m	
5.包装物质量	空箱:15 kg	满箱:15+45=60 kg
6.包装收容数	1	
7.可回收包装周转天数	厂内周转天数:1天 厂内与外库之间的在途周转天数:1天 外库周转天数:2天 外库与客户之间的在途周转天数:1天 客户处周转天数:1天	
可回收包装成本构成:		
1.可回收包装折旧成本	66天(22个工作日/月×3个月)	
2.可回收包装维修成本	50×0.1×1.8万	年维修费用=器具单价×维修费率×器具总投资数量
3.可回收包装模具成本	无	
不可回收包装成本构成:		
不可回收包装成本	铁质捆绑带	单价:0.1元/条,每次每个包装箱用4条

步骤四:实施过程

$$包装成本 = [66-(22-6)]/66 \times 18000 + 50 \times 0.1 \times 18000 + 0.1 \times 4 \times 18000 \times 250/66$$
$$\approx 130\,909.09(元)$$

步骤五:得出结论

通过对包装成本的来源和构成的分析,以及包装成本对产品价值的作用和包装成本对包装效益影响的分析,最终明确包装成本构成,可以达到降低包装成本的目的,为企业创造更大的效益。

任务 5-4　包装效率分析

知识准备

容器包装作为标准包装,是物料运输、存储、使用中的重要环节,企业在实现货物包装的标准化、单元化后可使物料在装卸、搬运、存储等各个作业环节提高作业效率、保护货物品质及提升空间利用率。

货物的容器包装需要满足以下要求:资源的节约和有效利用,减少一次性包装和耗材的使用,降低包装成本、减少浪费;确保运输的安全性,提高运输效率、存储效率和搬运效率;充分考虑人体工程学的要求,操作便利;提高货物的装载、存储、运输的空间利用率;保证货物的质量,减少货物运输过程中的损耗;优化供应链的仓储和库存空间,提升整个供应链的效率;标准箱的回收便利性、质量的可靠性和稳定性等。

微课:包装效率分析(上)

我们可以通过产能效率和利用效率两方面来分析包装效率。

1. 基于产能效率分析

不同的货物品类,采用的包装以及包装技术不同,产能效率也有很大的区别。产能效率的计算公式为

$$产能效率 = \frac{包装时间}{包装数量}$$

以宽口奶嘴 S 孔两个装以及装配件包装信息(表 5-10)为例,计算不同日期的产能效率。

表 5-10　宽口奶嘴 S 孔两个装以及装配件包装信息

日期	包装产品	出勤人数(人)	包装数量(件)	包装时间(h)
7月17日	宽口奶嘴 S 孔两个装	7	2 400	66.5
7月18日	宽口奶嘴 S 孔两个装	16	1 440	54.0
8月11日	宽口奶嘴 S 孔两个装	3	480	19.5
8月11日	装配件	1	10 800	11.0
8月12日	宽口奶嘴 S 孔两个装	3	700	18.0
8月15日	装配件	5	8 311	35.0
8月16日	装配件	7	11 000	66.5
8月17日	宽口奶嘴 S 孔两个装	7	2 832	66.5
8月17日	装配件	3	6 236	28.5
8月18日	宽口奶嘴 S 孔两个装	7	1 008	14.0
8月18日	装配件	3	4 854	12.0
8月11日	装配件	1	10 800	11.0
8月15日	装配件	5	8 311	35.0
8月16日	装配件	7	11 000	66.5

(续表)

日期	包装产品	出勤人数（人）	包装数量（件）	包装时间（h）
8月17日	装配件	3	6 236	28.5
8月18日	装配件	3	4 854	12.0
8月19日	装配件	1	5 684	5.0
9月6日	装配件	12	15 500	30.0
9月7日	装配件	9	14 990	45.0
9月8日	装配件	11	5 193	22.0
9月10日	装配件	4	11 199	37.0
10月18日	装配件	3	9 200	16.5
10月19日	装配件	3	11 622	12.0
11月16日	装配件	1	4 975	9.5
11月17日	装配件	1	519	1.0
12月26日	装配件	4	3 600	8.0
1月5日	装配件	6	4 000	29.0
1月6日	装配件	3	8 500	33.0
1月7日	装配件	2	3 200	8.0
1月11日	装配件	3	6 199	12.0
1月12日	装配件	4	6 000	16.0
1月13日	装配件	6	4 000	24.0

宽口奶嘴S孔两个装产能效率计算如下：

7月17日产能效率 $=\dfrac{66.5\times 3\ 600}{2\ 400}=99.75$ (s/件)

7月18日产能效率 $=\dfrac{54.0\times 3\ 600}{1\ 440}=135.00$ (s/件)

8月11日产能效率 $=\dfrac{19.5\times 3\ 600}{480}=146.25$ (s/件)

8月12日产能效率 $=\dfrac{18.0\times 3\ 600}{700}\approx 92.57$ (s/件)

8月17日产能效率 $=\dfrac{66.5\times 3\ 600}{2\ 832}\approx 84.53$ (s/件)

8月18日产能效率 $=\dfrac{14.0\times 3\ 600}{1\ 008}\approx 50.00$ (s/件)

通过计算，可得出宽口奶嘴S孔两个装不同日期的产能效率，见表5-11。

表5-11　宽口奶嘴S孔两个装不同日期的产能效率

日期	包装产品	出勤人数（人）	包装数量（件）	包装时间（h）	产能效率（s/件）
7月17日	宽口奶嘴S孔两个装	7	2 400	66.5	99.75
7月18日	宽口奶嘴S孔两个装	16	1 440	54.0	135.00
8月11日	宽口奶嘴S孔两个装	3	480	19.5	146.25
8月12日	宽口奶嘴S孔两个装	3	700	18.0	92.57
8月17日	宽口奶嘴S孔两个装	7	2 832	66.5	84.53
8月18日	宽口奶嘴S孔两个装	7	1 008	14.0	50.00

可以看出，在不同的人力投入下，产能效率最大相差96.25 s/件，对于物流企业来讲，这存在排班不合理的情况，需要及时调整出勤人数，加强低产能员工的培训，使其能够达到优秀员工的水平，提升产能效率的同时，获得包装成本的降低。

可通过柱形图对结果进行对比，简单直观，如图5-15所示，数值结果越小，表明工作效率越高。

宽口奶嘴S孔两个装不同日期的产能效率比较

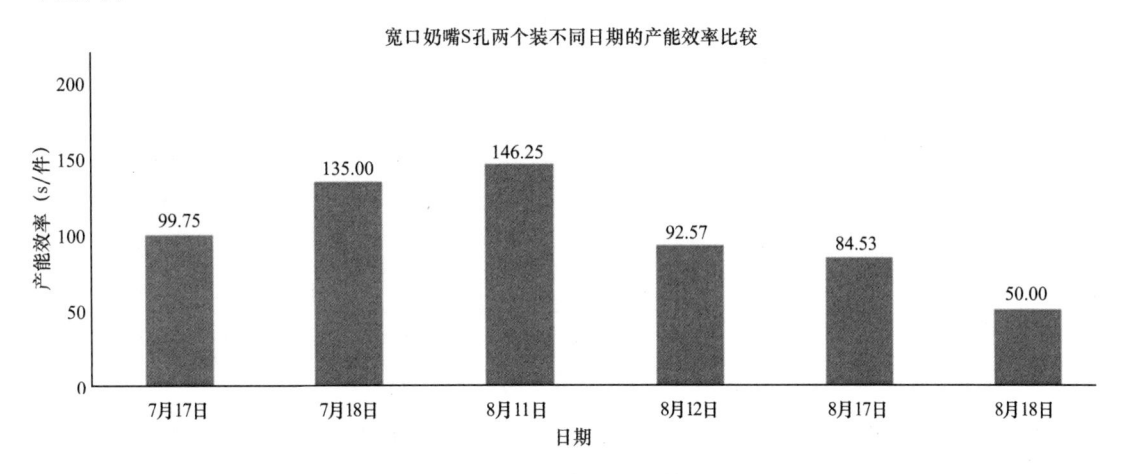

日期	产能效率(s/件)
7月17日	99.75
7月18日	135.00
8月11日	146.25
8月12日	92.57
8月17日	84.53
8月18日	50.00

图 5-15　宽口奶嘴 S 孔两个装不同日期的产能效率比较

装配件的包装作业产能效率计算原理相同，这里不再单独进行计算，结果见表5-12。

表 5-12　　　　　　　装配件的包装作业产能效率分析表

日期	包装产品	出勤人数（人）	包装数量（件）	包装时间（h）	产能效率（s/件）
8月11日	装配件	1	10 800	11.0	3.67
8月15日	装配件	5	8 311	35.0	15.16
8月16日	装配件	7	11 000	66.5	21.76
8月17日	装配件	3	6 236	28.5	16.45
8月18日	装配件	3	4 854	12.0	8.90
8月11日	装配件	1	10 800	11.0	3.67
8月15日	装配件	5	8 311	35.0	15.16
8月16日	装配件	7	11 000	66.5	21.76
8月17日	装配件	3	6 236	28.5	16.45
8月18日	装配件	3	4 854	12.0	8.90
8月19日	装配件	1	5 684	5.0	3.17
9月6日	装配件	12	15 500	30.0	6.97
9月7日	装配件	9	14 990	45.0	10.81
9月8日	装配件	11	5 193	22.0	15.25
9月10日	装配件	4	11 199	37.0	11.89
10月18日	装配件	3	9 200	16.5	6.46

(续表)

日期	包装产品	出勤人数（人）	包装数量（件）	包装时间（h）	产能效率（s/件）
10月19日	装配件	3	11 622	12.0	3.72
11月16日	装配件	1	4 975	9.5	6.87
11月17日	装配件	1	519	1.0	6.94
12月26日	装配件	4	3 600	8.0	8.00
1月5日	装配件	6	4 000	29.0	26.10
1月6日	装配件	3	8 500	33.0	13.98
1月7日	装配件	2	3 200	8.0	9.00
1月11日	装配件	3	6 199	12.0	6.97
1月12日	装配件	4	6 000	16.0	9.60
1月13日	装配件	6	4 000	24.0	21.60

2. 基于利用效率分析

对于不同日期的人员配置是否合理，需要进行包装产能利用率的比较和分析。

$$\text{理论产能效率} = \min\{P_i\}$$

式中 P_i——每日单品类产能效率。

假定每个工人的产能效率是相同的，不受年龄、性别、入职时间等的限制。则日理论产能（$Q_\text{理}$）为

$$Q_\text{理} = \frac{T_\text{实}}{\min\{P_i\}}$$

式中 $T_\text{实}$——每日单品类工作时长。

产能利用率的计算公式为

$$\text{产能利用率} = \frac{Q_\text{实}}{Q_\text{理}} \times 100\%$$

式中 $Q_\text{实}$——日实际产能。

以前面宽口奶嘴 S 孔两个装为例，计算包装产能利用率：

理论产能效率 $= \min\{99.75, 135.00, 146.25, 92.57, 84.53, 50.00\} = 50.00(\text{s/件})$

$$7月17日理论产能 = \frac{66.5 \times 3\ 600}{50} = 4\ 788(\text{件})$$

$$7月18日理论产能 = \frac{54.0 \times 3\ 600}{50} = 3\ 888(\text{件})$$

$$8月11日理论产能 = \frac{19.5 \times 3\ 600}{50} = 1\ 404(\text{件})$$

$$8月12日理论产能 = \frac{18.0 \times 3\ 600}{50} = 1\ 296(\text{件})$$

$$8月17日理论产能 = \frac{66.5 \times 3\ 600}{50} = 4\ 788(\text{件})$$

8月18日理论产能 $=\dfrac{14.0\times 3\,600}{50}=1\,008$（件）

7月17日产能利用率 $=\dfrac{Q_{实}}{Q_{理}}\times 100\%=\dfrac{2\,400}{4\,788}\times 100\%\approx 50.13\%$

同理可计算其余日期产能利用率。宽口奶嘴 S 孔两个装包装产能利用率见表 5-13。

表 5-13　　　　　　　　宽口奶嘴 S 孔两个装包装产能利用率

日期	包装产品	出勤人数（人）	包装数量（件）	包装时间（h）	产能效率（s/件）	理论产能效率（s/件）	理论产能（件）	产能利用率
7月17日	宽口奶嘴 S 孔两个装	7	2 400	66.5	99.75	50.000	4 788	50.13%
7月18日	宽口奶嘴 S 孔两个装	16	1 440	54.0	135.00	50.000	3 888	37.04%
8月11日	宽口奶嘴 S 孔两个装	3	480	19.5	146.25	50.000	1 404	34.19%
8月12日	宽口奶嘴 S 孔两个装	3	700	18.0	92.57	50.000	1 296	54.01%
8月17日	宽口奶嘴 S 孔两个装	7	2 832	66.5	84.53	50.000	4 788	59.15%
8月18日	宽口奶嘴 S 孔两个装	7	1 008	14.0	50.00	50.000	1 008	100.00%

结论：

①除 8 月 18 日，其余日期的人员安排都存在不合理的情况，需要重新调整排班情况。

②员工之间产能效率差异太大，需要通过培训和实践等，迅速弥补两者之间的差距，提升产能效率。

③需要对公司的作业进行精细化管理，根据作业量合理安排人员出勤。

职场直通车

包装分析师的工作内容和职位要求：

1. 工作内容：

（1）收集、核对、归纳生产的原始记录，掌握生产完成情况；及时审核、汇总报告部门能耗、产量、生产效率等考核数据，汇报每天及周报表、月报表，解释计划未完成及效率低的原因；跟踪部门各类预算与消耗，与 PPM（项目采购经理）保持联系。

（2）SAP、Barcode、ORS 在线停机系统的培训。

（3）确保部门合环境法律法规要求，遵守污水管理、副产品废弃物管理和环境控制措施，参与环境沟通，关注部门各种环境隐患，制订行动方案并跟踪结果，持续改进。

（4）负责部门物流支柱的推行与实施。

（5）SAP 系统中所有包材的消耗；维护 SAP 中新品种的生产版本。

（6）ORS 系统的日、周、月数据上传。

（7）根据 SLA（服务等级协议）和 RACI（工作分工表），及时完成各项工作任务。

2. 职位要求：

（1）掌握 VPO（工厂最优化管理）支柱业务描述、流程梳理、例行的管理控制报告系统（MCRS&PRP）、5S 要求、管理检查清单、知识管理、标准制定和执行、服务水平协议等。

（2）掌握 ABI（市场调研机构）企业文化，VPO 人力支柱相关模块知识，如岗位职责说明书、与岗位职责相关的 RACI 表绩效管理（包括目标设定和下达、绩效考核评估标准）、技能矩阵、培训矩阵、公司薪酬福利政策、奖励认可、工作环境、内外部招聘流程等。

（3）能熟练运用 Office 系列软件进行日常计算机操作。

（4）具有较好的数据管理及分析能力。

（5）具有基本的英语读写能力。

（6）工作踏实并具有较好的人际沟通能力。

任务实施

效率分析

步骤一：分析目标

1. 了解产能效率分析计算方法。

2. 理解利用效率分析计算方法。

步骤二：分析原理

$$产能效率 = \frac{包装时间}{包装数量}$$

$$产能利用率 = \frac{Q_实}{Q_理} \times 100\%$$

微课：包装效率分析（下）

步骤三：实施准备

理解不同的效率计算方法。这里以装配件为例，基础数据如图 5-16 所示。

A	B	C	D	E	F
日期	包装产品	出勤人数	包装数量	包装时间	效率
8月11日	装配件	1	10800	11	3.67
8月15日	装配件	5	8311	35	15.16
8月16日	装配件	7	11000	66.5	21.76
8月17日	装配件	3	6236	28.5	16.45
8月18日	装配件	3	4854	12	8.9
8月19日	装配件	1	5684	5	3.17
9月6日	装配件	12	15500	30	6.97
9月7日	装配件	9	14990	45	10.81
9月8日	装配件	11	5193	22	15.25
9月10日	装配件	4	11199	37	11.89
10月18日	装配件	3	9200	16.5	6.46
10月19日	装配件	3	11622	12	3.72
11月16日	装配件	1	4975	9.5	6.87
11月17日	装配件	1	519	1	6.94
12月26日	装配件	4	3600	8	8
1月5日	装配件	6	4000	29	26.1
1月6日	装配件	3	8500	33	13.98
1月7日	装配件	2	3200	8	9
1月11日	装配件	3	6199	12	6.97
1月12日	装配件	4	6000	16	9.6
1月13日	装配件	6	4000	24	21.6

图 5-16　装配件的基础数据

步骤四：实施过程

对相应数据进行计算。

①在 G、H、I 三列分别加上标题 min 值、理论值、产能利用率。

②针对 G 列单元格使用函数"＝MIN(F:F)",可计算出产能效率的最小值,并通过下拉自动套入公式的方式完成其他日期的计算;针对 H 列单元格使用公式"＝($E2＊3600)/$G2",可计算出产能效率的理论值,并通过下拉自动套入公式的方式完成其他日期的计算;针对 I 列单元格使用公式"＝$D2/$H2",可计算出包装作业的产能利用率,并通过下拉自动套入公式的方式完成其他日期的计算。

得到结果如图 5-17 所示。

A	B	C	D	E	F	G	H	I
日期	包装产品	出勤人数	包装数量	包装时间	效率	min 值	理论值	产能利用率
8月11日	装配件	1	10800	11	3.67	3.17	12492.11	86.45%
8月15日	装配件	5	8311	35	15.16	3.17	39747.63	20.91%
8月16日	装配件	7	11000	66.5	21.76	3.17	75520.5	14.57%
8月17日	装配件	3	6236	28.5	16.45	3.17	32365.93	19.27%
8月18日	装配件	3	4854	12	8.9	3.17	13627.76	35.62%
8月19日	装配件	1	5684	5	3.17	3.17	5678.233	100.10%
9月6日	装配件	12	15500	30	6.97	3.17	34069.4	45.50%
9月7日	装配件	9	14990	45	10.81	3.17	51104.1	29.33%
9月8日	装配件	11	5193	22	15.25	3.17	24984.23	20.79%
9月10日	装配件	4	11199	37	11.89	3.17	42018.93	26.65%
10月18日	装配件	3	9200	16.5	6.46	3.17	18738.17	49.10%
10月19日	装配件	3	11622	12	3.72	3.17	13627.76	85.28%
11月16日	装配件	1	4975	9.5	6.87	3.17	10788.64	46.11%
11月17日	装配件	1	519	1	6.94	3.17	1135.647	45.70%
12月26日	装配件	4	3600	8	8	3.17	9085.174	39.63%
1月5日	装配件	6	4000	29	26.1	3.17	32933.75	12.15%
1月6日	装配件	3	8500	33	13.98	3.17	37476.34	22.68%
1月7日	装配件	2	3200	8	9	3.17	9085.174	35.22%
1月11日	装配件	3	6199	12	6.97	3.17	13627.76	45.49%
1月12日	装配件	4	6000	16	9.6	3.17	18170.35	33.02%
1月13日	装配件	6	4000	24	21.6	3.17	27255.52	14.68%

图 5-17 min 值、理论值和产能利用率的计算结果

步骤五:数据可视化与结果分析

对所有包装产品进行插入可视化图形操作:

选中"日期"列和"产能利用率"列后,单击"插入"选项卡,在"推荐的图表"中选择柱形图,如图 5-18 所示。

图 5-18 选择插入柱形图

物流数据分析与应用

得到可视化图形如图 5-19 所示。

装配件产能利用率分析图

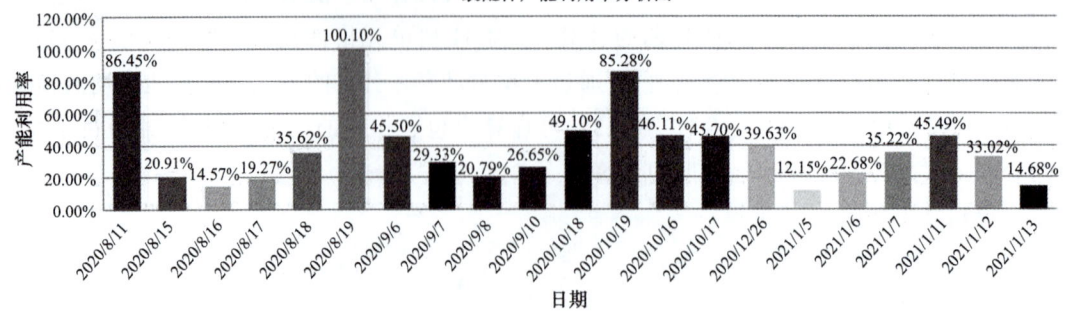

2020/8/11: 86.45%
2020/8/15: 20.91%
2020/8/16: 14.57%
2020/8/17: 19.27%
2020/8/18: 35.62%
2020/8/19: 100.10%
2020/9/6: 45.50%
2020/9/7: 29.33%
2020/9/8: 20.79%
2020/9/10: 26.65%
2020/10/18: 49.10%
2020/10/19: 85.28%
2020/10/16: 46.11%
2020/10/17: 45.70%
2020/12/26: 39.63%
2021/1/5: 12.15%
2021/1/6: 22.68%
2021/1/7: 35.22%
2021/1/11: 45.49%
2021/1/12: 33.02%
2021/1/13: 14.68%

图 5-19　装配件产能利用率分析图

步骤六：通过分析，得出结论

①解决现有作业模式存在的问题，可从整体上提高包装效率。

②有效激励与效率提升，提高员工收入的同时降低人力成本。

微课：产能效率分析

课后练习

1. 根据所学知识，对公司的作业效率进行分析，判断哪些品类需要优化和改善作业效率。

2. 公司的人员安排是否合理？如何对人员排班进行管理？

习　题

一、单选题

1. 运输包装（外包装）分为（　　）。

   A. 单件运输包装　　　　　　　　B. 集合运输包装
   C. 双件包装　　　　　　　　　　D. 多重包装

2. 运输包装按包装的外形可分成（　　）。

   A. 包　　　　B. 箱　　　　C. 桶　　　　D. 袋

3. （　　）有利于提高装卸速度、减轻装卸搬运劳动强度、方便运输、保证货物数量与质量，并促进包装标准化，节省成本。

   A. 单件运输包装　　　　　　　　B. 集合运输包装
   C. 双件包装　　　　　　　　　　D. 多重包装

4. （　　）是指在运输过程中作为一个计件单位的包装。

   A. 单件运输包装　　　　　　　　B. 集合运输包装
   C. 双件包装　　　　　　　　　　D. 多重包装

5.（　　）是指在单位运输包装的基础上，为适应运输、装卸工作的要求，将若干单件运输包装组合成一件大包装的方式。这对于提高装卸效率、节省费用具有积极的意义。

A. 单件运输包装　　　　　　　　B. 集合运输包装

C. 双件包装　　　　　　　　　　D. 多重包装

二、多选题

1. 按照功能，包装可分为（　　）。

A. 商业包装（销售包装）　　　　B. 运输包装

C. 生产包装　　　　　　　　　　D. 流通包装

2. 包装按结构方式可分为（　　）。

A. 软性包装　　　B. 半硬性包装　　　C. 硬性包装　　　D. 双重包装

3. 单件运输包装的种类主要有（　　）。

A. 箱　　　　　　B. 袋　　　　　　　C. 包　　　　　　D. 桶

4. 常用的集合运输包装包括（　　）。

A. 集装包/袋　　　B. 托盘　　　　　　C. 集装箱　　　　D. 集装桶

5. 包装的功能包括（　　）。

A. 防止货物破损变形

B. 防止货物发生化学变化

C. 防止有害生物对货物的影响

D. 防止异物混入，货物污染、丢失、散失

三、判断题

1. 商业包装主要是为了促进商品的销售，运输包装是为了强化运输。（　　）

2. 运输包装按照在流通运输中的作用分为小包装（内包装）和大包装（外包装）。（　　）

3. 集合运输包装不利于提高装卸速度、减轻装卸搬运劳动强度、方便运输、保证货物数量与质量，并促进包装标准化，节省成本。（　　）

4. 运输包装（外包装）分为单件运输包装和集合运输包装两大类。（　　）

5. 包装按结构方式可分为软性包装、半硬性包装、硬性包装。（　　）

学习单元 6

库内作业分析

学习目标

知识目标：

- 掌握库内作业流程
- 掌握库内作业的方法
- 掌握库内作业的衡量指标
- 掌握库内作业优化的方法

技能目标：

- 根据出库特性合理规划作业区面积
- 合理选择库内作业方法
- 合理利用库内作业指标进行评估
- 学会库内作业优化

思政目标：

- 始终坚持廉洁建设不放松
- 强化法治观念和守法意识，加强职业道德建设，强化底线思维

思维导图

- 库内作业分析
  - 库内作业流程分析
    - 拣货
    - 包装
    - 称重
    - 出库
  - 库内作业方法分析
    - 人工作业
    - 半自动化作业
    - 自动化作业
  - 库内作业衡量指标分析
    - 拣货作业衡量指标
    - 包装作业衡量指标
    - 称重作业衡量指标
    - 出库作业衡量指标
  - 库内作业优化
    - 目标设定
    - 效果评估
    - 优化方案

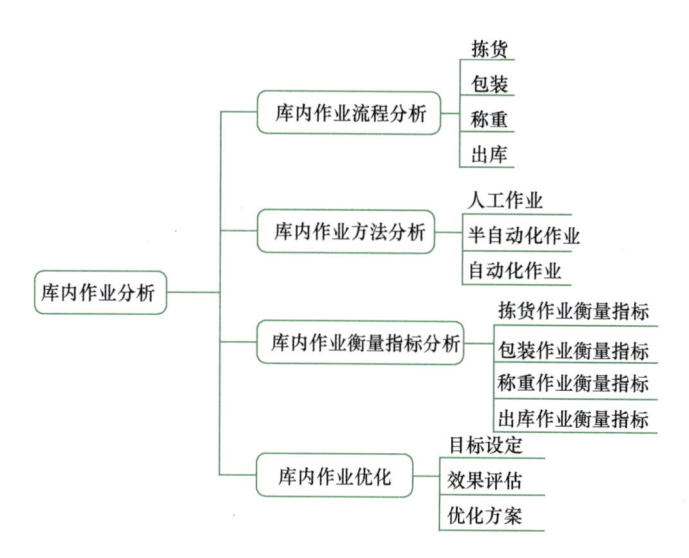

单元导入

CFS 仓库市场现状分析

仓储作为物流各环节的重要接合部分，涉及入库、分拣、在库、盘点、出库等各方面，包含的信息量也非常丰富，包括物品种类、数量用途、库存状况等。近些年来，随着科技的高速发展，传统仓库向数字化仓库转型的需求越来越强烈，利用信息技术提高操作效率、提升服务质量已成为仓库管理的趋势。国内外很多仓库，特别是电商、烟草、医药、服装、汽配、食品等仓库已经实现高度自动化，现代化仓库已经成为大量物联网智能设备的应用场所。然而，目前大多数CFS（集装箱货运站）仓库仍然停留在传统的纸面作业模式，主要原因有以下几项：

(1) CFS 仓库的整体利润率偏低：特别是在这几年国际货代行业不景气的大环境下，很多 CFS 仓库的生存现状不容乐观。仓库运营商很难拿出大量的资金进行数字化改造。

(2) CFS 仓库的操作相对简单：相较于电商、服装、医药、汽配等行业的库内操作，CFS 仓库多为整进整出，很少涉及复杂的上架策略、波次策略和拣货策略。仓库运营商进行数字化改造的原动力不足。

(3) CFS 仓库系统供应商缺乏：由于 CFS 仓库和普通类型的仓库差异较大，库内作业相对简单，但是相配合的堆场、车队、港口和海关却联系紧密，造成很多大型 WMS 系统服务商并没有专属于 CFS 仓库的定制化系统。

随着这两年的企业并购不断增多，国际航运和物流企业日趋集中化和大型化，CFS 仓库领域也出现了很多单体超过 5 万平方米的大型仓库供应商。随着规模的不断扩大，如何通过信息技术标准化现有操作、优化操作效率慢慢提上了企业日程，上海华迅便是其中之一。

（来源：中国物流与采购网）

思考：

以上问题直接造成了自动化仓库使用频率低和出现大量资源的闲置，应采取怎样的应对措施改变现在的状况？

启示：

1. 把闲置的资源充分置于开放的市场中，打破行业与行政区域界限，让市场对资源进行有效合理的配置。

2. 出台相关的政策，鼓励专业机构经营闲置设备。扩展设备信息交流渠道，增强信息服务手段。

3. 尽可能实现资源共享，防止资源的不必要浪费，研究与推广现代物流治理与运作方式，让生产过程与自动化仓库技术结合，提高企业内部物流的速度。

4. 利用网络技术，开展电子商务，实现物流手段现代化和组织网络化，充分利用外部相关产业、企业的资源，真正实现物流经营的规模化、资源共享、风险共担，与厂商、批发商、零售商共同建设和使用自动化仓库，成为存货商、配送商、运输商、中转商、流通加工基地及其自有物流基地的后援。

5. 为社会提供第三方物流服务，形成一个完整的物流配送体系。在最短时间内完成任何区域内（包括国际）的物流任务，并使物流成本合理。尽可能进行横向联合，开放各自的物流资源，提高使用率。

6. 全面提高员工素质。完善自动化仓库的治理机制，物流设备实现高效能利用，这些都要求有高素质的人才。

任务 6-1 库内作业流程分析

知识准备

大家对于物流管理的目标都很清楚，以合适的成本把指定的商品和要求的数量、在约定的时间送达特定的地点。但要达到这个目标，必然要求供应链整体协作，包括前期的规划，协调落实，后期的执行，且辅以始终贯穿全程以 PDCA 循环不停优化改善的过程。

这个目标在库内作业时仍是我们追求的，完整的库内作业流程包括拣货、包装、称重、出库等环节，如图 6-1 所示。对各环节的详细分析才能更好地完成库内作业，并判断作业流程是否最优。

1. 拣货

拣货作业是整个库内作业中最重要的一环。在相当多种的仓库业态中，拣货的作业成本投入占整个仓储作业成本的 50%，甚至更多，如一个典型电商仓库中有 100 个员工，其中 70 个员工的主要工作就是拣货和分拨。

所以，大部分仓库作业的优化方案都是围绕着如何更快、更好、更经济地完成拣货任务展开的，因为这个环节每提升一点儿，带来的经济效益都是非常可观的。

微课：库内作业流程分析

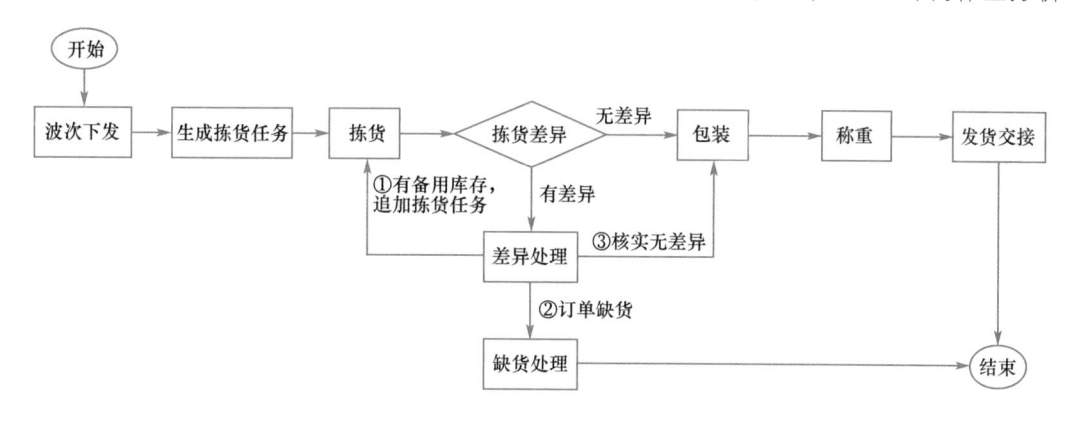

```
开始
 ↓
波次下发 → 生成拣货任务 → 拣货 → 拣货差异 ──无差异──→ 包装 → 称重 → 发货交接
                          ↑           │有差异                              │
                          │①有备用库存，└──→ 差异处理 ──③核实无差异──┘      │
                          │追加拣货任务      │                               │
                          └──────────────── │②订单缺货                      │
                                            ↓                               ↓
                                         缺货处理 ─────────────────────→ 结束
```

图 6-1 库内作业流程

(1)拣货流程分析的内容

订单数量、品类、频次等不同，对应了不同的波次策略、拣货策略；储运单位不同，会影响拣货区域规划，进一步影响搬运设备的配置。

订单根据销售渠道、批量、销售方式、末端买家类型等可分为 B2C 订单和 B2B 订单。B2C 订单一般是小单，所以拣货处理时最好将多个订单合并到一张批拣单中进行拣选。对于 B2C 订单，往往会在到达仓库后，按照一定的规则（生产时间、配送方向、配送时效、物流公司等因素）生成拣货波次，并对拣货任务进行下发。

B2B 订单一般是大单，一个拣货员完成所有的拣货任务费时费力，特别是库房面积较大且需要跨楼层时，极大地影响拣货效率，一般采用分区拣选的方式进行仓库作业生产。B2B 在做波次策略时，按照订单或门店进行波次生成和订单任务的下发，拣货任务根据分区进行下发。

目前电商仓库采用的波次策略有基于运力截载时间的波次策略、基于履约时效/产能的波次策略和基于客户期望配送时间的波次策略。

基于运力截载时间的波次策略是根据运力截载时间、仓内作业标准时效，计算仓内作业截单时间；基于履约时效/产能的波次策略是根据商城订单履约的时效承诺或产能安排仓内生产波次，比如京东的"211"时效波次，分为 11:00 和 21:00 波次；基于客户期望配送时间的波次策略是指在客户期望时间的基础上，根据配送时效推导出的仓内最晚生产时间，确定仓内的生产波次。

确定波次策略后，还需要确定订单分批合并(集合)的标准。常用的订单分批合并(集合)标准有几类：按订单所含货物总量分批、按时窗分批、固定订单数量分批、按配送路径(送货路线)分批。集合的过程还必须考虑一些限制因素：完成订单的时间限制、货物搬运输送的可行性、订单品项重合度、订单规模的均衡度、分类播种的需求、送货运输的需要、分拣系统设备的处理能力等。

波次拣货完毕，需要对拣选出的 SKU 按订单维度进行合并，以便继续进行后续作业。常见的合并方式有两种：边拣边分(边拣边播)；先拣后分(先摘后播)。前者适用于商品重合度高，品项、数量较少且商品体积较小的订单，常采用拣选车辅助作业。每一个拣选车格口对应一个订单，从货架批量取下商品后，按订单数量逐个将商品放至对应格口内，直至整个波次拣选单拣取完毕。后者适用于订单品项复杂、数量不等且商品体积较大的场景(相对而言，并非绝对)，往往采用播种墙配合播种作业。

因此，影响拣货流程的主要因素包括：
- 波次策略。
- 拣货策略。
- 订单集合。
- 订单合并。

(2) 拣货波次策略确定的方法

$$仓内作业截单时间 = 运力截载时间 - 仓库标准作业时效$$

$$仓内延迟作业截单时间 = 客户期望配送时间 - 当前作业时间 - 仓库标准作业时效$$

2. 包装

包装作为物流出库流通加工的重要环节，除了能够起到集货的作用，还能为商品提供额外的保护。包装材料作为包装过程的重要载体，一般分为包装箱、包装袋以及珍珠棉、泡沫填充袋等辅助填充材料。

包装箱/包装袋在各家公司都有使用，包装箱/包装袋上一般都会有自己公司的LOGO。包装箱一般用于大件、多件、长途、易碎品的运输，而包装袋则作为包装箱的补充。不管是包装箱还是包装袋，它们的功能都是一致的，即保护其中物品的安全。

包装箱一般需要根据公司所经营产品的种类设计尺寸，还要考虑到多个订单一起发货的情况，因此包装箱一般会分为多个不同的尺寸规格；但包装箱的规格也不是越多越好，规格过多，除了管理困难，在使用总量一定的情况下，也不容易从纸箱供应商处拿到较低的价格。在管理较为细致的公司，包装箱上还会印制规格编号的条形码，以利于管理和追踪。

包装材料在日常的管理活动中往往会被忽略，造成损耗。二次包装材料的利用等往往能给仓库提供意想不到的成本节约。

(1) 包装流程分析的内容
- 包装材料的选型。
- 包装材料的周转。
- 包装材料的损耗。
- 包装材料的库存。

(2) 包装流程分析的方法

$$包装材料最大可装载量 = \max(包装材料容积/商品体积)$$

$$包装材料周转天数 = 包装材料采购数量/日均使用数量$$

$$包装材料损耗率 = 包装材料损耗金额/包装材料采购金额 \times 100\%$$

$$包装材料库存 = \sum 各包装耗材$$

思政园地

始终坚持廉洁建设不放松

中国裁判文书网公布的一份判决书显示：蒋某出生于1991年，2016年7月至2020年3月担任A公司华北DC高级经理兼天津配送仓经理，华北大区总监兼天津发货仓运营经理；2020年3月8日与华北大区新负责人进行工作交接，交接结束至案发前任物流参谋部总参谋。童某出生于1993年，系A公司员工。

2018年10月至2020年4月间，蒋某利用职务便利，伙同童某采取销售不入账或调整过磅表等方式,将 A 公司的废旧纸箱出售获得的 684 000 元占为己有。其中,蒋某分得 344 000 元,童某分得 340 000 元。

此外,蒋某利用职务便利,在 2017 年 9 月至 2020 年 1 月间,先后 5 次接受贿赂,包括现金 27.90 万元。2020 年 1 月 18 日,蒋某向王某索要轿车一辆,王某为其支付购车款 42.9 万元。同年 9 月 28 日,蒋某因害怕被查处,将该车过户给了王某之妻。

法院认为,蒋某身为公司工作人员,利用职务上的便利,非法收受和索取他人财物价值人民币 70.8 万元,为他人谋取利益,数额较大,构成非国家工作人员受贿罪。蒋某利用职务上的便利,伙同被告人童某将公司财物非法占为己有,数额较大,构成职务侵占罪,并属共同犯罪。法院一审判决,蒋某犯非国家工作人员受贿罪、犯职务侵占罪,决定执行有期徒刑 1 年 10 个月,并处罚金人民币 10 万元;童某犯职务侵占罪,判处有期徒刑 1 年,宣告缓刑 2 年,并处罚金人民币 5 万元。

北京市京鼎律师事务所某律师表示,关于废旧纸箱等的财产权问题,其物权显然属于 A 公司。如果 A 公司明确表示放弃这些废旧纸箱,员工才获得处理这些遗弃物的权利。考虑到这些废旧纸箱价值不菲,A 公司也很在意,故员工未经公司许可处置这些废旧纸箱,构成职务侵占罪。

公司治理中,廉洁建设不能有死角。廉洁不只是采购部门和采购环节的事,而是全体员工、全过程的事。

3. 称重

商品的质量和体积是作业的一个重要参考数据,不仅会影响仓库库容规划,而且会对后续的作业流程和方法产生重大的影响。

(1) 称重流程分析的内容

商品一般分为中小件、大件、异形件,不同的件型有不同的体积计算逻辑,此逻辑会影响后续的成本和收入的计算,不同的进制类型也会影响称重和量方的准确率。因此称重流程分析的主要内容包括:

- 商品件型。
- 商品质量。
- 商品质量进制。
- 商品质量和体积的换算。

(2) 称重流程分析的方法

- 边长分类法。
- 质量分类法。
- 抛重系数法(抛重系数=长×宽×高/货物质量)。
- 质量进位制法(0.5 进制 & 1 进制)。

知识拓展

京东物流件型分类标准及标准报价

京东物流规定:客户需自行提供货物相关信息(包括长、宽、高、质量信息)并保证其准确性,但用于计算仓储费及相关增值服务费的货物信息,以京东物流自营仓库采集的货物信息为准。商务仓——B2C 仓储服务费标准价见表 6-1。

表 6-1 商务仓——B2C 仓储服务费标准价

服务项	服务内容	范围	A/B/C 件型				D 件型		备注
			计费单价	A 件型 $X\leq 2.5$ kg $Y\leq 40$ cm	B 件型 2.5 kg$<X\leq 15$ kg $40<Y\leq 80$ cm	C 件型 15 kg$<X\leq 30$ kg $80<Y\leq 100$ cm	计费单位	D 件型 $X>30$ kg $Y>100$ cm	
入库（含仓间调拨入库）	1. 到货商品清点、上架 2. 验收入库	单位体积	元/立方米	15			元/立方米	8	质量以"X"表示；最长边以"Y"表示，二者取最大者作为该商品件型。商品件型：按质量和以"Y"表示，二者取最大者作为该商品件型。入库费＝A/B/C 件型体积加和×A/B/C 件型单价＋D 件型体积加和×D 件型单价。单个入库单不满 1.5 元，按 1.5 元收费
存储	1. 商品存储保管 2. 在库定期盘点	单位体积	元/立方米/日	周转天数（区间左开右闭）： 0～60 天，0 元；60～90 天，3.0 元； 90～120 天，4.0 元；120～150 天，4.5 元； 150～180 天，5.0 元。			元/立方米/日	1.8	1. A/B/C 件型周转天数＝当月出库件数对应区间零点 A/B/C 件型的存件数加和÷当月 A/B/C 件型出库件数加和；存储费＝当月每日零点客户当月存储的在库 A/B/C 件型体积加和×当月每日零点 A/B/C 件型存储费标准。示例：假设当月客户当月存储的在库 A/B/C 件型每日每月存储的在库体积加和为 65 天，则当月每日零点 A/B/C 件型的存储费标准为 3 元。注：①不同的事业部编码下的库存周转天数独立计算。②FCS—VMI 模式： FCS—VMI 销售事业部编码下的库存件数在 FCS 店铺对应的事业部编码下的库存周转天数中计算，不在 SOP 店铺对应的事业部编码下的库存周转天数中计算； FCS—VMI 销售事业部编码下的库存件数在 SOP 店铺对应的事业部编码下的库存周转天数中计算，不在 FCS 店铺对应的事业部编码下的库存周转天数中计算。 2. D 件型，不考核在库体积对应的 D 件型物流系统记录在库体积天数，按京东物流当月每日零点存储的在库 D 件型体积累加×D 件型存储费标准

(续表)

服务项	服务内容	范围	A/B/C件型				D件型		备注
			计费单位	A件型 X≤2.5 kg Y≤40 cm	B件型 2.5 kg<X≤15 kg 40<Y≤80 cm	C件型 15 kg<X≤30 kg 80<Y≤100 cm	计费单位	D件型 X>30 kg Y>100 cm	质量以"X"表示,最长边以"Y"表示,二者取最大者作为该商品件型
出库生产	1.拣货下架、复核 2.打印运单 3.打包、运单粘贴 4.出库(不含耗材)	首单(含1件)	元/单	2.8	3.5	4.5	元/立方米	28	1.若订单中全部为A/B/C件型,生产费应各件型首件价格+其他件型续件价格加和。 2.若订单中含D件型商品,则该订单自续件按D件型的计算逻辑,生产费整体按D件型体积单价,生产费=max(订单总体积×每件单价,订单总件数×每件单价)
		续件	元/单	0.5	0.6	0.8	元/件	3	
销退	1.退货商品清点 2.验收入库 3.上架	首单(含1件)	元/单	2.8	3.5	4.5	元/立方米	28	同出库生产计算逻辑
		续件	元/单	0.5	0.6	0.8	元/件	3	
退仓单(含仓调拨出库)	1.拣货下架、复核 2.打包、出库交接	单位体积	元/立方米	25			元/立方米	20	退仓费=A/B/C件型体积加和×A/B/C件型单价+D件型体积加和×D件型单价;单个出库单不满2.5元,按2.5元收费

1. 适用范围:适用于B2C常温品类,不适用于B2B业务,生鲜等;若在京东物流结算时发现客户商品中含有未经京东物流邮件或书面形式同意确认的,京东有权随时调整客户所适用的仓储服务费价格,并向客户追加收相应的仓储服务费。
2. 商品基础数据信息(长、宽、高、质量等),以京东物流系统记录为准。

注:FCS是Fulfilment Charged Sales的简称,是一种新的自营模式,在保持原FBP生产业务流程不变的前提下,通过现有系统改造,结合各品牌商合同换签及相关条约定,以达到京东可全额将订单款计收入的全新模式。
VMI:供应商管理库存。
(资料来源:京东物流官网)

4. 出库

出库作业需要及时按照客户的配送时间、路线和承运商等对商品按照规定区域进行暂存发货；承运商到达后，和承运商按照出库单标明的商品和数量进行现场清点，对于异常的情况，如破损、少货、多货等进行现场处理；双方确认无误后，在出库交接单上签字确认。

(1) 出库流程分析的内容
- 出库商品品类。
- 出库商品的数量。
- 出库及时率。
- 出库差异率。

(2) 出库流程分析的方法
- EIQ－EN：订单订货品项数量分析。
- EIQ－EQ：订单订货数量分析。
- 出库及时率＝日实际出库数量/日应出库数量×100％。
- 出库差异率＝日出库差异数量/日出库数量×100％。

任务实施

微课：库内作业流程

订单拣货流程分析

步骤一：分析目标
1. 确定订单合并方法。
2. 确定订单波次方案。
3. 确定订单的生产方式。

步骤二：分析原理

仓内作业截单时间＝运力截载时间－仓库标准作业时效

仓内延迟作业截单时间＝客户期望配送时间－当前作业时间－仓库标准作业时效

步骤三：实施过程

1. 从订单管理系统导出订单数据。

订单数据见表 6-2。

表 6-2 订单数据

订单	客户	快递公司	订单数（个）	商品种类（种）	商品数量（件）	商品	下单时间	期望配送时间
DD001	张三	申通	300	1	500	A×1	8月16日	8月17日
DD002	邹九	顺丰	10	2	20	A×1,C×1	8月16日	8月17日
DD003	曹十	顺丰	5	2	15	A×1,C×2	8月16日	8月17日
DD004	科三	申通	3	1	3	D×1	8月16日	8月17日
DD005	钱七	顺丰	10	3	60	A×1,B×2,C×1	8月16日	8月17日
DD006	王六	申通	2	1	2	E×1	8月16日	8月17日
DD007	李四	顺丰	200	1	800	A×2	8月16日	8月17日

(续表)

订单	客户	快递公司	订单数（个）	商品种类（种）	商品数量（件）	商品	下单时间	期望配送时间
DD008	老六	顺丰	2	1	2	F×1	8月16日	8月17日
DD009	课程	顺丰	1	1	2	H×2	8月16日	8月17日
DD010	王五	圆通	50	2	100	A×1,B×1	8月16日	8月20日
DD011	周六	顺丰	15	3	45	A×1,B×1,C×1	8月16日	8月17日
DD012	邹三	顺丰	2	1	6	E×3	8月16日	8月17日

2.根据订单数进行排序,选定波次策略和拣货任务、拣货策略。

根据订单数排序结果见表6-3。

表6-3　　　　　　　　　　　　根据订单数排序结果

订单	客户	快递公司	订单数（个）	商品种类（种）	商品数量（件）	商品	下单时间	期望配送时间	波次策略	拣货任务	拣货策略
DD001	张三	申通	300	1	500	A×1	8月16日	8月17日	波次1	任务1	批量拣选
DD007	李四	顺丰	200	1	800	A×2	8月16日	8月17日	波次1	任务2
DD010	王五	圆通	50	2	300	A×1,B×1	8月16日	8月20日	波次暂停	无	延迟生产
DD011	周六	顺丰	15	3	45	A×1,B×1,C×1	8月16日	8月17日	波次1	任务3	先拣后分
DD002	邹九	顺丰	10	2	20	A×1,C×1	8月16日	8月17日	波次1	任务3
DD005	钱七	顺丰	10	3	60	A×1,B×2,C×1	8月16日	8月17日	波次1	任务3
DD003	曹十	顺丰	5	2	15	A×1,C×2	8月16日	8月17日	波次1	任务3
DD004	科三	申通	3	2	3	D×1,E×2	8月16日	8月17日	波次1	任务4	边拣边分
DD006	王六	申通	2	1	2	E×1	8月16日	8月17日	波次1	任务4
DD008	老六	顺丰	2	1	2	F×1	8月16日	8月17日	波次1	任务5	边拣边分
DD012	邹三	顺丰	2	1	6	E×3	8月16日	8月17日	波次1	任务5
DD009	课程	顺丰	1	1	2	H×2	8月16日	8月17日	波次1	任务5

3.同时选中"订单""订单数""商品种类"三列,单击"插入",选择散点图,如图6-2所示。

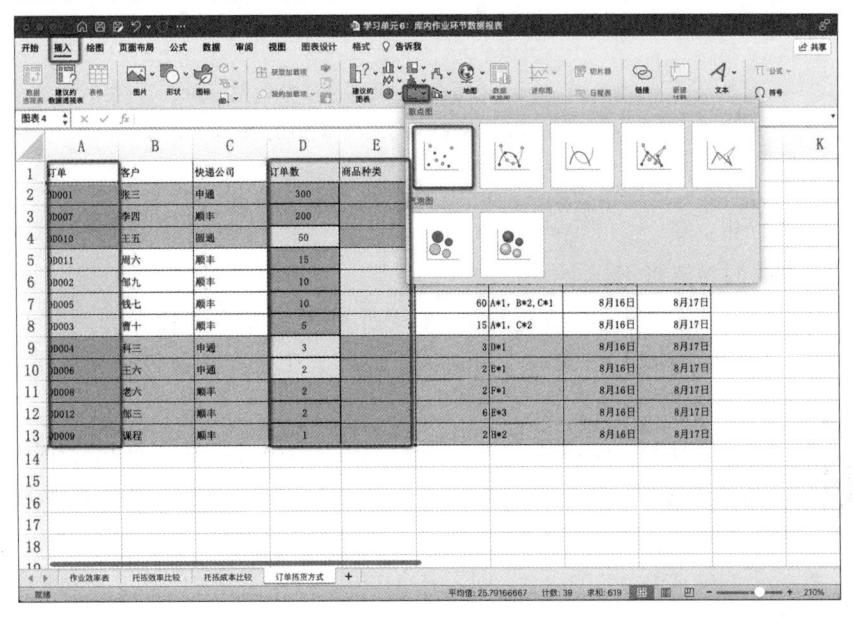

图6-2　选择散点图

4.确定后,会自动跳转到"图表设计"菜单,单击"切换行/列",如图6-3所示。

图 6-3 切换行/列

5.最终订单拣货方式可视化图形如图6-4所示。

订单拣货方式

● DD001 ● DD007 ● DD010 ● DD011 ● DD002 ● DD005
● DD003 ● DD004 ● DD006 ● DD008 ● DD012 ● DD009

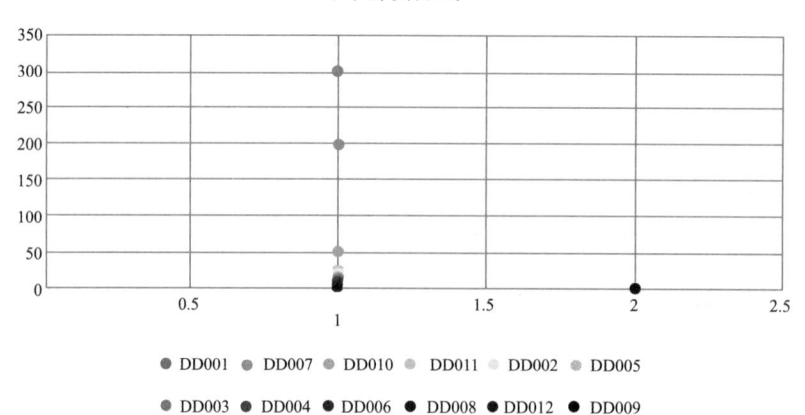

图 6-4 订单拣货方式图

6.数据结果分析。

基于图6-4我们可以得出以下结论:

(1)DD001、DD007品类数少,订单量大,采用批量拣选方式进行生产。由于无特殊配送要求,按照当日波次生产即可,DD007可根据仓内单人生产产能进行多任务下发,根据实际情况决定。

(2)DD010品类数少,订单量大,由于客户有特殊要求,配送时间要求在4天后,为更好地满足客户要求,不生成拣货波次,根据波次生成规则,波次在8月19日单独生成并生产。

(3)DD011、DD002、DD005、DD003订单量适中,配送公司一致,可生成

微课:出库流程分析

同一个拣货任务,同时由于产品重合度高,采用先拣后分的作业方式进行订单生产。

(4)DD004、DD006、DD008、DD012、DD009 均为零散订单,产品的重合度也不高,同时由于承运商的不同,分成不同的拣货任务,DD004 和 DD006 生成任务 4,DD008、DD012、DD009 生成任务 5,都采用边拣边分的作业方式进行订单生产。

任务 6-2 库内作业方法分析

知识准备

企业按照仓库作业水平,可将仓库作业分为人工作业、半自动化作业、自动化作业三种方式。

1. 人工作业

人工作业是指在作业过程中,仅借助简单的操作设备,如托盘、地牛等,完成整个库内作业的流程。

人工作业的方式比较适用于 SKU 数量较少,日出库作业量较少的仓库。

微课:库内作业方法分析

随着电子商务的快速发展,单个仓库的 SKU 水平深度和宽度迅速扩大,单一的人工作业方式已经不能满足生产和作业的要求。但由于成本低廉,且能够随市场的变化随时调整选址,保持良好的人员柔性等,因此仍然有部分仓库在使用人工作业的方式进行库内作业。

2. 半自动化作业

半自动化作业既有机械化搬运设备作业,又有自动化搬运设备作业。半自动化仓库使用的典型设备有自动化导向的搬运车系统、巷道堆垛起重机、自动分拣设备、机器人以及不同形式的活动货架。

半自动化仓库为部分作业环节机械化作业,部分作业环节自动化作业;通常表现形式为机械化拣选作业＋自动化流水线作业。

相较于自动化作业仓库,半自动化作业仓库具有以下优势:

①投入资金可控,可根据仓内的实际作业量和需求进行自动化设备的选择和投入,能够控制投入的成本。

②通过人工＋自动化设备的结合,能够方便地调整人员的投入。

③对于异型件处理比自动化仓库更具灵活性,具有更好的工作柔性。

④在搬仓或由于其他原因撤仓时,能够更方便地完成相关处理。

基于以上考虑,目前大部分的仓库采用半自动化作业的方式进行库内作业和生产。

3. 自动化作业

自动化作业是指在不直接进行人工处理的情况下自动存储和取出物料的作业方式,通常采用自动化立体仓库实现作业的自动化。

包装比较单一或标准、消费量巨大的快消品或单个成品附加值较高,实行自动化作业带来的收益大。小批量多品种、包装大小不规则等定制类的产品更适合用人工操作。

自动化设备属于固定资产,投资巨大,若对未来预测不准,仓储单量下滑,必然造成项目投资浪费;仓储单量上升,设备规模太小又满足不了需要,要面对更大的一笔自动化扩容支出。相对于人工的灵活性,自动化设备优势并不明显。

(1)自动化作业的优点

①由于能充分利用仓库的垂直空间,其单位面积存储量远远大于普通的单层仓库(一般是单层仓库的4~7倍)。目前,世界上最高的立体仓库可达40多米,容量多达30万个货位。

②仓库作业全部实现机械化和自动化,一方面能大大节省人力,减少劳动力费用的支出,另一方面能大大提高作业效率。

③采用计算机进行仓储管理,可以方便地做到"先进先出",并可防止货物自然老化、变质、生锈,也能避免货物的丢失。

④货位集中,便于控制与管理,特别是使用电子计算机,不但能够实现作业的自动控制,而且能够进行信息处理。

⑤能更好地适应黑暗、低温、有毒等特殊环境的要求。例如,胶片厂把胶片卷轴存放在自动化立体仓库里,在完全黑暗的条件下,通过计算机控制可以实现胶片卷轴的自动出入库。

⑥采用托盘或货箱存储货物,货物的破损率显著降低。

(2)自动化作业的缺点

自动化作业虽有优点,但相对也有缺点,主要包括:

①由于自动化立体仓库的结构比较复杂,配套设备也比较多,所以需要的基建和设备的投资也比较大。

②货架安装精度要求高,施工比较困难,而且工期相对较长。

③存储弹性小,难以应付高峰的需求以及包装多类型的仓储需求。

④对可存储的货物品种有一定限制,需要单独设立存储系统用于存放长、大、笨重的货物以及要求特殊保管条件的货物。

⑤自动化立体仓库的高架吊车、自动控制系统等都是技术含量极高的设备,维护要求高,因此必须依赖供应商,以便在系统出现故障时能得到及时的技术援助。这就增强了对供应商的依赖性。

⑥对建库前的工艺设计要求高,在投产使用时要严格按照工艺作业。

⑦过度依赖自动化也会有很大的风险,比如意外停电,系统就无法工作。

在决定作业是否采用自动化形式时,需要考虑以下内容:

- 建设成本。
- 建设周期。
- 目前作业量。
- 未来3~5年的作业量预测和分析。
- 库内商品的标准化程度。

素养园地

数据决策

库内作业数据分析一定要以真实数据为基础,问题为导向,隐私保护与安全为中心,选择合适的数据分析技术,最终获得真实可靠的结果,以供决策。

无论通过何种方法收集数据,都要注重原始数据的真实性、实事求是,才能分析出客观的结果。不能为了达到自己要的分析结果,而在收集阶段就刻意剔除,以偏概全,有时甚至伪造或刻意制造虚假数据,得出自己想要的结论。这都是我们要警惕且不可取的,只有尊重事实,才能得出客观、准确的分析结果,进而这个结果才能对我们的决策产生积极有效的作用。

任务实施

比较不同作业方式下的拣货作业成本

步骤一:分析目标

1. 不同作业方式的作业成本。
2. 不同作业方式的成本项。
3. 通过比较不同作业方式的成本和效率,选择合适的作业方式。

步骤二:分析原理

$$作业成本 = 设备成本 + 人工成本 + 设施成本$$

$$单托作业成本 = 作业成本/作业量$$

$$仓租 = 仓储租金 \times 租赁面积$$

$$拣货量 = 360/库存周期 \times 库位数$$

$$工人数量 = 拣货量/8小时单人产能$$

$$年成本 = 固定开支 + 人均人工及工具开支 \times 工人数量 + 耗材及运行开支 \times 拣货量$$

$$每托成本 = 年成本/拣货量$$

步骤三:实施过程

1. 根据作业流程,选择比较对象。

根据流程中的信息得知,拣货的作业成本占整个仓储作业成本的50%,因此选择拣货作业环节作为不同作业方式的比较对象。根据对象的不同,拣货分为件拣、箱拣和托拣,本次选择托拣进行比较,在托拣中,各种作业方式都存在。

2. 确定效率对比计算规则。

由于要对半自动化作业、自动化作业等方式进行比较,因此以24 h全负荷计算,人全部按照三班倒,工人按照三班次支付成本,从起点至拣货位200米。

人工:每班30个工人,每班工作8 h,分3班工作,工作强度按100%计算;机器人:投入30个,日工作20 h,4个小时用来充电。

3. 在效率对比计算规则下,计算不同作业方式的效率,见表6-4。

表 6-4　　　　　　　　　　　不同作业方式效率比较

模式		人工作业	半自动化作业	自动化作业
步骤	项目	人工＋地牛/纸单拣选	人工＋电牛/纸单拣选	机器人拣选
1.行走：从起点行走至拣货位	时间(s)	288	144	144
2.交互：领单—找库位和商品—核对商品和数量—核对库位—签单—交单	时间(s)	75	75	0
3.拣货：降下货叉—转向对准—前叉进入—升起货叉—倒车并转向	时间(s)	60	60	60
合计	时间(s)	423	279	204
效率提升	提升率	—	51.61%	107.35%
平均每小时工作量	托/h	8.5	12.9	17.6
日拣货量	托/天	6 128	9 290	10 588

通过分析，半自动化作业方式下效率提升51.61%，自动化作业方式下效率提升107.35%，这些结论是基于理想状态。

4.确定成本对比的原则。

仓库租赁面积7 000平方米，托盘15 000个，10元/个，2年摊销，每班3个管理人员。使用机器人后，10 000个库位仓储面积增长28 600平方米，以每托占地1.43平方米，机器人地面利用率为50%计算；改用机器人拣选后，增加一个IT管理人员；每套机器人按照50万元计算，年维护成本率为10%，5年摊销。不同作业方式成本比较见表6-5。

表 6-5　　　　　　　　　　　不同作业方式成本比较

模式		人工作业	半自动化作业	自动化作业
	项目	人工＋地牛/纸单拣选	人工＋电牛/纸单拣选	机器人拣选
固定开支	初始化成本(元)			300 000
	仓租(元)	2 546 098	2 546 098	10 439 000
	管理费用(元)	900 000	900 000	1 500 000
	托盘(元)	75 000	75 000	75 000
	小计(元)	3 521 098	3 521 098	12 014 000
人均人工及工具开支	人工(元)	180 000	180 000	—
	地牛/电牛(元)	520	72 000	—
	机器人(元)	—	—	150 000
	小计(元)	180 520	252 000	150 000
每托耗材及运行开支	纸张耗材(元)	0.2	0.1	—
	差错处理(元)	0.3	0.3	0.003
	小计(元)	0.5	0.4	0.003
	新员工培训成本(元)	3 000	3 000	—
	拣货需求量(件)	600 000	600 000	600 000
	8小时单人产能(托)	68	103	352
	每班工人数量(人)	9.0	6	5
	人员流失率	70%	50%	—
	年新员工数(人)	18.9	9	—
	年培训成本(元)	56 700	27 000	—
	年成本(元)	5 502 478	5 300 098	12 465 800
	每托成本(元)	9.2	8.8	20.8

选中"人工作业""半自动化作业""自动化作业"三个字段,再同时选中其对应的年成本三个数值,单击"插入",选择饼图中的二维饼图,如图 6-5 所示。

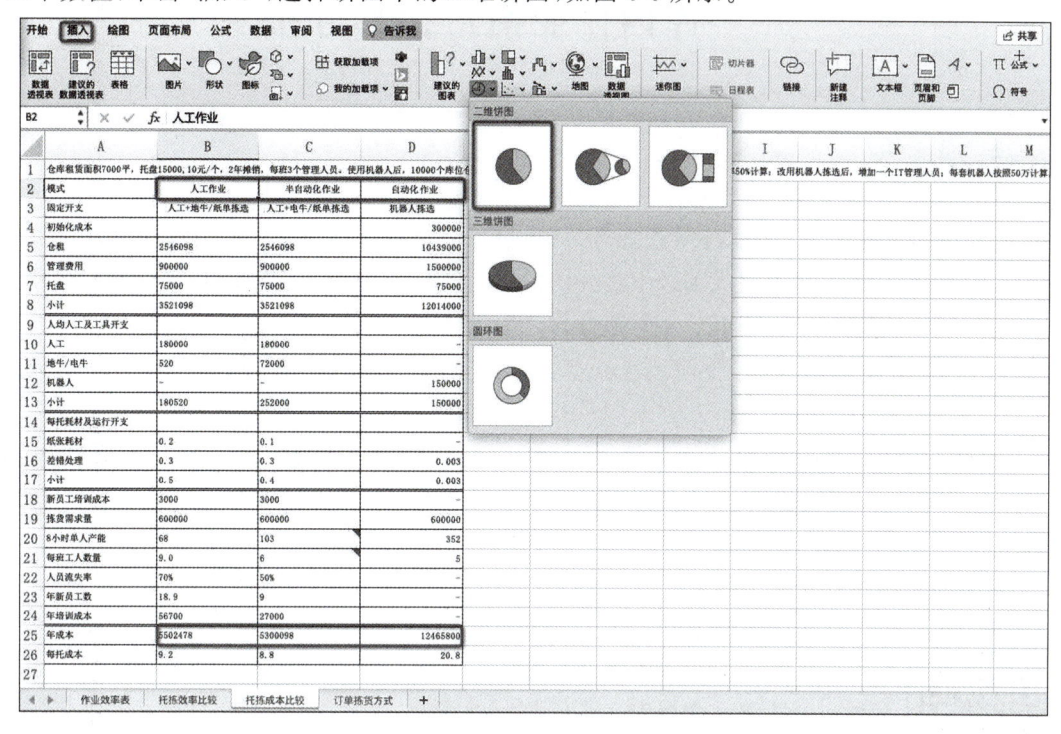

图 6-5 选择数据并插入二维饼图

得到托拣成本比较图如图 6-6 所示。

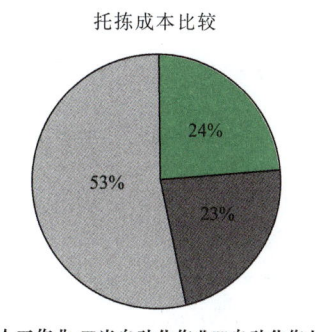

图 6-6 托拣成本比较图

5. 结果分析。

①半自动化和自动化作业方式确实能提升作业效率。

②自动化作业方式带来的效率优势会被成本的上升而抵消,在企业做决策时,需要认真平衡成本和效率之间的关系,选择适合企业自身发展的作业方。

③拣货路径的长短,影响库内作业效率,合理的仓内布局和拣货路径的优化,是提升作业效率和降低成本的有效方法。

④电牛是一种提升作业效率的有效方式,建议仓库使用电牛。

任务 6-3 库内作业衡量指标分析

知识准备

通过拣货、包装、称重、出库等作业环节，可以完成订单至客户手中的过程。因此对每个环节的效率和成本的分析就成了必不可少的内容。本任务将按照拣货作业、包装作业、称重作业、出库作业进行效率、成本和差异的分析。

1. 拣货作业衡量指标

（1）拣货作业衡量指标的内容

拣货作业是依据顾客的订货要求或配送中心的送货计划，尽可能迅速、准确地将商品从其储位或其他区域拣取出来，并按一定的方式进行分类、集中、等待配装送货的作业流程。

我们主要分析拣货的效率和成本，包含设施效率、设备效率、人员效率及相应的成本、拣货差异。

拣货作业效率指标的内容：
- 拣货区使用率。
- 拣货设备利用率。
- 搬运设备利用率。
- 人员拣货效率。

拣货作业成本指标的内容：
- 单均人力拣货成本。
- 单均设备拣货成本。
- 单均拣货总成本。

拣货差异指标的内容：拣货差异率。

（2）拣货作业衡量指标分析方法

拣货区使用率＝实际使用面积/规划作业面积×100％

拣货设备利用率＝实际拣货数量/拣货设备设计值×100％

搬运设备利用率＝实际搬运数量/搬运设备设计值×100％

人员拣货效率＝实际拣货量/总作业人数

单均人力拣货成本＝作业人员成本/实际拣货量

单均设备拣货成本＝设备成本/实际拣货量

单均拣货总成本＝单均人力拣货成本＋单均设备拣货成本

拣货差异率＝拣货差异数量/总拣货数量×100％

2. 包装作业衡量指标

同拣货作业衡量指标一致，包装作业也要对设备、人员的效率和成本进行分析。

(1)包装作业衡量指标的内容

包装作业效率指标的内容：
- 包装设备效率。
- 人员包装效率。
- 单位时间人员效率。

包装作业成本指标的内容：
- 单均包装设备成本。
- 单均包装人力成本。
- 单均包装总成本。

(2)包装作业衡量指标分析方法

$$包装设备效率=实际包装数量/总设备数量$$
$$人员包装效率=实际包装数量/总作业人数$$
$$单位时间人员效率=人员包装数量/总有效时间$$
$$单均包装设备成本=包装设备成本/实际作业量$$
$$单均包装人力成本=包装人员成本/实际作业量$$
$$单均包装总成本=单均包装人力成本+单均包装设备成本$$

3.称重作业衡量指标

(1)称重作业衡量指标的内容

质量是与物流公司结算的重要依据。如何对货物质量位数进行进制是非常重要的因素，同时需要对上下游的称重数据进行校验，防止出现误差。

称重作业效率指标的内容：
- 称重设备效率。
- 称重人员效率。
- 单位时间人员效率。

称重作业成本指标的内容：
- 单均称重设备成本。
- 单均称重人员成本。
- 单均称重总成本。

称重差异指标的内容：称重差异率。

(2)称重作业衡量指标分析方法

$$称重设备效率=实际称重数量/总设备数量$$
$$称重人员效率=实际称重数量/总作业人数$$
$$单位时间人员效率=人员称重数量/总有效时间$$
$$单均称重设备成本=称重设备成本/实际作业量$$
$$单均称重人员成本=称重人员成本/实际作业量$$
$$单均称重总成本=单均称重人员成本+单均称重设备成本$$
$$称重差异率=称重差异数量/总称重数量\times 100\%$$

4.出库作业衡量指标

出库交接是库内作业的最后一步，也是与其他环节相互关联的一步，起到了承上启下的作用,因此出库作业比较细致和复杂,工作量也比较大。出库人员需要依据出库单据与承运商核对商品和数量,并在交接单上签字。

(1) 出库作业衡量指标的内容

出库作业分析也包含出库设备和人员的效率、出库成本、出库差异分析等内容。

出库作业效率指标的内容:

- 出库设备效率。
- 出库人员效率。
- 单位时间人员出库效率。

出库作业成本指标的内容:

- 单均出库设备成本。
- 单均出库人员成本。
- 单均出库总成本。

出库作业差异指标的内容:出库差异率。

(2) 出库作业衡量指标分析方法

$$出库设备效率 = 实际出库数量/总设备数量$$
$$出库人员效率 = 实际出库数量/总作业人数$$
$$单位时间人员出库效率 = 人员出库数量/总有效时间$$
$$单均出库设备成本 = 出库设备成本/实际作业量$$
$$单均出库人员成本 = 出库人员成本/实际作业量$$
$$单均出库总成本 = 单均出库人员成本 + 单均出库设备成本$$
$$出库差异率 = 出库差异数量/总出库数量 \times 100\%$$

职场直通车

某企业大快消物流经营分析岗岗位技能:

1. 熟练掌握并随业务及时更新B2C仓配物流链路各项成本发生环节。
2. 快速搭建成本测算模型进行物流成本损益与时效分析。
3. 熟悉数据挖掘技能,从历史数据趋势中找到经营问题点,并通过分析给出可行的策略建议。
4. 有深度参与仓配项目的启动、规划、执行、监控、收尾的相关经验。
5. 具有较强的数据分析能力、统筹规划、同行业差异化分析能力。
6. 有积极进取的精神及接受挑战的性格,具有高度的责任感与团队合作精神,善于跨团队协作、调度资源、解决问题。

任务实施

库内作业效率和成本分析

步骤一:分析目标

1. 分析库内作业设施效率、作业区利用效率。
2. 分析库内作业设备效率。

3.分析库内作业人员效率。

4.分析库内作业设备成本。

5.分析库内作业人员成本。

6.分析库内作业差异率。

步骤二：分析原理

设施利用率＝实际使用作业面积/规划作业面积×100%

作业设备效率＝设备总台数/作业量

作业人员效率＝人员总数/作业量

单位时间人员作业效率＝作业人员效率/有效作业时长

单均设备成本＝设备总成本/作业量

单均人员成本＝人员总成本/作业量

作业单均总成本＝单均设备成本＋单均人员成本

差异率＝差异数量/作业量×100%

步骤三：实施准备

1.基础数据收集：从仓库收集作业规划面积、设备名称、设备数量、各作业环节人员数量、作业时长、一定周期(周/月/年)作业量、人员工资和福利数据。得到各种统计数据见表6-6～表6-9。

表6-6　　　　　　　　　某仓库作业量统计

日期	订单量(单)	作业量(件)	拣货差异量(件)	出库差异量(件)
2021-5-1	3 750	117 400	9	8
2021-5-2	3 200	96 000	5	12
2021-5-3	4 550	185 500	0	17
2021-5-4	5 650	172 600	2	4
2021-5-5	2 950	87 900	1	0
2021-5-6	2 650	65 300	18	6
2021-5-7	3 900	135 300	5	8
2021-5-8	3 100	124 600	2	0
2021-5-9	2 200	92 400	14	10
2021-5-10	3 950	159 700	3	1
2021-5-11	2 850	90 200	9	11
2021-5-12	2 300	76 800	10	10
2021-5-13	2 850	92 400	7	11
2021-5-14	6 100	248 200	18	1
2021-5-15	1 850	79 500	11	18
2021-5-16	2 450	77 000	6	4
2021-5-17	6 300	270 400	15	4
2021-5-18	2 650	117 700	7	10
2021-5-19	3 150	94 800	16	3
2021-5-20	5 350	225 200	14	17

微课：库内作业衡量指标（下）

(续表)

日期	订单量(单)	作业量(件)	拣货差异量(件)	出库差异量(件)
2021-5-21	7 950	285 800	19	15
2021-5-22	7 650	357 900	14	2
2021-5-23	2 750	75 800	1	4
2021-5-24	4 450	190 400	9	14
2021-5-25	3 700	158 800	16	15
2021-5-26	2 200	73 400	4	11
2021-5-27	3 400	120 600	4	5
2021-5-28	3 950	141 200	4	16
2021-5-29	3 600	173 900	4	17
2021-5-30	6 000	232 500	2	15
2021-5-31	5 500	273 300	11	13
总计	122 900	4 692 500	260	282

表 6-7　　　　　设备及成本统计

设备名称	使用环节	单位成本[元/个(台)]	数量	总成本(元)	摊销周期	月成本(元/月)
叉车	拣货	160 000	10 台	1 600 000	5 年	26 667
拣货车	拣货	1 800	300 台	540 000	2 年	22 500
电牛	出库	15 000	15 台	225 000	3 年	6 250.
自动检重秤	称重	19 000	12 台	228 000	3 年	6 333
托盘	出库	90	5 000 个	450 000	1 年	37 500
打包机	包装	600 000	8 台	4 800 000	3 年	133 333

表 6-8　　　　　人员成本统计

岗位名称	岗位工资(元/月)
拣货员	8 000
包装员	7 500
称重员	6 500
出库员	8 500

备注：为方便统计，这里未对工资进行分解，可自行根据企业情况进行更为详细的分解。

表 6-9　　　　　出勤人数统计

日期	拣货员数量(人)	包装员数量(人)	称重员数量(人)	出库员数量(人)
2021-5-1	23	10	7	12
2021-5-2	25	12	5	14
2021-5-3	23	19	5	10
2021-5-4	22	17	7	12
2021-5-5	21	14	5	18
2021-5-6	25	13	8	15
2021-5-7	23	14	8	14
2021-5-8	21	16	7	17
2021-5-9	26	13	7	13
2021-5-10	28	13	5	19

(续表)

日期	拣货员数量(人)	包装员数量(人)	称重员数量(人)	出库员数量(人)
2021-5-11	26	19	9	11
2021-5-12	21	18	8	15
2021-5-13	24	19	6	12
2021-5-14	24	16	6	13
2021-5-15	20	14	5	12
2021-5-16	26	16	6	14
2021-5-17	23	18	8	11
2021-5-18	28	18	9	13
2021-5-19	21	13	8	13
2021-5-20	29	15	9	16
2021-5-21	26	12	7	13
2021-5-22	27	10	5	18
2021-5-23	21	16	5	11
2021-5-24	25	17	8	12
2021-5-25	28	14	8	18
2021-5-26	20	16	5	15
2021-5-27	22	19	8	12
2021-5-28	23	10	5	17
2021-5-29	27	19	7	16
2021-5-30	26	16	9	15
2021-5-31	29	16	8	12
总计	753	472	213	433

备注：为方便计算和统计，这里按照每日出勤 8 h 计算。

2. 根据分析原理进行效率和成本计算，结果见表 6-10~表 6-16。

表 6-10　　　　　　　　人员效率分析结果

日期	拣货人员效率 (件/人)	称重人员效率 (件/人)	包装人员效率 (件/人)	出库人员效率 (件/人)
2021-5-1	5 104	16 771	11 740	9 783
2021-5-2	3 840	19 200	8 000	6 857
2021-5-3	8 065	37 100	9 763	18 550
2021-5-4	7 845	24 657	10 153	14 383
2021-5-5	4 186	17 580	6 279	4 883
2021-5-6	2 612	8 163	5 023	4 353
2021-5-7	5 883	16 913	9 664	9 664
2021-5-8	5 933	17 800	7 788	7 329
2021-5-9	3 554	13 200	7 108	7 108
2021-5-10	5 704	31 940	12 285	8 405
2021-5-11	3 469	10 022	4 747	8 200
2021-5-12	3 657	9 600	4 267	5 120
2021-5-13	3 850	15 400	4 863	7 700

(续表)

日期	拣货人员效率（件/人）	称重人员效率（件/人）	包装人员效率（件/人）	出库人员效率（件/人）
2021-5-14	10 342	41 367	15 513	19 092
2021-5-15	3 975	15 900	5 679	6 625
2021-5-16	2 962	12 833	4 813	5 500
2021-5-17	11 757	33 800	15 022	24 582
2021-5-18	4 204	13 078	6 539	9 054
2021-5-19	4 514	11 850	7 292	7 292
2021-5-20	7 766	25 022	15 013	14 075
2021-5-21	10 992	40 829	23 817	21 985
2021-5-22	13 256	71 580	35 790	19 883
2021-5-23	3 610	15 160	4 738	6 891
2021-5-24	7 616	23 800	11 200	15 867
2021-5-25	5 671	19 850	11 343	8 822
2021-5-26	3 670	14 680	4 588	4 893
2021-5-27	5 482	15 075	6 347	10 050
2021-5-28	6 139	28 240	14 120	8 306
2021-5-29	6 441	24 843	9 153	10 869
2021-5-30	8 942	25 833	14 531	15 500
2021-5-31	9 424	34 163	17 081	22 775
合计	6 232	22 031	9 942	10 837

表 6-11　　　　设备作业效率分析结果

日期	叉车作业效率（件/台）	电牛作业效率（件/台）	拣货车作业效率（件/台）	打包机作业效率（件/台）	自动检重秤作业效率（件/台）
2021-5-1	11 740	7 827	391	14 675	9 783
2021-5-2	9 600	6 400	320	12 000	8 000
2021-5-3	18 550	12 367	618	23 188	15 458
2021-5-4	17 260	11 507	575	21 575	14 383
2021-5-5	8 790	5 860	293	10 988	7 325
2021-5-6	6 530	4 353	218	8 163	5 442
2021-5-7	13 530	9 020	451	16 913	11 275
2021-5-8	12 460	8 307	415	15 575	10 383
2021-5-9	9 240	6 160	308	11 550	7 700
2021-5-10	15 970	10 647	532	19 963	13 308
2021-5-11	9 020	6 013	301	11 275	7 517
2021-5-12	7 680	5 120	256	9 600	6 400
2021-5-13	9 240	6 160	308	11 550	7 700
2021-5-14	24 820	16 547	827	31 025	20 683
2021-5-15	7 950	5 300	265	9 938	6 625
2021-5-16	7 700	5 133	257	9 625	6 417
2021-5-17	27 040	18 027	901	33 800	22 533

(续表)

日期	叉车作业效率（件/台）	电牛作业效率（件/台）	拣货车作业效率（件/台）	打包机作业效率（件/台）	自动检重秤作业效率（件/台）
2021-5-18	11 770	7 847	392	14 713	9 808
2021-5-19	9 480	6 320	316	11 850	7 900
2021-5-20	22 520	15 013	751	28 150	18 767
2021-5-21	28 580	19 053	953	35 725	23 817
2021-5-22	35 790	23 860	1 193	44 738	29 825
2021-5-23	7 580	5 053	253	9 475	6 317
2021-5-24	19 040	12 693	635	23 800	15 867
2021-5-25	15 880	10 587	529	19 850	13 233
2021-5-26	7 340	4 893	245	9 175	6 117
2021-5-27	12 060	8 040	402	15 075	10 050
2021-5-28	14 120	9 413	471	17 650	11 767
2021-5-29	17 390	11 593	580	21 738	14 492
2021-5-30	23 250	15 500	775	29 063	19 375
2021-5-31	27 330	18 220	911	34 163	22 775
合计	469 250	312 833	15 642	586 563	391 042

表 6-12　　　　　　　　人员作业成本分析结果

日期	拣货人员成本（元）	称重人员成本（元）	包装人员成本（元）	出库人员成本（元）	单均拣货人员成本（元/件）	单均称重人员成本（元/件）	单均包装人员成本（元/件）	单均出库人员成本（元/件）
2021-5-1	184 000	45 500	75 000	102 000	1.57	0.39	0.64	0.87
2021-5-2	200 000	32 500	90 000	119 000	2.08	0.34	0.94	1.24
2021-5-3	184 000	32 500	142 500	85 000	0.99	0.18	0.77	0.46
2021-5-4	176 000	45 500	127 500	102 000	1.02	0.26	0.74	0.59
2021-5-5	168 000	32 500	105 000	153 000	1.91	0.37	1.19	1.74
2021-5-6	200 000	52 000	97 500	127 500	3.06	0.80	1.49	1.95
2021-5-7	184 000	52 000	105 000	119 000	1.36	0.38	0.78	0.88
2021-5-8	168 000	45 500	120 000	144 500	1.35	0.37	0.96	1.16
2021-5-9	208 000	45 500	97 500	110 500	2.25	0.49	1.06	1.20
2021-5-10	224 000	32 500	97 500	161 500	1.40	0.20	0.61	1.01
2021-5-11	208 000	58 500	142 500	93 500	2.31	0.65	1.58	1.04
2021-5-12	168 000	52 000	135 000	127 500	2.19	0.68	1.76	1.66
2021-5-13	192 000	39 000	142 500	102 000	2.08	0.42	1.54	1.10
2021-5-14	192 000	39 000	120 000	110 500	0.77	0.16	0.48	0.45
2021-5-15	160 000	32 500	105 000	102 000	2.01	0.41	1.32	1.28
2021-5-16	208 000	39 000	120 000	119 000	2.70	0.51	1.56	1.55
2021-5-17	184 000	52 000	135 000	93 500	0.68	0.19	0.50	0.35
2021-5-18	224 000	58 500	135 000	110 500	1.90	0.50	1.15	0.94
2021-5-19	168 000	52 000	97 500	110 500	1.77	0.55	1.03	1.17
2021-5-20	232 000	58 500	112 500	136 000	1.03	0.26	0.50	0.60

（续表）

日期	拣货人员成本（元）	称重人员成本（元）	包装人员成本（元）	出库人员成本（元）	单均拣货人员成本（元/件）	单均称重人员成本（元/件）	单均包装人员成本（元/件）	单均出库人员成本（元/件）
2021-5-21	208 000	45 500	90 000	110 500	0.73	0.16	0.31	0.39
2021-5-22	216 000	32 500	75 000	153 000	0.60	0.09	0.21	0.43
2021-5-23	168 000	32 500	120 000	93 500	2.22	0.43	1.58	1.23
2021-5-24	200 000	52 000	127 500	102 000	1.05	0.27	0.67	0.54
2021-5-25	224 000	52 000	105 000	153 000	1.41	0.33	0.66	0.96
2021-5-26	160 000	32 500	120 000	127 500	2.18	0.44	1.63	1.74
2021-5-27	176 000	52 000	142 500	102 000	1.46	0.43	1.18	0.85
2021-5-28	184 000	32 500	75 000	144 500	1.30	0.23	0.53	1.02
2021-5-29	216 000	45 500	142 500	136 000	1.24	0.26	0.82	0.78
2021-5-30	208 000	58 500	120 000	127 500	0.89	0.25	0.52	0.55
2021-5-31	232 000	52 000	120 000	102 000	0.85	0.19	0.44	0.37
总计	6 024 000	1 384 500	3 540 000	3 680 500				

表 6-13　设备作业成本分析结果

日期	叉车作业成本（元）	电牛作业成本（元）	拣货车作业成本（元）	打包机作业成本（元）	自动检重秤作业成本（元）	单均叉车作业成本（元/件）	单均电牛作业成本（元/件）	单均拣货车作业成本（元/件）	单均打包机使用成本（元/件）	单均自动检重秤作业成本（元/件）
2021-5-1	860.2	201.6	725.8	4 301.1	1 209.7	0.007 3	0.001 7	0.006 2	0.036 6	0.010 3
2021-5-2	860.2	201.6	725.8	4 301.1	1 209.7	0.009 0	0.002 1	0.007 6	0.044 8	0.012 6
2021-5-3	860.2	201.6	725.8	4 301.1	1 209.7	0.004 6	0.001 1	0.003 9	0.023 2	0.006 5
2021-5-4	860.2	201.6	725.8	4 301.1	1 209.7	0.005 0	0.001 2	0.004 2	0.024 9	0.007 0
2021-5-5	860.2	201.6	725.8	4 301.1	1 209.7	0.009 8	0.002 3	0.008 2	0.048 9	0.013 8
2021-5-6	860.2	201.6	725.8	4 301.1	1 209.7	0.013 2	0.003 1	0.011 1	0.065 9	0.018 5
2021-5-7	860.2	201.6	725.8	4 301.1	1 209.7	0.006 4	0.001 5	0.005 4	0.031 8	0.008 9
2021-5-8	860.2	201.6	725.8	4 301.1	1 209.7	0.006 9	0.001 6	0.005 8	0.034 5	0.009 7
2021-5-9	860.2	201.6	725.8	4 301.1	1 209.7	0.009 3	0.002 2	0.007 9	0.046 5	0.013 1
2021-5-10	860.2	201.6	725.8	4 301.1	1 209.7	0.005 4	0.001 3	0.004 5	0.026 9	0.007 6
2021-5-11	860.2	201.6	725.8	4 301.1	1 209.7	0.009 5	0.002 2	0.008 0	0.047 7	0.013 4
2021-5-12	860.2	201.6	725.8	4 301.1	1 209.7	0.011 2	0.002 6	0.009 5	0.056 0	0.015 8
2021-5-13	860.2	201.6	725.8	4 301.1	1 209.7	0.009 3	0.002 2	0.007 9	0.046 5	0.013 1
2021-5-14	860.2	201.6	725.8	4 301.1	1 209.7	0.003 5	0.000 8	0.002 9	0.017 3	0.004 9
2021-5-15	860.2	201.6	725.8	4 301.1	1 209.7	0.010 8	0.002 5	0.009 1	0.054 1	0.015 2
2021-5-16	860.2	201.6	725.8	4 301.1	1 209.7	0.011 2	0.002 6	0.009 4	0.055 9	0.015 7
2021-5-17	860.2	201.6	725.8	4 301.1	1 209.7	0.003 2	0.000 7	0.002 7	0.015 9	0.004 5
2021-5-18	860.2	201.6	725.8	4 301.1	1 209.7	0.007 3	0.001 7	0.006 2	0.036 5	0.010 3
2021-5-19	860.2	201.6	725.8	4 301.1	1 209.7	0.009 1	0.002 1	0.007 7	0.045 4	0.012 8
2021-5-20	860.2	201.6	725.8	4 301.1	1 209.7	0.003 8	0.000 9	0.003 2	0.019 1	0.005 4
2021-5-21	860.2	201.6	725.8	4 301.1	1 209.7	0.003 0	0.000 7	0.002 5	0.015 0	0.004 2
2021-5-22	860.2	201.6	725.8	4 301.1	1 209.7	0.002 4	0.000 6	0.002 0	0.012 0	0.003 4

(续表)

日期	叉车作业成本（元）	电牛作业成本（元）	拣货车作业成本（元）	打包机作业成本（元）	自动检重秤作业成本（元）	单均叉车作业成本（元/件）	单均电牛作业成本（元/件）	单均拣货车作业成本（元/件）	单均打包机使用成本（元/件）	单均自动检重秤作业成本（元/件）
2021-5-23	860.2	201.6	725.8	4 301.1	1 209.7	0.011 3	0.002 7	0.009 6	0.056 7	0.016 0
2021-5-24	860.2	201.6	725.8	4 301.1	1 209.7	0.004 5	0.001 1	0.003 8	0.022 6	0.006 4
2021-5-25	860.2	201.6	725.8	4 301.1	1 209.7	0.005 4	0.001 3	0.004 6	0.027 1	0.007 6
2021-5-26	860.2	201.6	725.8	4 301.1	1 209.7	0.011 7	0.002 7	0.009 9	0.058 6	0.016 5
2021-5-27	860.2	201.6	725.8	4 301.1	1 209.7	0.007 1	0.001 7	0.006 0	0.035 7	0.010 0
2021-5-28	860.2	201.6	725.8	4 301.1	1 209.7	0.006 1	0.001 4	0.005 1	0.030 5	0.008 6
2021-5-29	860.2	201.6	725.8	4 301.1	1 209.7	0.004 9	0.001 2	0.004 2	0.024 7	0.007 0
2021-5-30	860.2	201.6	725.8	4 301.1	1 209.7	0.003 7	0.000 9	0.003 1	0.018 5	0.005 2
2021-5-31	860.2	201.6	725.8	4 301.1	1 209.7	0.003 1	0.000 7	0.002 7	0.015 7	0.004 4
总计	26 666.7	6 250.0	22 500.0	133 333.0	37 500.0					

表 6-14 单位时间人员作业效率分析结果

日期	单位时间人均拣货效率（件/人/h）	单位时间人均称重效率（件/人/h）	单位时间人均包装效率（件/人/h）	单位时间人均出库效率（件/人/h）
2021-5-1	638.04	2 096.43	1 467.50	1 222.92
2021-5-2	480.00	2 400.00	1 000.00	857.14
2021-5-3	1 008.15	4 637.50	1 220.39	2 318.75
2021-5-4	980.68	3 082.14	1 269.12	1 797.92
2021-5-5	523.21	2 197.50	784.82	610.42
2021-5-6	326.50	1 020.31	627.88	544.17
2021-5-7	735.33	2 114.06	1 208.04	1 208.04
2021-5-8	741.67	2 225.00	973.44	916.18
2021-5-9	444.23	1 650.00	888.46	888.46
2021-5-10	712.95	3 992.50	1 535.58	1 050.66
2021-5-11	433.65	1 252.78	593.42	1 025.00
2021-5-12	457.14	1 200.00	533.33	640.00
2021-5-13	481.25	1 925.00	607.89	962.50
2021-5-14	1 292.71	5 170.83	1 939.06	2 386.54
2021-5-15	496.88	1 987.50	709.82	828.13
2021-5-16	370.19	1 604.17	601.56	687.50
2021-5-17	1 469.57	4 225.00	1 877.78	3 072.73
2021-5-18	525.45	1 634.72	817.36	1 131.73
2021-5-19	564.29	1 481.25	911.54	911.54
2021-5-20	970.69	3 127.78	1 876.67	1 759.38
2021-5-21	1 374.04	5 103.57	2 977.08	2 748.08
2021-5-22	1 656.94	8 947.50	4 473.75	2 485.42
2021-5-23	451.19	1 895.00	592.19	861.36
2021-5-24	952.00	2 975.00	1 400.00	1 983.33
2021-5-25	708.93	2 481.25	1 417.86	1 102.78
2021-5-26	458.75	1 835.00	573.44	611.67
2021-5-27	685.23	1 884.38	793.42	1 256.25
2021-5-28	767.39	3 530.00	1 765.00	1 038.24
2021-5-29	805.09	3 105.36	1 144.08	1 358.59
2021-5-30	1 117.79	3 229.17	1 816.41	1 937.50
2021-5-31	1 178.02	4 270.31	2 135.16	2 846.88

备注：人员工作时间按照 8 h 每日进行统计。实际作业中，按照考勤表、打卡机等的信息进行统计，计算更为精准。

表 6-15　单位时间设备作业效率分析结果

日期	单位时间叉车作业效率（件/台/h）	单位时间电牛作业效率（件/台/h）	单位时间拣货车作业效率（件/台/h）	单位时间打包机作业效率（件/台/h）	单位时间自动检重秤作业效率（件/台/h）
2021-5-1	1 467.5	978.3	48.9	1 834.4	1 222.9
2021-5-2	1 200.0	800.0	40.0	1 500.0	1 000.0
2021-5-3	2 318.8	1 545.8	77.3	2 898.4	1 932.3
2021-5-4	2 157.5	1 438.3	71.9	2 696.9	1 797.9
2021-5-5	1 098.8	732.5	36.6	1 373.4	915.6
2021-5-6	816.3	544.2	27.2	1 020.3	680.2
2021-5-7	1 691.3	1 127.5	56.4	2 114.1	1 409.4
2021-5-8	1 557.5	1 038.3	51.9	1 946.9	1 297.9
2021-5-9	1 155.0	770.0	38.5	1 443.8	962.5
2021-5-10	1 996.3	1 330.8	66.5	2 495.3	1 663.5
2021-5-11	1 127.5	751.7	37.6	1 409.4	939.6
2021-5-12	960.0	640.0	32.0	1 200.0	800.0
2021-5-13	1 155.0	770.0	38.5	1 443.8	962.5
2021-5-14	3 102.5	2 068.3	103.4	3 878.1	2 585.4
2021-5-15	993.8	662.5	33.1	1 242.2	828.1
2021-5-16	962.5	641.7	32.1	1 203.1	802.1
2021-5-17	3 380.0	2 253.3	112.7	4 225.0	2 816.7
2021-5-18	1 471.3	980.8	49.0	1 839.1	1 226.0
2021-5-19	1 185.0	790.0	39.5	1 481.3	987.5
2021-5-20	2 815.0	1 876.7	93.8	3 518.8	2 345.8
2021-5-21	3 572.5	2 381.7	119.1	4 465.6	2 977.1
2021-5-22	4 473.8	2 982.5	149.1	5 592.2	3 728.1
2021-5-23	947.5	631.7	31.6	1 184.4	789.6
2021-5-24	2 380.0	1 586.7	79.3	2 975.0	1 983.3
2021-5-25	1 985.0	1 323.3	66.2	2 481.3	1 654.2
2021-5-26	917.5	611.7	30.6	1 146.9	764.6
2021-5-27	1 507.5	1 005.0	50.3	1 884.4	1 256.3
2021-5-28	1 765.0	1 176.7	58.8	2 206.3	1 470.8
2021-5-29	2 173.8	1 449.2	72.5	2 717.2	1 811.5
2021-5-30	2 906.3	1 937.5	96.9	3 632.8	2 421.9
2021-5-31	3 416.3	2 277.5	113.9	4 270.3	2 846.9

备注：为方便统计，这里设备与人员工作时长一致，也按照 8 h 每日计算。实际操作中以仓库作业安排为准。

表 6-16　　　　　差异率统计结果

日期	拣货差异率	出库差异率
2021-5-1	0.007 7％	0.006 8％
2021-5-2	0.005 2％	0.012 5％
2021-5-3	0.000 0％	0.009 2％
2021-5-4	0.001 2％	0.002 3％
2021-5-5	0.001 1％	0.000 0％
2021-5-6	0.027 6％	0.009 2％
2021-5-7	0.003 7％	0.005 9％
2021-5-8	0.001 6％	0.000 0％
2021-5-9	0.015 2％	0.010 8％
2021-5-10	0.001 9％	0.000 6％
2021-5-11	0.010 0％	0.012 2％
2021-5-12	0.013 0％	0.013 0％
2021-5-13	0.007 6％	0.011 9％
2021-5-14	0.007 3％	0.000 4％
2021-5-15	0.013 8％	0.022 6％
2021-5-16	0.007 8％	0.005 2％
2021-5-17	0.005 5％	0.001 5％
2021-5-18	0.005 9％	0.008 5％
2021-5-19	0.016 9％	0.003 2％
2021-5-20	0.006 2％	0.007 5％
2021-5-21	0.006 6％	0.005 2％
2021-5-22	0.003 9％	0.000 6％
2021-5-23	0.001 3％	0.005 3％
2021-5-24	0.004 7％	0.007 4％
2021-5-25	0.010 1％	0.009 4％
2021-5-26	0.005 4％	0.015 0％
2021-5-27	0.003 3％	0.004 1％
2021-5-28	0.002 8％	0.011 3％
2021-5-29	0.002 3％	0.009 8％
2021-5-30	0.000 9％	0.006 5％
2021-5-31	0.004 0％	0.004 8％
总计	0.005 5％	0.006 0％

备注：目前仓库管理中，差异率均小于万分之一，造成差异的原因包括商品差异、商品破损、商品丢失、超有效期等。

步骤四：数据可视化与结果分析

1.不同设备作业效率比较。如图 6-7 所示，在效率结果表中，选中"日期""叉车作业效率""电牛作业效率""拣货车作业效率""打包机作业效率""自动检重秤作业效率"六列，单击"插入"，选择折线图。

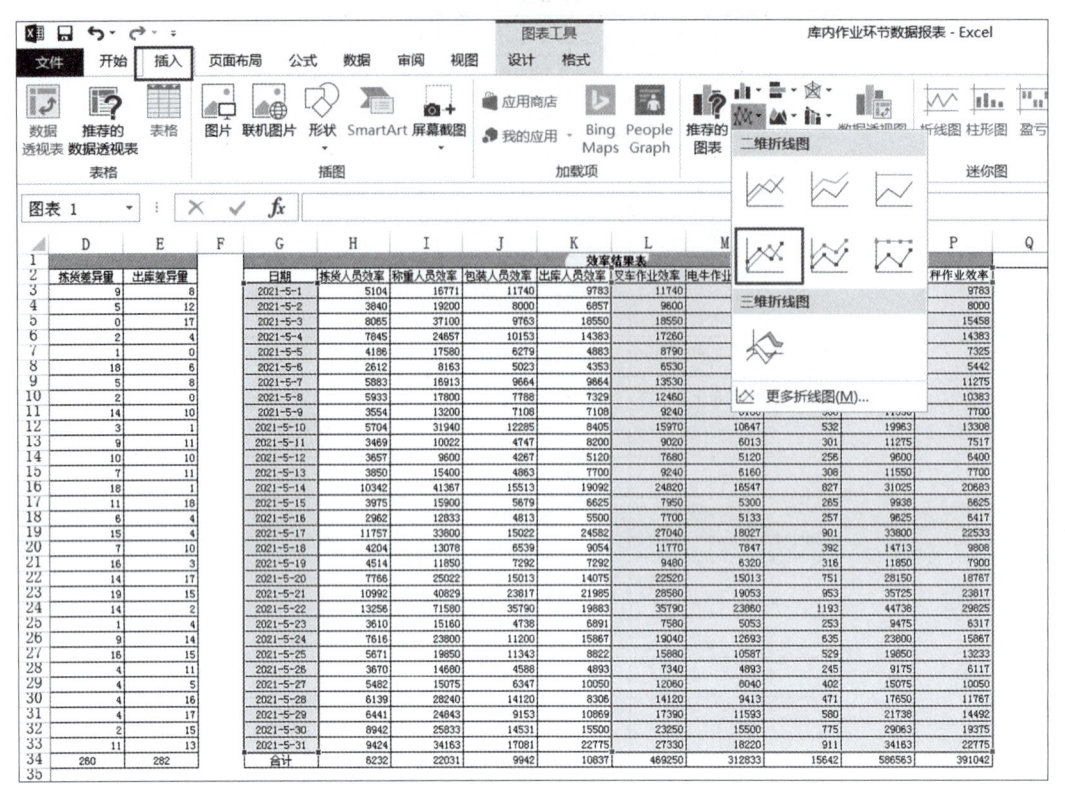

图 6-7 Excel 操作演示 1

2. 选带数据标记的折线图,得到可视化图形如图 6-8 所示。

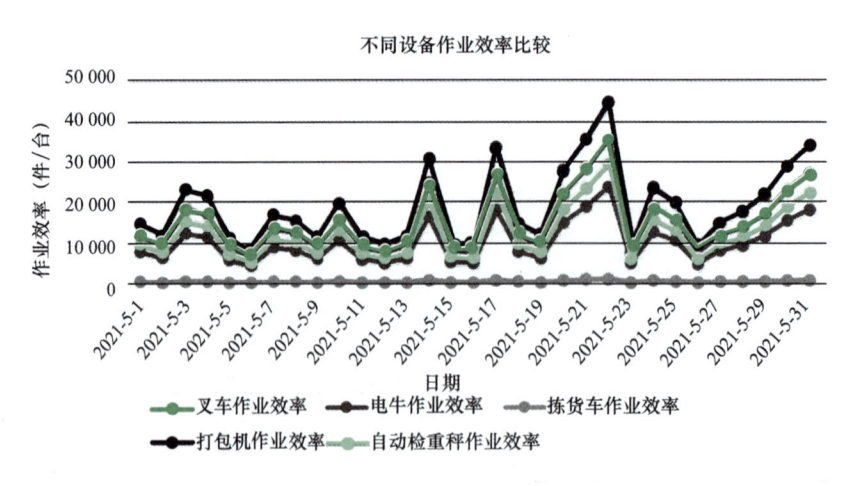

图 6-8 不同设备作业效率折线图

3. 选中图 6-7 中"日期""拣货人员效率""称重人员效率""包装人员效率""出库人员效率"五列,单击"插入",选择带数据标记的折线图,得到可视化图形如图 6-9 所示。

不同作业人员效率比较

图 6-9　不同作业人员效率折线图

4. 利用堆积柱形图对单均设备成本进行分析。选中如图 6-10 所示表格中"日期""单均叉车作业成本""单均电牛作业成本""单均拣货车作业成本""单均打包机作业成本""单均自动检重秤作业成本"六列，单击"插入"，选择柱形图。

图 6-10　Excel 操作演示 2

5. 选择堆积柱形图，得到可视化图形如图 6-11 所示。

单均设备成本分析

图 6-11　单均设备成本分析堆积柱形图

物流数据分析与应用

6. 利用类似方法插入单均人员成本分析堆积柱形图。选中表 6-12 中"日期""单均拣货人员成本""单均称重人员成本""单均包装人员成本""单均出库人员成本"五列,单击"插入",选择柱形图中的堆积柱形图,得到可视化图形如图 6-12 所示。

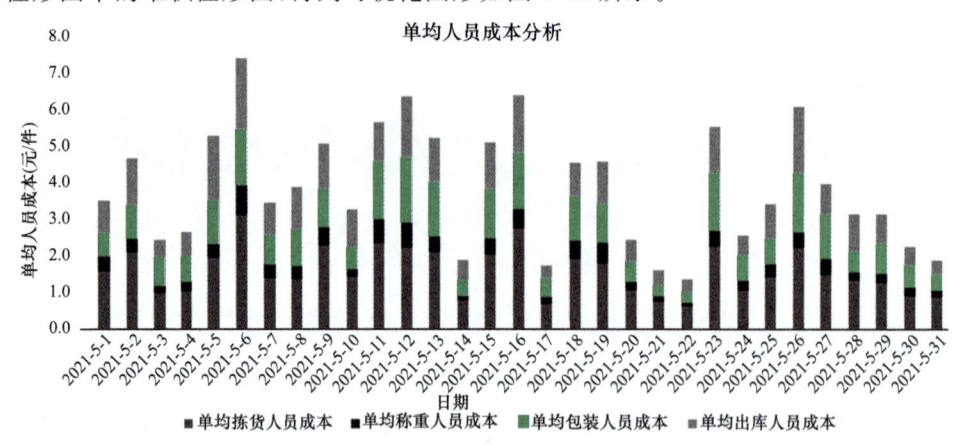

图 6-12　单均人员成本分析堆积柱形图

7. 选中图 6-13 中"日期""人员成本""设备成本"三列,单击"插入",选择柱形图里面的堆积柱状图。得到可视化图形如图 6-14 所示。

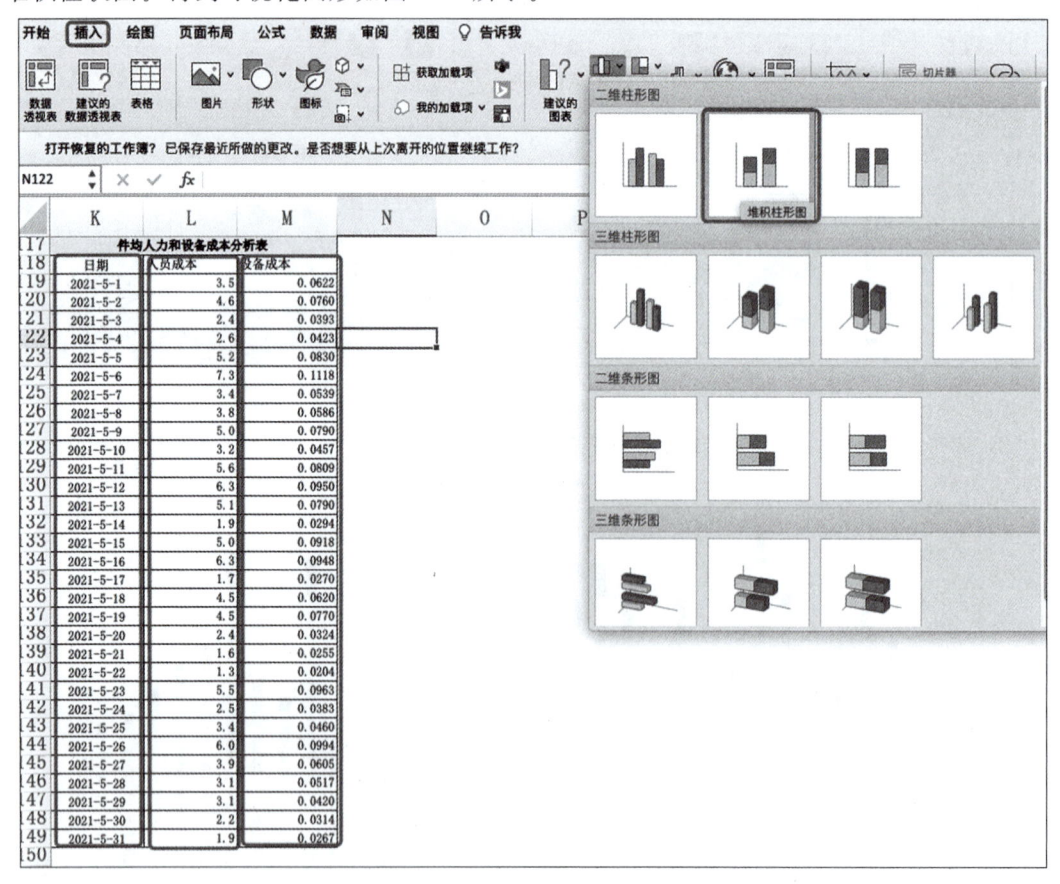

日期	人员成本	设备成本
2021-5-1	3.5	0.0622
2021-5-2	4.6	0.0760
2021-5-3	2.4	0.0393
2021-5-4	2.6	0.0423
2021-5-5	5.2	0.0830
2021-5-6	7.3	0.1118
2021-5-7	3.4	0.0539
2021-5-8	3.8	0.0586
2021-5-9	5.0	0.0790
2021-5-10	3.2	0.0457
2021-5-11	5.6	0.0809
2021-5-12	6.3	0.0950
2021-5-13	5.1	0.0790
2021-5-14	1.9	0.0294
2021-5-15	5.0	0.0918
2021-5-16	6.3	0.0948
2021-5-17	1.7	0.0270
2021-5-18	4.5	0.0620
2021-5-19	4.5	0.0770
2021-5-20	2.4	0.0324
2021-5-21	1.6	0.0255
2021-5-22	1.3	0.0204
2021-5-23	5.5	0.0963
2021-5-24	2.5	0.0383
2021-5-25	3.4	0.0460
2021-5-26	6.0	0.0994
2021-5-27	3.9	0.0605
2021-5-28	3.1	0.0517
2021-5-29	3.1	0.0420
2021-5-30	2.2	0.0314
2021-5-31	1.9	0.0267

图 6-13　选中"日期""人员成本""设备成本"三列,插入堆积柱形图

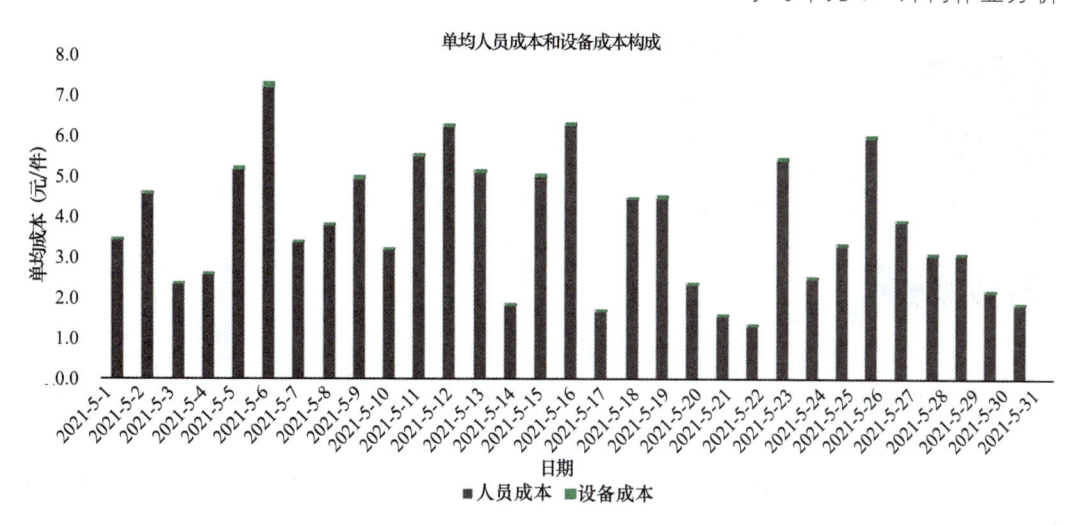

图 6-14　单均人员成本和设备成本柱形图

8.结论：

（1）设备效率、人力效率与仓库作业量成正相关关系，需要依据仓库作业人效，合理安排人员出勤，在最优的成本下完成作业。

（2）相对于单均设备成本，人员成本在作业中占比更大，人员控制显得更为重要。

（3）可以进一步比较不同员工的效率，更好地做好人员管理。

微课：库内作业效率分析

任务6-4　库内作业优化

知识准备

库内作业优化的方向包括设施布局、设备选型与数量、存储位置等设置。设施的优化设计，首先要确定拣货功能区的面积，然后利用系统布置方法进行各功能区的相关性分析。方案的评估需要根据作业能力的各个指标将现有仓库的数据与优化后的方案进行比较，判断优化方案是否合理。

1.目标设定

目标设定是进行评价的基础。为了客观而准确地评价库内作业，必须科学地分析，设定合理的目标。

选择目标要遵循客观性、系统性、可操作性原则，根据实际的作业情况，选择能够反映优化水平的评价指标。要选择多个评价指标对库内作业的优化进行全面性和科学性的评估。

在选择评价指标的过程中，要按统一的评价标准实现量化，做出独立的评价。目标设定的内容主要包括：

物流数据分析与应用

微课：库内作业优化（上）

- 设备利用率。
- 作业人员劳动强度。
- 设施布局。
- 设备成本。
- 人员成本。

行业观察

优化库内作业流程，提升配送效率

配送不是单纯的运输或送货，而是运输与其他活动（拣货、集货、配货）的组合，是"配"与"送"的有机结合。

在很多中小企业管理者眼中，仓库的配送就是依据客户的要求，按照"表格"中的信息，找物流或者自己车队的人将相应的货物送走。

对于电商和零售企业而言，它不仅集装卸、包装、存储、运输于一体，而且具有降低采购成本、促进销售与提高商品流动效率、保证货源稳定性等功能。

所以优化好库内作业，将有助于提升配送的效率。下面一一举例说明：

1. 发货计划

发货计划是根据顾客的订单编制而成的。订单是指顾客根据其用货需要向配送中心发出的订货信息。配送中心接到订货信息后需要对订单的资料进行确认、存货查询和单据处理，根据顾客的送货要求制定发货日程，最后编制发货计划。

2. 确定拣货方式

拣货通常有订单别拣取、批量拣取及复合拣取三种方式。

（1）订单别拣取

订单别拣取是针对每一份订单，分拣人员按照订单所列商品及数量，将商品从储存区域或分拣区域拣取出来，然后集中在一起的拣货方式。

订单别拣取作业方法简单，接到订单可立即拣货，作业前置时间短，作业人员责任明确。但商品品项较多时，拣货行走路径长，拣取效率较低。订单别拣取适合订单大小差异较大，订单数量变化频繁，商品差异较大的情况，如化妆品、家具、电器、百货、高级服饰等。

（2）批量拣取

批量拣取是将多张订单集合成一批，按照商品品种类别加总后进行拣货，然后依据不同客户或不同订单分类集中的拣货方式。批量拣取可以缩短拣取商品时的行走时间，增加单位时间的拣货量。同时，由于需要订单累积到一定数量才做一次性的处理，因此，会有停滞时间产生。批量拣取适合订单变化较小、订单数量稳定的配送中心和外形较规则、固定的商品出货，如箱装、扁袋装的商品。此外，需进行流通加工的商品也适合批量拣取，再批量进行加工，然后分类配送，有利于提高拣货及加工效率。

（3）复合拣取

为克服订单别拣取和批量拣取方式的缺点，配送中心也可以采取将订单别拣取和批量拣取组合起来的复合拣取方式。复合拣取即根据订单的品种、数量及出库频率，确定哪些订单适用于订单别拣取，哪些适用于批量拣取，分别采取不同的拣货方式。

3. 输出拣货清单

拣货清单是配送中心将客户订单资料进行计算机处理后生成并打印出的。拣货清单上标明储位,并按储位顺序来排列货物编号,作业人员据此拣货可以缩短拣货路径,提高拣货作业效率。

4. 确定拣货路线及分派拣货人员

配送中心根据拣货单所指示的商品编码、储位编号等信息,能够明确商品所处的位置,确定合理的拣货路线,安排拣货人员进行拣货作业。

5. 拣取商品

拣取的过程可以由人工或自动化设备完成。通常小体积、小批量、搬运质量在人力范围内且出货频率不是特别高的货物,可以采取手工方式拣取;对于体积大、质量大的货物可以利用升降叉车等搬运机械辅助作业;对于出货频率很高的货物可以采取自动拣货系统。

6. 分类集中

经过拣取的商品根据不同的客户或送货路线分类集中,有些需要进行流通加工的商品还需根据加工方法进行分类,加工完毕再按一定方式分类出货。多品种分货的工艺过程较复杂,难度也大,容易发生错误,必须在统筹安排形成规模效应的基础上,提高作业的精确性。在物品体积小、质量小的情况下,可以采取人力分拣,或利用自动分拣机自动将拣取出来的货物进行分类与集中。

2. 效果评估

(1) 优化效果评估的指标

- 面积利用率
- 容积利用率。
- 成本降低率。

(2) 优化效果评估的方法

- EIQ 分析法:利用"Entry""Item""Quantity"三个物流关键要素,研究配送中心的需求特性,为仓库规划提供依据。
- PCB 分析法:以配送中心的各种接受订货的单位进行分析,对各种包装单位的 EIQ 资料表进行分析,以了解物流包装单位特性。
- ABC 分析法:核心是要分清影响事物的主要因素和次要因素,根据事物在技术或经济方面的主要特征,有区别地实施管理的一种分析方法,可概括为"区别主次,分类管理"。
- 仿真优化法:通过枚举对备选方案进行逐一验证,以仿真模型的输出作为算法的适应值来指导优化算法搜索出问题的最优解。
- SLP 法:对物流以及非物流关系进行分析,然后做出作业单位位置以及相关图,最后进行评价选优,选取出最佳的平面布置方案。

3. 优化方案

通过 EIQ-ABC 分析法(EIQ-ABC 分析法由 EIQ 分析法和 ABC 分析法构成,从关键要素订单、品项、数量来分析物流运作的方式和确定仓库的储位分配),对分拣系统进行优化设计;选择合适的优化方案、拣选设备和人员配置。

物流数据分析与应用

通过 ABC 分类,对商品的存储位置根据拣货频率的高低重新安排,缩短拣货路径,提升拣货效率。

通过半自动和自动化改造,提升库内的作业效率,减少人员配置,降低整个环节和流程的成本。

任务实施

库内作业优化

微课:库内作业优化(下)

步骤一:分析目标

1. 分拣系统优化。
2. 商品储位优化。
3. 资源数量配置优化。

步骤二:分析原理

1. EIQ-ABC 分析法

数据展示见表 6-17。

表 6-17　　　　　　　数据展示

订单 E	I1	I2	I3	I4	I5	I6	I7	I8	EQ	EN
E1	Q11	Q12	Q13	Q14	Q15	Q16	Q17	Q18	Q1.	N1
E2	Q21	Q22	Q23	Q24	Q25	Q26	Q27	Q28	Q2.	N2
E3	Q31	Q32	Q33	Q34	Q35	Q36	Q37	Q38	Q3.	N3
E4	Q41	Q42	Q43	Q44	Q45	Q46	Q47	Q48	Q4.	N4
E5	……	……	……	……	……	……	……	……	Q5.	N5
E6	……	……	……	……	……	……	……	……	Q6.	N6
E7	……	……	……	……	……	……	……	……	Q7.	N7
E8	……	……	……	……	……	……	……	……	Q8.	N8
E9	……	……	……	……	……	……	……	……	Q8.	N9
E10	……	……	……	……	……	……	……	……	Q10.	N10
E11	……	……	……	……	……	……	……	……	Q11.	N11
E12	……	……	……	……	……	……	……	……	Q12.	N12
E13	……	……	……	……	……	……	……	……	Q13.	N13
E14	……	……	……	……	……	……	……	……	Q14.	N14
IQ	Q.1	Q.2	Q.3	Q.4	Q.5	Q.6	Q.7	Q.7		
IK	K1	K2	K3	K4	K5	K6	K7	K8		

Q.1 = Q11+Q21+Q31+Q41+……

Q1. = Q11+Q12+Q13+Q14+……

N1(订单 E1 的出货项数)= 计数(Q11,Q12,Q13,Q14,……)>0

K1(品项 I1 的出货次数)= 计数(Q11,Q21,Q31,Q41,……)>0

EQ-ABC:通过 EQ 分析的结果对客户进行 ABC 分类管理,重点发展核心客户,对 A 类客户进行重点管理。

EN-ABC：通过 EN 分析的结果对订单进行 ABC 分类管理，重点管理货物种类数多的订单，对 A 类订单进行重点管理。

IQ/IK-ABC：通过 IQ 及 IK 分析的结果对货物进行 ABC 分类管理，重点管理出货量大及出货频率高的货物，对 A 类货物进行重点管理。

2. PCB 分析法

P 表示托盘单位，C 表示箱单位，B 表示单品。物流单位的储运形式组合见表 6-18。PCB 分析贯穿整个工艺的每个环节，即进行 PCB 分析的环节有进货、存储、拣选、装卸等。

表 6-18　　　　　　　　物流单位的储运形式组合

入库单位	储存单位	拣货单位
P	P	P
P	P、C	P、C
P	P、C、B	P、C、B
P、C	P、C	C
P、C	P、C、B	C、B
C、B	C、B	B

步骤三：实施过程

1. 搜集目前仓内布局和库内作业基础信息

某仓库采用地堆/托盘方式进行商品存放，现有仓库面积 2 万平方米，拣货区面积 13 000 平方米，商品出库最小单位为箱，2020 年全年出货 18 298 821 箱，采用箱拣出库方式作业。仓内图如图 6-15 所示。

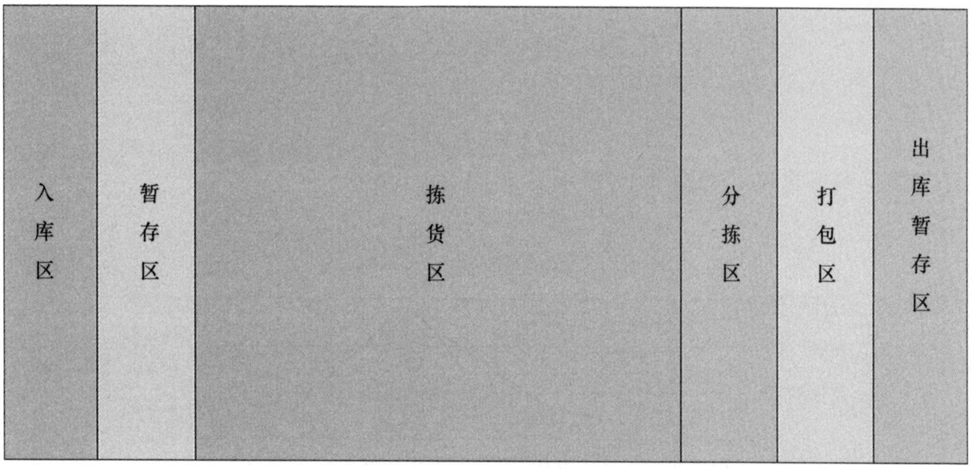

图 6-15　仓内图

仓库作业采用手工作业方式进行，配备有液压叉车设备 66 台，相应作业人员 66 人，作业效率为 800 箱/天。

2. 对出库运单进行 EQ 分析

EQ 出库单按照订单组距分类见表 6-19。

表 6-19　　　　　EQ 出库单按照订单组距分类

EIQ 组距（箱）	数量（单）	占比
10 000 以上	363 344	1.99%
5 000～10 000	3 615 178	19.76%
1 000～5 000	13 837 580	75.62%
1 000 以下	482 719	2.64%
合计	18 298 821	100.00%

选中如图 6-16 所示的表 6-19 中"EIQ 组距""数量""占比"三列，单击"插入"，选择推荐的图表，然后选择"簇状柱形图"。

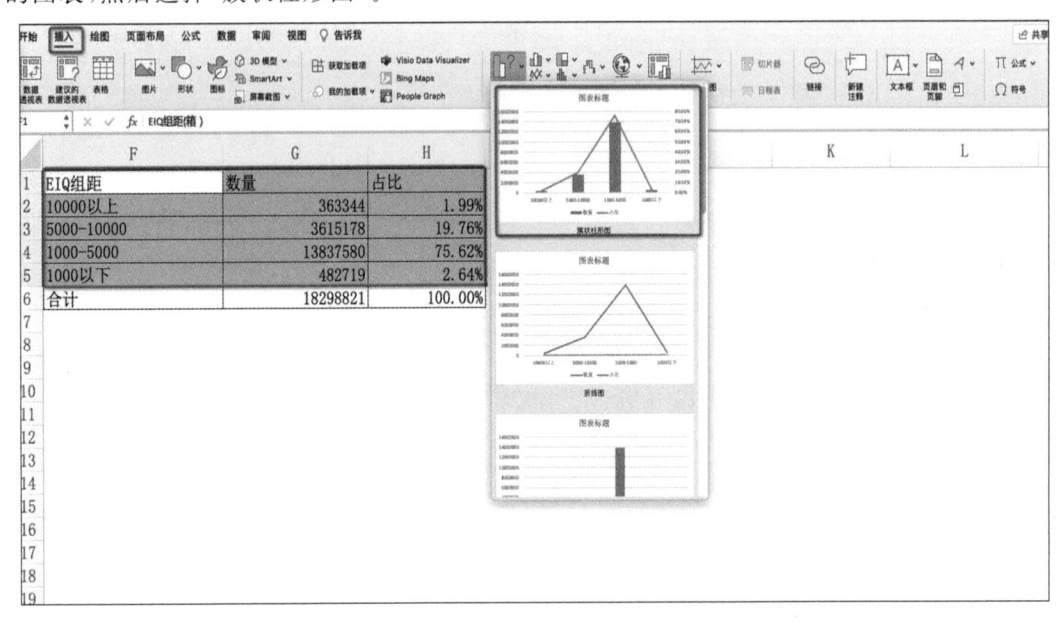

图 6-16　选中数据并插入簇状柱形图

订单数据图形化展示如图 6-17 所示。

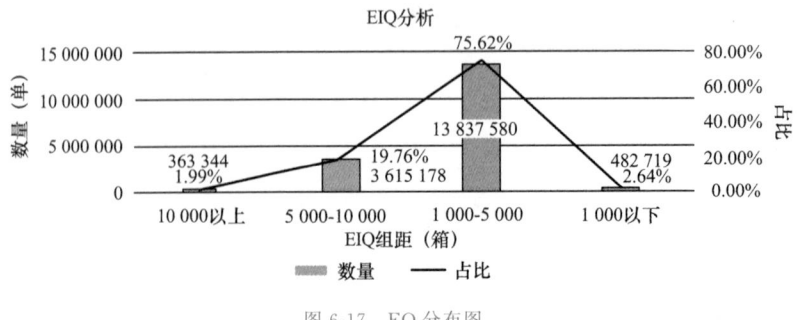

图 6-17　EQ 分布图

分析结论:

①从 EQ 分布图可得出,订单出货量集中在 1 000～5 000 箱,且波动较平缓,不具备 ABC 分类的特性。

②从 EQ 分布图得知,发货量在 1 000 箱以上的占 97.36%,发货量在 1 000 箱以下的占 2.64%,呈现出批量发货的特征。

③需要配置低立库托盘存储货架、箱拣系统进行分拣操作。

3. PCB 分析——仓储分区

根据订单出库分析,可得出托拣出库和箱拣出库的比例,并利用箱拣和托拣并存的方式划分库内作业面积,提升拣货效率。已知某公司 2020 年拣货数据见表 6-20。

表 6-20　　　某公司 2020 年拣货数据

类别	出库总量(箱)	整托出库量(托)	整托出库量(箱)	拣选出库量(箱)	拣选箱数占比
数值	18 298 821	214 642	16 527 416	1 771 405	9.68%

根据以上情况,将分拣区划分为箱拣区和托拣区,然后对流程进行优化,减少堆垛和拆垛流程。

4. 仓库流量分析

根据流量分析数据(表 6-21),可明确仓内每日工作量,从而对设备、人员等进行配置管理。

表 6-21　　　流量分析数据

项目	平均托盘流量(托/天)	平均箱拣量(箱/天)	峰值系数	峰值托盘流量(托/天)	峰值箱拣量(箱/天)
出库	609	5 061	1.49	858	7 540

备注:峰值系数受促销等活动影响,比如电商的"双11""618"等。

5. 仓库库存量分析

根据库存量分析数据(表 6-22),结合库存周期、安全系数,可测算出库位需要数量及库存面积。

表 6-22　　　库存量分析数据

项目	当前每日出库(箱/天)	规划垛形(箱/PL)	托盘出库量(托/天)	库存周期(天)	安全系数	立托库规划库位(个)
数值	52 371	76	689	10	1.3	8 957

备注:①一般规划立体货架时需要根据未来增长量进行预估,此部分暂行忽略。
②安全系数需要根据不同商品的系统规则设置。

6. 根据流量和库存量分析,确认分拣区面积、设备配置、人员配置

(1)分拣区面积测算

自动化立体库存储基础设施,根据库存量需求,取 6 层。计算数据见表 6-23。计算过程如下:

$$长度 = 货位长度 \times 组数$$

$$可存放托盘数 = 长度 \times 货位层数 \times 组数$$

$$巷道数 = 总组数 / 分区数 / 2$$

表 6-23 计算数据

项目	数据
货位宽度(m)	1.5
高度(m)	1.6
层数(层)	6
总高度(m)	9.6
长度(m)	2.5
组数(组)	12
总长度(m)	30
货架可存放托盘数(个)	2
可存放托盘数(个)	144
分区数(个)	2
总组数(个)	62
巷道数(个)	16
总面积(m²)	8 460

备注：①货位宽1.5 m，高1.6 m；②每个货位可放置2个托盘；③总面积=货位面积+巷道面积。

(2) 布局优化

布局图如图6-18所示。

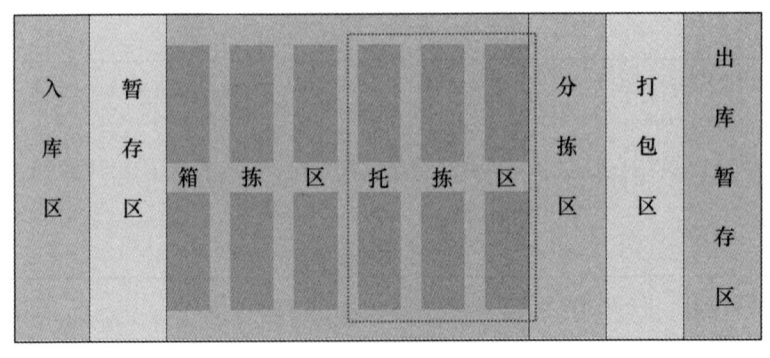

图 6-18 布局图

拣货区面积优化率=(13 000－8 460)/13 000×100%≈34.92%

备注：分拣区、打包区流量未变化，暂未优化。

(3) 高位叉车配置

根据表6-4的半自动化作业拣货效率12.9托/h，每日工作按10 h计算，则

高位叉车配置数量=689/(12.9×10)≈6辆

人员配置：6人

箱拣部分人员不变：5 061/800≈7人

(4) 成本优化

成本优化表见表6-24。

表 6-24　　　　　　　　　　　　　成本优化表

项目	优化前	优化前成本	优化前月总成本	优化后	优化后成本	优化后月总成本
仓库	13 000 平方米	30 元	390 000 元	8 460 平方米	30 元	253 800 元
人员	66 人	6 500 元	429 000 元	13 人	6 500 元	84 500 元
液压叉车	66 台	10 000 元	18 333 元	7 台	10 000 元	1 944 元
高位叉车	0	160 000 元	0	6 台	160 000 元	16000 元
托盘	8 957 个	90 元	22 393 元	8 957 个	90 元	22 393 元
货架	0	1 800 元	0	62 个	1 800 元	1 860 元
合计			859 726 元			380 497 元

成本优化率＝(859 726－380 497)/859 726×100%≈55.74%

备注：

①液压车辆按照 3 年折旧；

②高位叉车按照 5 年折旧；

③托盘按照 3 年折旧；

④货架按照 5 年折旧。

课后思考

是否在区域增加流水线分拣，提升效率？成本是上升还是下降？

习　题

一、单选题

1.(　　)是指在作业过程中,仅借助简单的操作设备,如托盘、地牛等,完成整个库内作业的流程。

　　A.人工作业　　　　B.半自动化作业　　C.自动化作业　　　D.分拣同时

2.(　　)是依据顾客的订货要求或配送中心的送货计划,尽可能迅速、准确地将商品从其储位或其他区域拣取出来,并按一定的方式进行分类、集中、等待配装送货的作业流程。

　　A.拣货　　　　　　　　　　　　　B.包装

　　C.称重　　　　　　　　　　　　　D.发货

3.(　　)适用于商品重合度高,品项、数量较少且商品体积较小的订单,常采用拣选车辅助作业。

　　A.边拣边分(边拣边播)　　　　　　B.先分后拣

　　C.先拣后分(先摘后播)　　　　　　D.分拣同时

4.(　　)适用于订单品项复杂、数量不等且商品体积较大的场景(相对而言,并非绝对),往往采用播种墙配合播种作业。

　　A.边拣边分(边拣边播)　　　　　　B.先分后拣

　　C.先拣后分(先摘后播)　　　　　　D.分拣同时

5.企业按照仓库作业水平,不将仓库作业分为(　　)。
A.人工作业　　　　　　　　　　B.半自动化作业
C.自动化作业　　　　　　　　　D.分拣同时

二、多选题

1.目前电商仓库采用的波次策略有基于运力截载时间的波次策略和(　　)。
A.基于时效/产能的波次策略
B.基于履约时效/产能的波次策略
C.基于延迟作业截单时间的波次策略
D.基于客户期望配送时间的波次策略

2.确定波次策略后,还需要确定订单分批合并(集合)的标准。常用的订单分批合并(集合)的标准有(　　)。
A.按订单所含货物总量分批　　　B.按时窗分批
C.固定订单数量分批　　　　　　D.按配送路径(送货路线)分批

3.波次拣货完毕,需要对拣选出的SKU按订单维度进行合并,以便继续进行后续作业。合并的过程,常见的有(　　)。
A.边拣边分(边拣边播)　　　　　B.先分后拣
C.先拣后分(先摘后播)　　　　　D.分拣同时

4.影响拣货流程的主要分析因素包括(　　)。
A.波次策略　　B.拣货策略　　C.订单集合　　D.订单合并

5.包装材料作为包装过程的重要载体,一般分为(　　)等辅助填充材料。
A.包装箱　　　B.包装袋　　　C.珍珠棉　　　D.泡沫填充袋

三、判断题

1.订单数量、品类、频次等不同,对应了不同的波次策略、拣货策略;储运单位不同,会影响拣货区域规划,进一步影响搬运设备的配置。(　　)

2.基于运力截载时间的波次策略是根据运力截载时间、仓内作业标准时效,计算仓内作业截单时间。(　　)

3.在客户期望时间的基础上,根据配送时效推导出的仓内最晚生产时间,确定仓内的生产波次。(　　)

4.在基于履约时效/产能波次策略的基础上,根据配送时效推导出的仓内最晚生产时间,确定仓内的生产波次。(　　)

5.包装作为物流出库流通加工的重要环节,除了能够起到集货的作用,还能为商品提供额外的保护。(　　)

学习单元 7

出入库作业分析

学习目标

知识目标：
- 掌握库容规划的方法
- 掌握装卸作业的方法
- 掌握装卸作业人员安排

技能目标：
- 根据出入库货量计算库容
- 根据出入库货量计算设备配置
- 根据出入库货量计算人力配置

思政目标：
- 学法、依法、守法
- 养成良好职业道德素养
- 弘扬工匠精神，提倡精益求精

思维导图

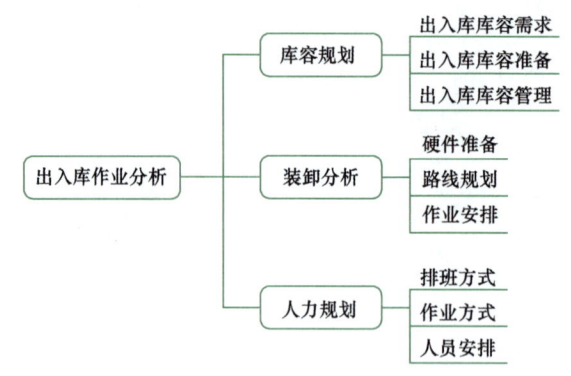

```
                              ┌─ 库容规划 ─┬─ 出入库库容需求
                              │            ├─ 出入库库容准备
                              │            └─ 出入库库容管理
                              │
              出入库作业分析 ──┼─ 装卸分析 ─┬─ 硬件准备
                              │            ├─ 路线规划
                              │            └─ 作业安排
                              │
                              └─ 人力规划 ─┬─ 排班方式
                                           ├─ 作业方式
                                           └─ 人员安排
```

单元导入

仓库拣货步骤和拣货策略

现在，我们每天都能准时收到的快递包裹，你有没有想过它是如何送达的呢？下面就来简单分析一下。

1. 订单的下达

用户通过电商平台下单，订单通过 OMS 处理后传送到 WMS 系统中，WMS 系统按照自身的订单策略，将这些货品整理成一张张拣货单，然后下发给拣货人员。

2. 拣货下架

员工通过 PDA 查看拣货任务，然后按照 PDA 上的提示前往库位进行扫描下架。

拣货策略是影响拣货作业效率的关键，主要包括分区、订单分割、订单分批、分类四个因素，这四个因素相互作用可产生多个拣货策略。

（1）分区

分区是指将拣货作业场地进行区域划分。主要的分区原则有按拣货单位分区、按物流量分区、按工作分区三种。

（2）订单分割

当订单所订购的商品种类较多，或设计一个要求及时快速处理的拣货系统时，为了能在短时间内完成拣货处理，需要将一份订单分割成多份子订单，交给不同的拣货人员同时进行拣货。要注意的是，订单分割要与分区原则结合起来，才能取得较好的效果。

（3）订单分批

订单分批是将多张订单集中起来进行批次拣取的作业。订单分批的方法主要有按照总合计量分批、按时窗分批、固定订单量分批和智能型分批四种。

（4）分类

如果采用分批拣货策略，还必须明确相应的分类策略。

分类的方法主要有拣取货物的同时将其分类到各订单中和集中分类，其中集中分类方法是先批量拣取，然后再分类，可以用人工集中分类，也可以用自动分类机进行分类。

3. 分拣

打包拣货完成后,将货品送到分拣打包区。该环节可以对拣货的商品进行二次复核,确保发货的准确性。

4. 出库,装车发货

打包好后将货物送到待发货区,然后等待车辆的到来。车到了之后,进行装车发货,同时将订单与物流公司进行对接,让客户可以查询自己的物流信息。

思考:

1. 为什么要进行拣货步骤和拣货策略规划这项工作?
2. 为了提高效率,能否改变作业步骤的次序?
3. 还有更好的运行方式吗?

启示:

1. 能够进行订单的有效性分析。
2. 能够分析订单的优先权,并按优先权分配库存。
3. 能够进行订单的合并和分割作业。

任务 7-1 库容规划

知识准备

库容规划是指在仓库有限的空间内,进行有效的规划,从而存放更多的物品,有利于商品的合理储存和充分利用库容,这就涉及库内仓容规划、库内布局规划、作业流程规划等多方面,它是仓储规划中的一个重要模块。

库内仓容规划,需要明确仓库内可用面积的容量,考虑货物存放的类型、设施设备、通道的面积。在考察仓容规划时,有个重要的概念,库容容量,即在一定的条件下,单位面积允许存放商品的最高数量。为使库容容量最大,需要对库房进行合理的布局,根据布局,设置合理的动线。

库房布局的总体原则包括利于作业优化、单一的物流动线、最大限度利用平面和空间、货物互斥、作业同一等。作业优化是指以最短的搬运距离,最少的搬运环节,完成入库作业;单一的物流动线,是在规划物流动线时,保持直线作业,避免迂回和交叉,便于监控和管理;最大限度利用平面和空间,是指除了规定的五距(墙距、垛距、柱距、顶距、灯距)之外的面积和空间都要充分合理利用;货物互斥是指货物之间必须是能够存放在一起的,比如气味互斥等;作业同一是指要保证在同一个区域内,作业的工具、拣货的方式、货物的体积和质量相差不大,否则将影响该区域的设备和设施的配置。

根据总体原则,确认好各作业区面积后,合理规划仓库的平面布置和空间布置,根据货物的性质和堆码原则,按照一定的垛形和高度将货物堆码在地面或货架上。

作业流程规划主要包括入库管理、出库管理、在库盘点和拣货管理等。在入库操作时,需要注意的是尽可能将卸货、分类、贴标志等作业环节集中在一个场所中完成,保证作业的连贯性,避免倒装、倒流;出库作业讲求的是及时与准确,需要对订单商品的型号、数量等确认无误后进行拣货操作,及时更新发货物品信息,实时掌握在库信息,这也是订单准确的保证条件;为了有效掌握货品在库数量、保存状况,需要对在库物品进行清点,对于高价值的物品,可以实行循环盘点,即每天、每周清点一部分物品,一个循环周期将每种物品至少清点一次;高效的拣货作业是确保物品正确且迅速出库的重要前提。

在库容规划中,除库容容量外,还需要对库容做好入库前的准备,做好标识,并利用6S等对库容进行管理。

微课:库容规划(上)

1. 出入库库容需求

影响仓库库容的主要因素包括存储量、库房可用高度、地坪承载、货物本身属性,归纳后出入库容量主要受仓库面积利用率和货物堆码影响。

(1)仓库面积利用率

库房可用高度和地坪承载决定了货物的堆码高度。影响库房可用高度的因素为库房本身高度和五距(图7-1)。

①墙距:货物与内墙的距离要保持在0.3米以上。

②垛距:货物堆垛与堆垛之间要保持0.5米以上的距离。

③柱距:货架/地堆与库房内支撑柱之间要保留0.2~0.3米的距离。

④顶距:货物顶部与仓库顶部的距离要保持在0.3米以上。

⑤灯距:货物与照明灯之间的距离要保持在0.5米以上。

这些距离都会影响仓内的库容规划,进而影响仓库面积利用率。

微课:五距图

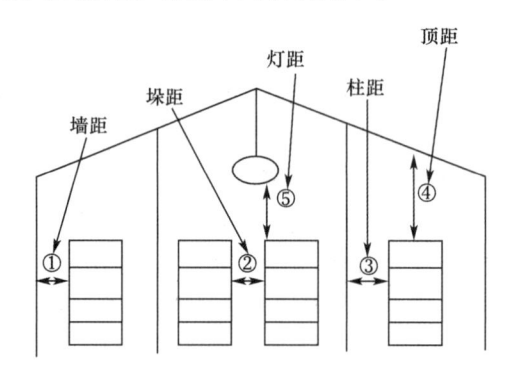

图7-1 五距

【例7-1】 某平库长35米,宽18米,主通道宽3.5米,次通道宽1.5米(2条),外墙距为0.5米,内墙距为0.3米,如图7-2所示,假设库内无支撑柱、设备等。

库房使用面积=35×18=630(平方米)

主通道面积=3.5×18=63(平方米)

次通道面积=1.5×(35−3.5−2×0.3)×2=92.7(平方米)

内墙距面积=0.3×18×2=10.8(平方米)

外墙距面积=(35−3.5−2×0.3)×2×0.5=30.9(平方米)

库房有效使用面积=630−63−92.7−10.8−30.9=432.6(平方米)

库房面积利用率=432.6/630×100%≈68.7%

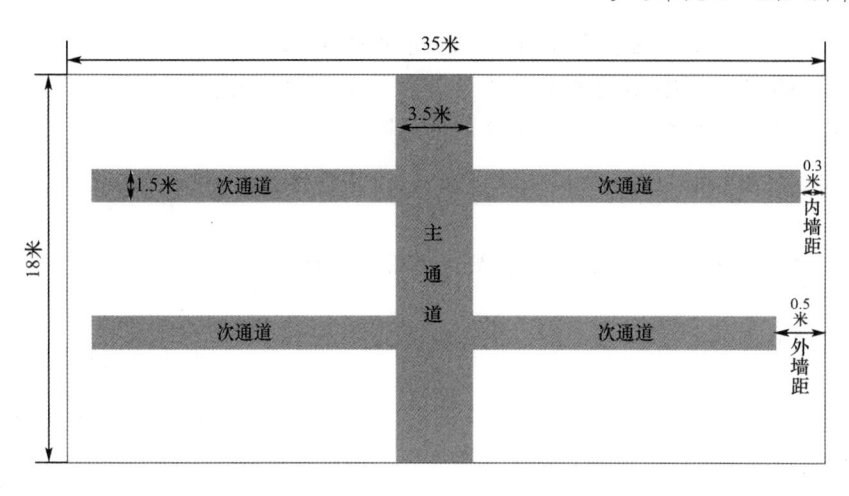

图 7-2 库房图

另外,反映仓库面积的主要指标有:

①仓库建筑面积——仓库内所有建筑物所占面积之和,如为多层仓库,则为各层面积之和。

②仓库总占地面积——从仓库外墙开始算起,整个建筑物所占面积之和。

③仓库使用面积——仓库可以用来放置货物的面积之和。

④仓库有效面积——仓库内计划用来存放货物的面积。

⑤仓库面积利用率——仓库有效面积占仓库使用面积的比率。

(2)库容量计算

①地堆库容计算

库容量受库房可用高度和货物堆码高度的影响。

库房可用高度:库房横梁高度减去顶距;库房横梁高度减去灯的长度,再减去灯距。

货物堆码高度:在满足库房可用高度的情况下,还要满足地坪承重能力的最高高度。

【例7-2】 已知仓库的地面承载力为1.3吨/平方米,库房高度为9米,照明灯距离顶端0.5米,灯距要求0.5米,采用托盘地堆方式堆码,计算10 000台小冰箱需要多大的存储面积(小冰箱数据见表7-1),不考虑货物自身堆码的层数限制。

表 7-1　　　　　　　小冰箱数据

货物	长(米)	宽(米)	高(米)	体积(立方米)	质量(千克)
小冰箱	0.402	0.291	0.205	0.024	8

可堆码高度:

• 根据质量计算:可堆码层高=地坪承重能力×长×宽/单件货物质量
$$=1.3\times1\,000\times0.402\times0.291/8\approx19(层)$$

每平方米可存放台数=单层存放台数×可堆码层高=$\dfrac{1}{0.291\times0.205}\times19\approx318$(件)

10 000台小冰箱需要的存储面积=$\dfrac{总台数}{每平方米可存放台数}=\dfrac{10\,000}{318}\approx32$(平方米)

• 根据仓库高度计算:可堆码层高=(库房高度-灯与顶端的距离-灯距)/单件货物高度
$$=(9-0.5-0.5)/0.205\approx39(层)$$

由于超出了地坪的承重能力,因此最高只能堆码 19 层。

在实际的作业过程中,出于搬运和安全方面的考虑,堆码高度一般为 1.5 米,因此需要使用横梁式货架进行货物的存放,提升库房的面积利用率。

考虑地堆高度的限制的层高 = 允许堆码高度/单件货物高度 = $\frac{1.5}{0.205} \approx 7$(层)

每平方米可存放台数 = 单层存放台数 × 可堆码层高 = $\frac{1}{0.291 \times 0.205} \times 7 \approx 117$(件)

考虑地堆高度的限制 10 000 台小冰箱需要的存储面积 = $\frac{总台数}{每平方米可存放台数}$

$= \frac{10\,000}{117} \approx 86$(平方米)

②货架库容计算

这里以横梁式货架为例,计算库容需求。

【例 7-3】 横梁式货架的单元格一般尺寸为长 2.5 米,宽 1.5 米,高 1.5 米,假设每托长度为 1.2 米,宽度为 1 米,暂时不考虑货架自重;采用两个对立放置的方式摆放。对于【例 7-2】中的小冰箱:

单托盘单层存放台数 = $\frac{单托盘面积}{单个货物面积} = \frac{1.2 \times 1}{0.291 \times 0.205} \approx 20$(件)

单元格可存放层数 = $\frac{单元格层高}{货物高度} = \frac{1.5}{0.205} \approx 7$(层)

单元格承重 = 单位承重 × 占地面积 = $1.3 \times 1\,000 \times 2.5 \times 1.5 = 4\,875$(千克)

单元格内货物质量 = 单元格内台数 × 单台质量 = $20 \times 7 \times 2 \times 8 = 2\,240$(千克)

单元格可用层数 = $\frac{单元格承重}{单元格内货物质量} = \frac{4\,875}{2\,240} \approx 2$(层)

10 000 台小冰箱需占用单元格数量 = $\frac{总数量}{单元格存放台数 \times 单元格存放层数}$

$= \frac{10\,000}{20 \times 7 \times 2 \times 2} \approx 18$(个)

18 个货架占地面积 = 单货架占用面积 × 需要货架单元格数量 = $2.5 \times 1.5 \times 18 = 67.5$(平方米)

使用货架后,可节约面积 18.5 平方米,节约 21.5%。

因此在做库容规划时,需要考虑使用货架存储来提升仓库的空间利用率。

思政园地

大数据的法律与大数据法的概念

法律是一种行为规范。大数据的形成和使用就是法律调整大数据的范围限定。法律所调整的大数据社会关系是围绕大数据生成、存储、应用与监管过程中所形成的社会关系,这些关系是发生在数据采集、分析、传播、存储、交易、使用、共享与监管过程中形成的关系。数据采集、分析、传播、存储、交易、使用、共享与监管是大数据形成的行为束,这些行为形成不同的行为关系。如从法律的层面分析,如果大数据生成的行为束是法律行为束,那么就形成了法律关系束。因此大数据的法律定义是,大数据是通过对容量大与类型多数据进行采集、分析、传播、存储、交易、使用的行为无形资产。

大数据法是调整大数据生成过程中的采集、分析、传播、存储、交易、使用、共享与监管过程中发生的社会关系的法律规范总称,具体包括数据采集关系、分析关系、传播关系、存储关系、交易关系、使用关系、共享关系与监管关系。

信息技术与经济社会的融合引发了数据迅猛增长,数据已成为国家基础性战略资源,大数据正日益对全球生产、流通、分配、消费活动以及经济运行机制、社会生活方式和国家治理能力产生重要影响。目前,我国在大数据发展和应用方面已具备一定基础,拥有市场优势和发展潜力,但也存在政府公共数据开放共享不足、产业基础薄弱、缺乏顶层设计和统筹规划、法律法规建设滞后、创新应用领域不广等问题。大数据立法的完善将为我国数据主权、数据安全、数据创新发展、数据监管、数据共享等方面提供有力保障,大数据立法研究的意义就在于此。

总而言之,我国的大数据立法应当在系统地理解大数据这一事物特点的基础上,紧密围绕社会主义核心价值观,结合当前社会主义法律体系,遵循安全、主权、根本利益、公平、平等、公正、科学原则,明确大数据在法律上的定义和分类,对不同类型数据的采集、分析、传播、存储、交易、使用、共享及法律责任等方面制定专业的、清晰的规则,协调大数据领域创新与监管的关系,树立大数据法律行为的指路标,铺设大数据环境的安全网,备好大数据应急事件的降落伞,进而保证我国数据生态良好、风清气正,助力我国网络空间的治理,体现国家治理的法治精神,使人民共享大数据创新发展的成果。

(来源:网易号)

③入库暂存库容计算

$$入库暂存库容=托盘占地面积×入库托盘数+通道面积$$

$$通道宽度=安全间隙+2×运输设备宽度$$

用手推叉车搬运时,通道宽度一般为2.0~2.5 m;用小型叉车搬运时,通道宽度一般为2.4~3.0 m;进入高位叉车的单行通道宽度一般为3.6~4.2 m。

2. 出入库库容准备

仓库的组成主体除包含存储区和拣货区,还包含收发货区、管理办公区、设备放置区、托盘放置区、辅助设施区等。在货物入库之前,需要做好仓库布局规划,做好动线,进行平面和立体的合理安排,因此入库前准备的内容包括确定仓库布局的原则以及仓库布局的方法。

(1)仓库布局的原则

①货物在出入库时使用单向和直线运动,避免逆向操作和交叉变向。

②利用高效的物料搬运设备进行搬运。

③设计合理的出入库流程。

④根据仓储计划设计存储区,减少面积浪费。

⑤在物料搬运设备大小、类型、转弯半径的限制下,尽量减少通道所占用的空间。

⑥最大化利用仓库的空间,如采用货架等增加层高。

⑦重货、大件、异型商品、周转量大和出入库频繁的物品,宜靠近出入口布置,以缩短搬运距离,提高出入库效率。

⑧易燃的物品,尽量靠外面布置,以便管理,并且仓库符合消防标准要求。

⑨仓库内部主要运输通道,一般采用双行道,避免拣货和搬运时产生冲突。

⑩仓库内设置管理办公室时,应该用墙与库房隔开,其位置靠近道路一侧的入口处。

(2)仓库布局的方法

仓库布局需要找到库容的影响因素,按照仓库的典型动线形成典型布局,并按照一定的形式进行货架或堆垛布局,尽可能地缩短作业路径,提升作业效率。

①库容的影响因素

堆码方式:散放、堆码、货架存储。不同的堆码方式会影响货物的码垛层数和高度,进而影响货物的空间利用率。

货品特征:商品的尺寸、数量、质量等因素会受到仓库的高度、地坪的承重、存储设备的单元格限度等限制,影响库容变化。

托盘尺寸:运载工具的大小需要与货架尺寸、机械设备尺寸相匹配,单次最大化运载数量。

建筑尺寸:如柱距、通道宽度等。

进出货位置:仓库进出货入口和出口位置。

作业原则:动作经济、空间利用率最大、搬运量最小。

②货架布置形式

- 垂直布置之横列式

货垛或货架的长度方向与仓库的最长边互相垂直,如图7-3所示。

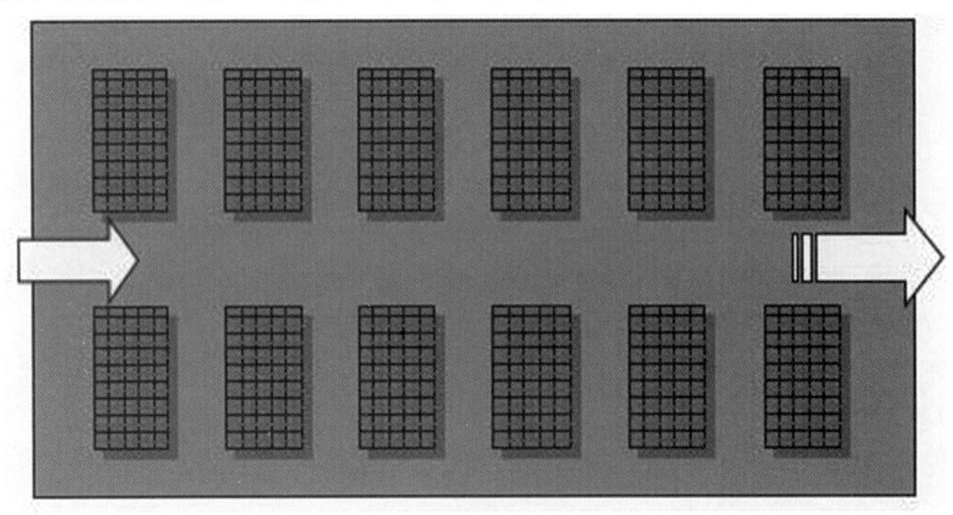

图7-3 垂直布置之横列式

优点:运输通道长,作业通道短,对库存商品的收发和查验方便,有利于机械化作业,通风采光良好。

缺点:运输通道占用面积较大,影响仓库面积利用率。

- 垂直布置之纵列式

货垛或货架的长度方向与仓库最长边平行,如图7-4所示。

优点:运输通道较短,占用面积小,仓库面积利用率较高。

缺点:作业通道长,存取物资不方便,对通风、采光不利。

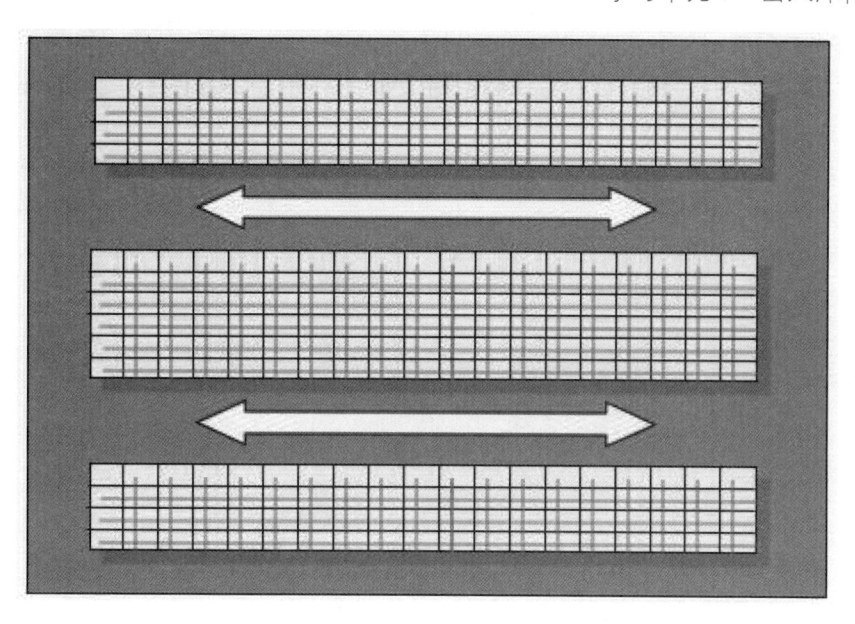

图 7-4　垂直布置之纵列式

- 垂直布置之纵横式

在同一仓库内,横列式布局和纵列式布局兼而有之,可以综合利用两种布局的优点,如图 7-5 所示。

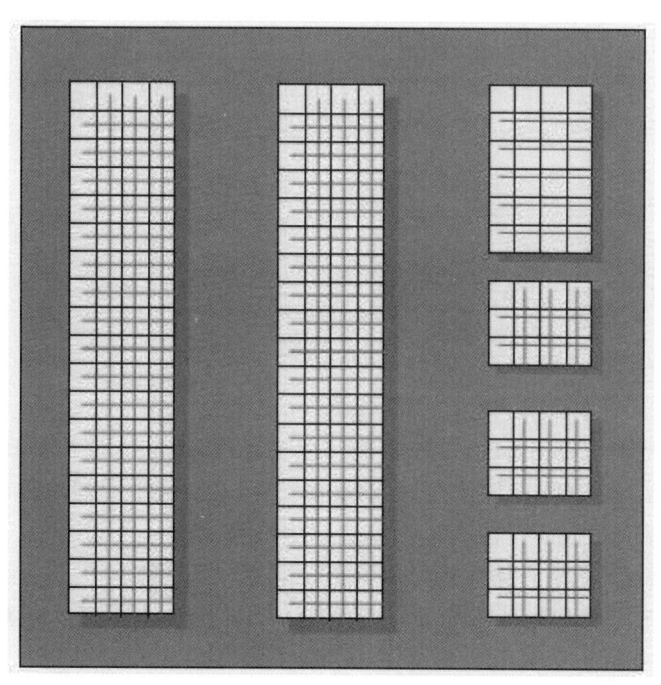

图 7-5　垂直布置之纵横式

3. 出入库库容管理

进行出入库库容管理,需要遵循行走路径距离最小化的原则进行空间规划,对库容进行数字化管理;通过对储位分配的控制,精确化商品的存放,进一步优化拣货的路径。

(1)库存空间规划

在进行库存空间规划时,必须考虑到空间大小、柱子排列、梁下高度、通道、设备回转半径等基本因素。

如图 7-6 所示的库存空间规划图中,基于行走距离最小化的货架式存储空间规划,需存放 n 单元货物,货架高度为 z 层。

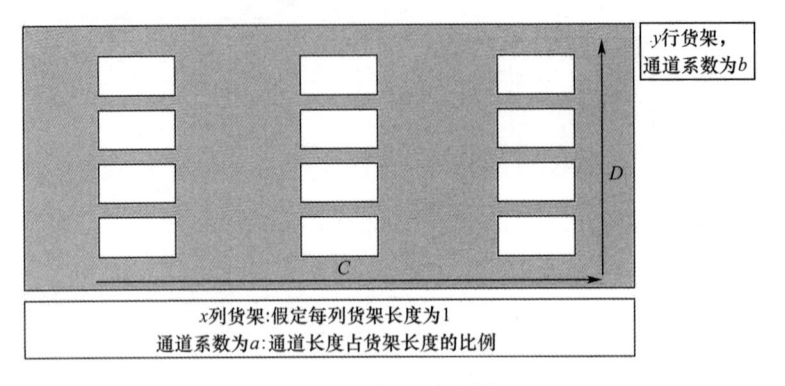

图 7-6 库存空间规划图

$$仓库长度 = x \times (1+a) \quad 仓库宽度 = y \times (1+b)$$

$$搬运平均距离 = \frac{(最远距离+最近距离)}{2} = \frac{C+D+0}{2}$$

$$= \frac{(1+a) \times x + (1+b) \times y + 0}{2}$$

$$最小搬运距离 = \min \frac{(1+a) \times x + (1+b) \times y + 0}{2}$$

约束条件 $S.t \ xyz \geqslant n$

对 MIN 求导,令 $\min = 0$

得出:$x = \sqrt{\dfrac{n(1+b)}{z(a+1)}}$;$y = \sqrt{\dfrac{n(1+a)}{z(b+1)}}$

根据 a,b 取值,求出 x 和 y 的值。

(2)储位分配

对库存空间规划设定完成后,需要根据商品的出库频次、入库出库比等对储位进行分配。储位分配的方式包括固定储位存放、随机储位存放、分类随机储位存放等。

①固定储位存放

每种商品的 SKU 严格存储在指定位置上,不得随意调整。

实际操作:根据单位时间出入库次数与储位大小的比值,比值越大的越靠近门口。同一个订单的 SKU 放在同一个储位上。

优点:拣货方便。

缺点:空间要求大,按最大存储量计算储位。

②随机储位存放

哪个储位有空就放在哪个储位上,实际操作时放在离装卸点最近的空位上。

优点:需要的空间相对较小,按平均存储量计算储位。

缺点:拣货时间长。

③分类随机储位存放

SKU多时,根据每种SKU的作业次数与空间需求的比值大小,分成3~5类。每类SKU按照固定储位设计,比值越大的类放在越靠近出入口的位置。同类别SKU内储位随机分配。

(3)存放方法

帕累托定理应用:15%的货物占据了85%的周转率。流动最频繁的15%的货物应放在行走距离最短的位置。

缩短行走距离的方法包括:

①增加重要货物的存储深度。

②力求总行走距离最小。

库存空间规划如图7-7所示。

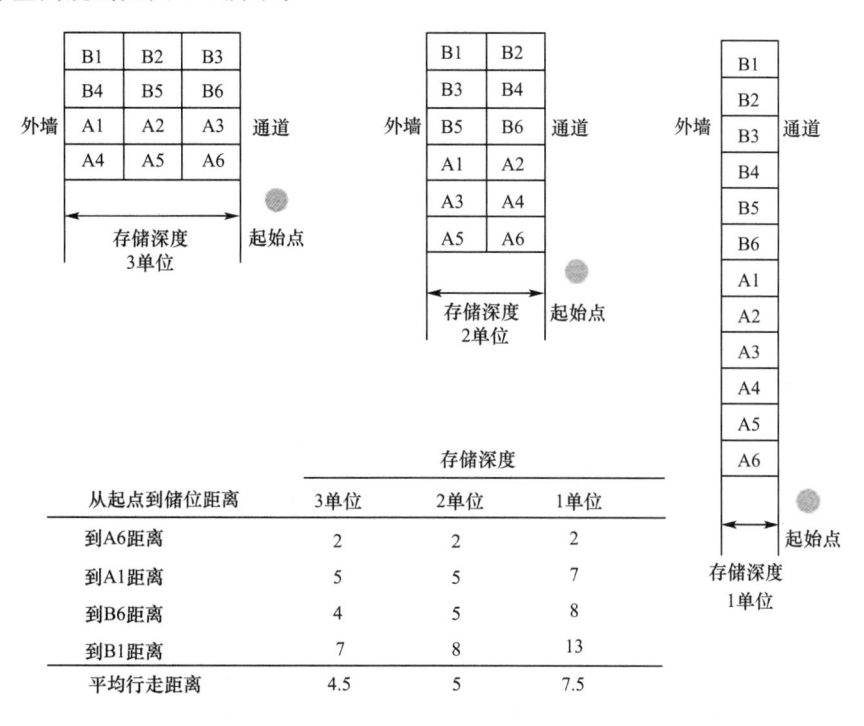

从起点到储位距离	存储深度		
	3单位	2单位	1单位
到A6距离	2	2	2
到A1距离	5	5	7
到B6距离	4	5	8
到B1距离	7	8	13
平均行走距离	4.5	5	7.5

图7-7 库存空间规划

增加通道深度后,平均行走距离变小,符合上面两条的规定。其他规定还有:

• 货物进出口相同,重要的物资离门口近。

• 货物进出口不同,且收、发货量不等,收货频率/发货频率最小的、流动最频繁的靠近出口。

• 货物进出口不同,且收、发货量不等,收货频率/发货频率最大的、流动最频繁的靠近入口。

例如,有一个家电用品仓库,共有16个货区,分别储存8种家电。仓库有一个出入口,进出仓库的货物都要经过该口,如图7-8所示。假设该仓库每种物品每周的存取次数见表7-2,应该如何布置不同物品的储位,使总搬运量最小?

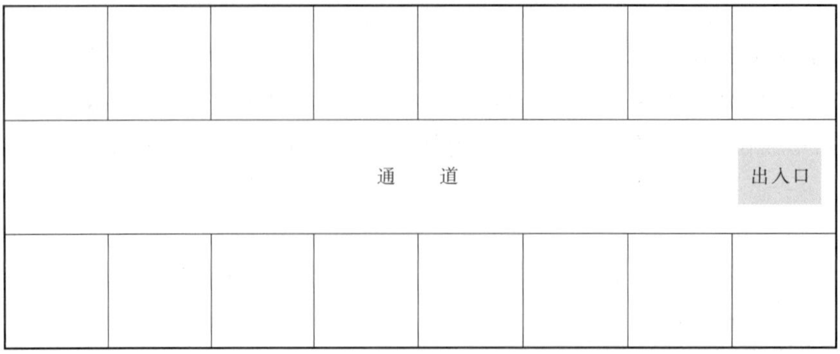

```
┌─────┬─────┬─────┬─────┬─────┐
│     │     │     │     │     │
│     │     │     │     │     │
├─────┴─────┴─────┴─────┴─────┤
│         通　道        │出入口│
├─────┬─────┬─────┬─────┬─────┤
│     │     │     │     │     │
│     │     │     │     │     │
└─────┴─────┴─────┴─────┴─────┘
```

图 7-8　仓库图

表 7-2　　　　　　　　商品出入库搬运次数表

库存物品名称	搬运次数(次)	所占库区(个)
空　调	200	2
电冰箱	540	3
微波炉	520	2
音　响	80	1
电视机	840	4
收音机	60	1
厨房电器	150	1
其　他	100	2

这是一个典型的仓库布置问题。显而易见,这个问题的关键是寻找一种布置方案,使得总搬运量最小,这个目标函数与一般设施布置的目标函数是一致的。

仓库布置可分为两种情况:

①各种物品所需货区面积相同。这种情况下,只需把搬运次数最多的物品货区布置在靠近出入口处,即可得到最小的总负荷数。

②各种物品所需货区面积不同。计算某物品的搬运次数与所需货区数量之比,取该比值最大者靠近出入口,依次往下排列。如本例中,各种物品的该比值从大到小的排列顺序为(括号中为比值数):260(1)、210(2)、180(3)、150(4)、100(5)、80(6)、60(7)、50(8),见表 7-3。

表 7-3　　　　　　　　仓库商品数据表

库存物品名称	搬运次数(次)	所占库区(个)	比值(排序)
空　调	200	2	100(5)
电冰箱	540	3	180(3)
微波炉	520	2	260(1)
音　响	80	1	80(6)
电视机	840	4	210(2)
收音机	60	1	60(7)
厨房电器	150	1	150(4)
其　他	100	2	50(8)

根据上述计算,得出仓库布置图,如图7-9所示。

8	6	5	3	3	2	2	1
通 道							出入口
8	7	5	4	3	2	2	1

图7-9 仓库布置图

> **任务实施**

商品储位分配分析

某仓库储位图如图7-10所示。表7-4中所列的是仓库中商品的流动数据,请确定货物如何沿着主通道进行储位的分配。

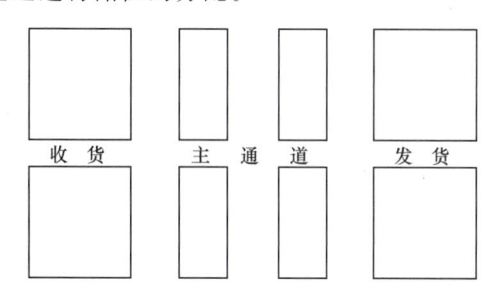

图7-10 某仓库储位图

微课：库容规划（下）

表7-4　　　　　　　　　仓库中商品的流动数据

商品	收货数量	收货行走数（次）	订单数量	发货行走数（次）
商品a	40托	40	1托	40
商品b	100托	100	0.4托	250
商品c	800箱	200	2箱	400
商品d	30托	30	0.7托	43
商品e	10托	10	0.1托	100
商品f	200箱	67	3.0托	67
商品g	1 000箱	250	8.0箱	125
商品h	1 000箱	250	4.0箱	250

步骤一：分析目标

确定商品的储位分配。

步骤二：分析原理

1.货物进出口不同,且收、发货数量不等,收货频率/发货频率最小的、流动最频繁的靠近出口。

物流数据分析与应用

2.货物进出口不同,且收、发货数量不等,收货频率/发货频率最大的、流动最频繁的靠近入口。

步骤三:实施过程

1.根据公式"收发比=收货行走数/发货行走数"计算收发比,见表7-5。

表7-5　　　　　　　　　　　　　　收发比

商品	商品a	商品b	商品c	商品d	商品e	商品f	商品g	商品h
收发比	1.0	0.4	0.5	0.7	0.1	1.0	2.0	1.0

2.选中商品、收发比两行,单击"插入",选择"二维柱形图"中的"簇状柱形图",如图7-11所示。

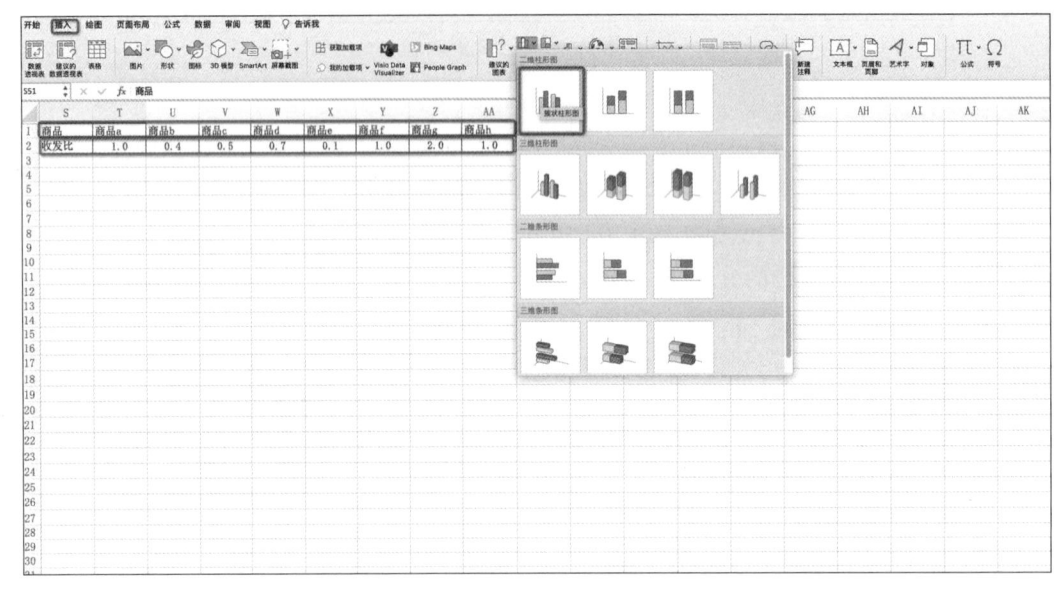

图7-11　选择簇状柱形图

3.得到收发比的可视化图形如图7-12所示。

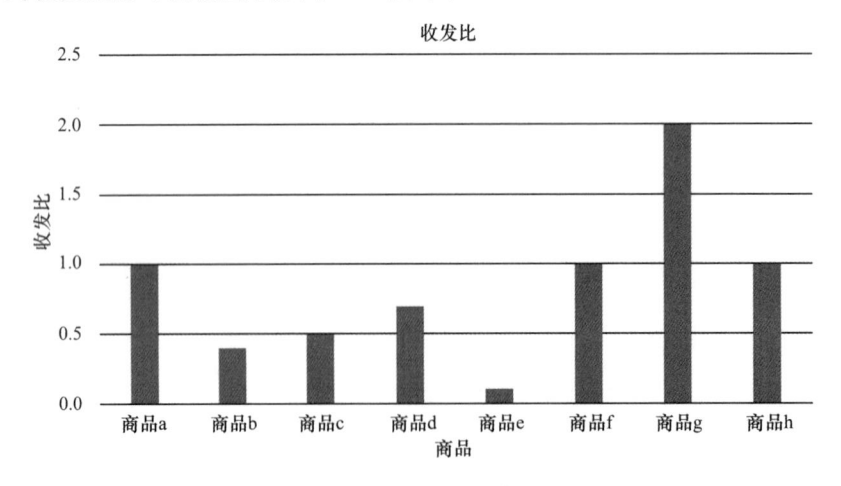

图7-12　收发比的可视化图形

4. 根据收发比结果，分配储位，如图 7-13 所示。

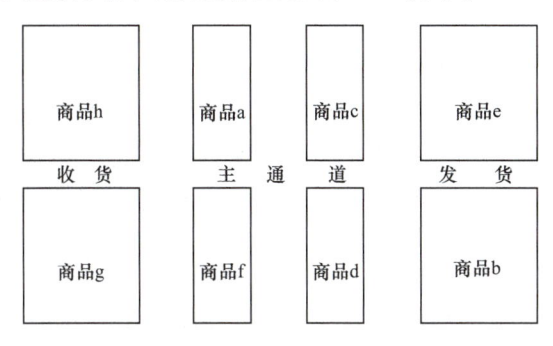

商品h	商品a	商品c	商品e
收　货	主　通	道	发　货
商品g	商品f	商品d	商品b

图 7-13　储位分配图

任务 7-2　装卸分析

知识准备

装卸搬运是指在同一地域范围内进行的，以改变物的存放状态和空间位置为主要内容和目的的活动，具体包括装卸、上架、补货、进货、装车等活动。

装卸（Loading and Unloading）是指物品在指定地点以人力或机械装入运输设备或从运输设备装上及卸下的活动。

搬运（Handling/Carrying）是指在同一场所内对物品进行以水平移动为主的物流作业。

装卸搬运涉及的流程包括：

①从车上卸货：卸货时从车辆上由人力直接放置到托盘上或搬运至伸缩线后放到托盘上，利用地牛将托盘拉至收货暂存区。

②上架：货物清点完成后，放至货架存储时，由叉车司机将货物从收货暂存区上架至储位。

③补货：在存取分离和存取拆零作业的仓库里，需要将货物移至另一个货位。

④进货：按照订单进行生产，并拉至发货暂存区。

⑤装车：从发货暂存区拉至车辆车厢。

装卸搬运在物流活动中起承上启下的联结作用，具体分为硬件准备、路线规划和作业安排。

1. 硬件准备

在装卸搬运过程中，单纯地依靠人力劳动已无法快速地完成作业，需要借助设备来完成部分或全部作业，这里重点介绍常见的装卸搬运设备和设备的数量。

（1）常见的装卸搬运设备

①叉车

叉车又称铲车或叉式取货机，以货叉作为主要取货装置，依靠液压起升机构升降货物，由轮胎行驶系统实现货物水平搬运。叉车按动力装置的不同分内燃式叉车和电动式叉车；

按结构和功用的不同分平衡重式叉车、前移式叉车、插腿式叉车、侧面式叉车、集装箱叉车、高位叉车等。

②输送机

输送机有多种分类,应用于不同的场合,一般可按重力式、滚轴式、皮带式分类。其动力都是电力,经济方便。输送机被广泛用于短距离的出入库运输,同时它也是构成分拣系统的基本组成部分。这种运输设备可实现连续运输,效率非常高,只是在输送机两端有时需要人员看管。

③回转货架

回转货架既是货架,可存储货物,又能做回转运动,起到运输的作用。回转货架主要为了方便货物分拣作业。它由一系列的储物箱组成,可以在一个封闭的轨道上移动,通过移动把储物箱传送给分拣操作人员。因此,该系统可以减少人员走动的时间。回转货架有水平回转和垂直回转两种。

(2)设备的数量

设备数量配置主要考虑仓储机械设备能力和设备配置系数两个指标。

①仓储机械设备能力(Q_C)

$$Q_C = \sum_{i=1}^{m} Z_i Q_{ci}$$

式中 Z_i——第 i 种设备的数量;

Q_{ci}——第 i 种设备承担的物流量(吨/年)。

$$Q_{ci} = \sum_{i=1}^{m} Q_e \beta n_h \rho t$$

式中 Q_e——设备的额定载重量(吨);

β——起载系数(平均一次搬运量/Q_e);

n_h——单位时间平均搬运次数,一般处于 0.2 至 10.0 之间;

ρ——时间利用系数(设备年平均工作小时/年日历工作小时),一般处于 0.3 至 0.9 之间;

t——年日历工作小时(h)(一班制:$t = 8 \times 280 = 2\ 240$ h/年;两班制:$t = 16 \times 280 = 4\ 480$ h/年)。

②设备配置系数(K)

$$K = \frac{Q_C}{Q_t}$$

式中 Q_t——仓库年物流量(吨)。

$K > 0.7$ 说明机械化程度高;$0.5 \leq K \leq 0.7$ 说明机械化程度适中;$K < 0.5$ 说明机械化程度低。

2. 路线规划

装卸搬运路线规划需要跟随仓内布局进行动线设计。

(1)U 型布置

U 型布置(图 7-14)是仓库设计首选,物流路线合理,进出口月台资源可以充分利用,便于越库作业,方便在出入库区之间设置交叉转运(Cross-Dock)。如果有大

微课:装卸路线规划

量的产品,一入库马上就进行出库操作,可以先考虑 U 型布置。

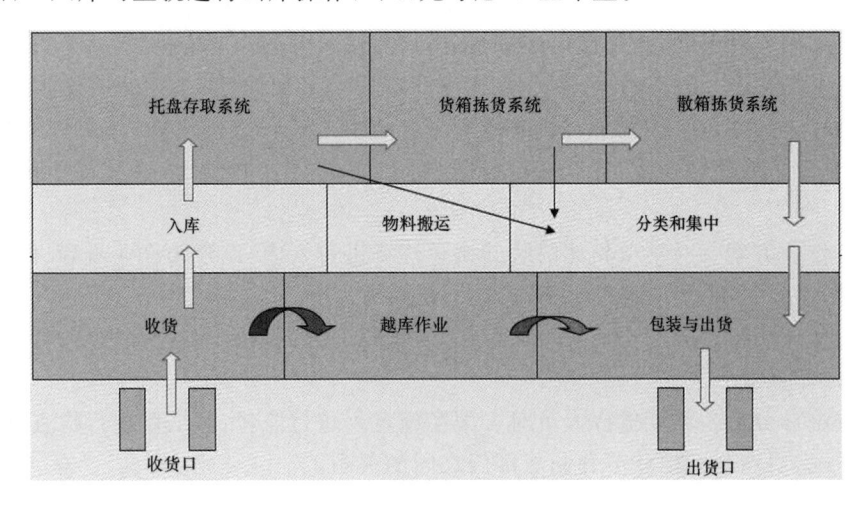

图 7-14 U 型布置

(2) L 型布置

L 型布置(图 7-15)同样也比较适合做交叉转运和处理快速货物,但 L 型布置的出入库理货区同时占了仓库的长度和宽度,在设计时会感觉空间浪费比较严重,比 U 型布置存储量小,对叉车货架的影响小。

图 7-15 L 型布置

(3) I 型布置

I 型布置(图 7-16)是直线型布局,适合纯粹的越库作业,解决高峰时同时进出库作业;常用于接受相邻加工厂的货物,或不同类型车辆出货和发货;不方便使用 ABC 分级储备模式。

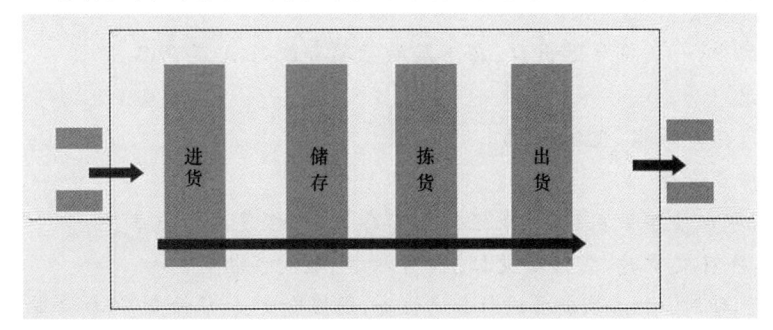

图 7-16 I 型布置

3. 作业安排

确定好了硬件和路线,装卸搬运还需要进行合理、科学的作业安排。

①掌握作业信息。通过每月入库计划、出库计划、移库计划预测装卸搬运任务量和作业量。

②编制作业计划。月计划是对作业任务与作业能力进行大体平衡,如果作业能力不足或过剩,应预先采取相应措施;日计划是根据前一天掌握的实际情况,对次日作业任务的具体安排。

③制订作业方案。对某项具体的装卸搬运任务进行人力、设备和作业步骤、作业要求等的全面安排,主要是保证作业安全,提高作业效率。

④分配作业班组。分配作业班组简称派工,根据任务的内容和各个班组的特点,扬长避短,提高总体作业效率。

⑤检查统计分析。调度指挥人员对方案实施过程进行监督,对结果进行检查,以便及时掌握各种情况,协调与其他环节和职能部门之间的关系。

思政园地

爱岗敬业

在出入库岗位的工作中主动发挥自我解决、自我判断、独立解决问题的能力,以求工作成果的绩效最大化。出入库管理旨在加强仓库区域管理,保护公司资产、保障仓库运营秩序及访客人身和财产安全。

在入库时要遵循以下原则:有送货单而没有实物的,不能办入库手续;有实物而没有送货单原件的,不能办入库手续;来料与送货单数量、规格、型号不同的,不能办入库手续;没办入库而先领用的,不能办入库手续;送货单不是原件的,不能办入库手续。

在出库时要遵循五不发、储位靠近发货、先进先出、三不三核五检查等原则。

1. 五不发

①没有提料单或提料单是无效的,不能发放物料。

②手续不符合要求的,不能发放物料。

③质量不合格的,不能发放物料。

④规格不对、配件不齐的,不能发放物料。

⑤未办理入库手续的,不能发放物料。

2. 储位靠近发货

在储位分配中,一般将靠近出口、在下层的货架分配给 A 类商品。

3. 先进先出

先进先出是指先入库,先发出。

4. 三不三核五检查

①"三不",即未接单据不翻账,未经审单不备货,未经复核不出库。

②"三核",即在发货时,要核实凭证、核对账卡、核对实物。

③"五检查",即对单据和实物要进行品名检查、规格检查、包装检查、件数检查、重量检查。

在进行装货时要做到轻搬轻放,先装直达、后装中转,远距离的在里、近距离的在外;重的货物放在车辆的中心,并装在轻的货物前,轻重搭配,不超载、不偏载、不偏重、不集重,质量分布均衡；重不压轻、大不压小、实不压虚，重心尽可能降低；有包装的在下、无包装的在上，标志向外、箭头向上；在空隙处加入填充物，将车厢充满；在车门外加隔离物，避免开车厢门时货物脱落。

同时要意识到出入库管理的意义在于提高自身能力、培养团队意识，而不要将精力用于指责他人、宣泄抱怨上，要充分考虑到同事甚至对手的感受，以积极、良好的心态开展本职工作，爱岗敬业。

任务实施

设置数量配置分析

某厂欲建 5 座综合性仓库，每个库房面积为 900 m^2，每个仓库年吞吐量为 19 000 t，无二次搬运。货物单件最大质量为 5 t，要求机械设备配置系数 $K=0.95$。现有两个设置配置方案，见表 7-6。

表 7-6　　　　　　　　方案对比表

方案	设备	Qe	v	β	n_h	ρ	t
方案一	起重机	5 t	70 m/min	0.45	6	0.70	1 960
方案二	叉车	5 t	15 m/min	0.45	4	0.65	1 960

步骤一：分析目标

1. 确定需要配置的设备数量。
2. 比较配置哪种设备更优。

步骤二：分析原理

$$Q_C = \sum_{i=1}^{m} Z_i Q_{ci}$$

$$Q_{ci} = \sum_{i=1}^{m} Q_e \beta n_h \rho t$$

$$K = \frac{Q_C}{Q_t}$$

步骤三：实施过程

1. 计算 Q_{ci}

单仓库 $Q_C = KQ_t = 0.95 \times 19\,000 = 18\,050$ t

$Q_{c1} = 5 \times 0.45 \times 6 \times 0.70 \times 1\,960 = 18\,522$ t

$Q_{c2} = 5 \times 0.45 \times 4 \times 0.65 \times 1\,960 = 11\,466$ t

2. 计算需要的设备数量

$$Z_1 = \frac{Q_C}{Q_{c1}} = \frac{18\,050}{18\,522} \approx 1 \text{ 台}$$

$$Z_2 = \frac{Q_C}{Q_{c2}} = \frac{18\,050}{11\,466} \approx 1.6 \text{ 台}$$

方案一需要配置起重机数量：$1 \times 5 = 5$ 台

方案二需要配置叉车数量：$1.6 \times 5 = 8$ 台

任务 7-3 人力规划

知识准备

人力规划一般指人力资源战略规划。人力资源战略规划有广义和狭义之分。广义的人力资源战略规划是指根据组织的发展战略、目标及组织内外环境的变化,预测未来的组织任务和环境对组织的要求,以及为完成这些任务,满足这些要求而提供人力资源的过程。狭义的人力资源战略规划是指对可能的人员需求、供给情况做出预测,并据此储备或减少相应的人力资源。本任务就从排班方式、作业方式、人员安排来具体展开。

微课:人力规划(上)

1. 排班方式

生产作业中,要合理安排人员,保持整个产线的平衡,快速完成作业生产任务。人员确定后,如何确定排班方式,是人力规划的重点。

(1) 排班方式的分类

① 工序制排班:按作业内容或工序,将相关人员和设备分别组合成装卸、搬运、质检、堆垛、理货、拣货、发货等作业班组,由这些班组共同组成一条作业线,共同完成各种装卸搬运作业。

特点:作业班组专业化对提高作业质量,确保作业安全,提高劳动生产率有益。

适用企业:进出库作业量大,进出库频繁的大型仓储企业。

② 包干制排班:将分工不同的各种人员和功能不同的设备,共同组合成一个班组。装卸搬运活动的全部工作由一个班组承包到底,全面负责。

特点:一个班组承担各种装卸作业内容,对整套作业线自始至终负责,因而便于对作业班组的作业量进行考核。

适用企业:进出库作业量较小,进出库不频繁的小型仓储企业。

(2) 实现排班方式的方法

如想实现工序制排班,需要采取"六化"措施,包括分拆化、平衡化、标准化、集装化、流水化、再拆化。如此往复,实现排班的一步步优化。

① 作业分拆化

首先按照装卸作业的顺序,罗列各项作业的内容;其次估算出每项作业需要的工作时间,要求以分钟为单位;最后就会得出完成一定批量的商品装卸作业的步骤和各步骤所需要的时间。

② 作业平衡化

在上面的结果上,将这些各细项工作按照作业特点和必需的作业次序进行分、总、分。对于不同的作业环节,人员的效率、设备的效率是不同的,需要计算好各环节的人员和设备的配备,保持工作量在规定时间内的平衡。

③作业标准化

有了作业内容、作业时间、岗位作业要求,就要开始固化这些操作和数据。

每一个作业流程都要编制作业指导书、动作顺序、作业注意事项、人员和设备配备、岗位技能标准等。

④商品集装化

在入库之前,尽量将零散的商品进行集装化处理,提高物料活性。

⑤作业流水化

根据商品入库路径规划,在设定的节点,按照设定的作业班组进行交接和作业。

2. 作业方式

根据货物特征、作业内容、运输设备、货物状态、装卸动作、装卸机械、作业组织等,对不同形式的货物进行合理的装卸作业。装卸作业的方法主要有以下几种:

(1)单件装卸

装卸一般单件货物,通常是逐件由人力作业完成。对于一些零散货物,诸如搬家货物等也常采用这种作业方法。长大笨重货物、不宜集装的危险货物以及行包等仍然采用单件作业法。

单件作业按照作业环境和工作条件可以采用人工作业法、机械化作业法、半机械化作业法、半自动化作业法。

(2)单元装卸

单元装卸要采用集装作业法,即将货物集装化后再进行装卸作业的方法。集装作业法包括托盘作业法、集装箱作业法、货捆作业法、网袋作业法、挂车作业法、框架作业法等。

①托盘作业法:用托盘系列集装工具将货物形成成组货物单元,以便于采用叉车等设备实现装卸作业机械化的装卸作业方法。

②集装箱作业法:集装箱的装卸作业通常采用垂直装卸法和水平装卸法进行,有的集装箱在货物堆场也可采用能力很大的集装箱叉车装卸。

垂直装卸法在港口可采用集装箱起重机,目前以跨运车应用为最广,但龙门起重机方式较有发展前途。在车站以轨行式龙门起重机方式为主,配以叉车较为经济合理,轮胎龙门起重机方式、跨运车方式、动臂起重机方式、侧面装卸机方式也较多采用。

水平装卸法在港口是以挂车和叉车为主要装卸设备。在车站主要采用叉车或平移装卸机的方式,在车辆与挂车间或车辆与平移装卸机间进行换装。

③货捆作业法:用捆装工具将散件货物组成一个货物单元,使其在物流过程中保持不变,从而能与其他机械设备配合,实现装卸作业机械化。

④网袋作业法:将粉粒状货物装入多种合成纤维和人造纤维编织成的集装袋,将各种袋装货物装入多种合成纤维或人造纤维编织成的网,将各种块状货物装入用钢丝绳编成的网,这种先集装再进行装卸作业的方法称为网袋作业法。

⑤挂车作业法:利用挂车的可行走机构,连同货载一起拖运到火车车皮上或船上的装卸

方式。挂车作业法属水平装卸,是所谓"滚上滚下"的装卸方式。

⑥框架作业法:框架通常采用木头或金属材料制作,要求有一定的刚度、韧性,质量较轻,以保护商品、方便装卸、有利运输作业。

(3)散装作业

散装作业指对大批量粉状、粒状货物进行无包装散装、散卸的装卸方法。装卸可连续进行,也可以间断,但是,都需机械化设施、设备。在特定情况下且批量不大时,也可采用人力装卸。散装作业方法主要有以下几种:

①倾翻法:将运载工具的载货部分倾翻从而将货物卸出的方法。

②重力法:利用散货本身重量进行装卸的方法,这种方法必须与其他方法配合,首先将散货提升到一定高度,具有一定势能之后,才能利用本身重力进行下一步装卸。

③机械法:采用各种机械,使其工作机构直接作用于货物,如通过舀、抓、铲等作业方式达到装卸目的的方法。其主要有两种方式:

• 用吊车、叉车改换不同机具或用专用装载机,进行抓、铲、舀形式作业,完成装卸及一定的搬运作业。

• 用皮带、刮板等各种输送设备,进行一定距离的托运卸货作业,并与其他设备配合实现装货。

3. 人员安排

车辆到达仓库后,由于受到车辆到货时间、人力、设备、卸货口等条件的约束,需要对车辆和人员进行排班,使资源利用最大化。人员作业排班主要受到入库商品信息、入库优先级、卸货作业能力、卸货批次的影响。

(1)入库商品信息

仓库首先获得当天需要入库量的信息,商品信息中需要包含商品名称、商品所在车辆信息、装载量等。入库商品信息根据企业的供应链尽量提前一定周期(天)获得,以便对第二天的工作任务进行计划和人员安排。

(2)入库优先级

我们以按客户优先级入库为例进行说明。首先对入库的货量进行批次划分,然后在每个批次内设置优先级,优先级可以根据实际的仓储环境设置,比如按照供应商的重要性进行划分,A 类供应商优先入库。

(3)卸货作业能力

卸货作业能力是指单位时间的卸货量,这里的卸货量可以是"立方米",也可以是"托"等。装卸作业活动的资源主要由人员、设备和月台构成,其中装卸设备要根据具体情况进行拆分,有的装卸活动中的设备只需要托盘,有的需要叉车,有的需要输送线,也有的需要升降平台或者其他设备,设备所影响的参数主要体现在装卸速度和购置成本上。

卸货口数量也会对卸货作业能力产生影响。同时作业的卸货口数量越多,卸货的总速度越快。但是通常卸货口会受到物流中心面积和场地形态的限制,由此会造成一定时间内的车辆等待时间。

(4)卸货批次

通过对当天的卸货量以及作业能力的分析,可以输出最佳的卸货批次计划。同时,对于物料卸货的优先级,也是在同一个批次下完成优先级制定。如果采取比较简单的制订批次计划的方法,可以考虑直接根据物流中心能够泊车的数量划分为一个批次,如果泊车位的车辆数大于一天的装卸车辆数,也可以将所有的卸货车辆作为一个批次。

职场直通车

A 企业物流数据分析岗位职位描述:

1. 建立和优化业务逻辑模型和数据模型,包括S&OP(销售与运营规划流程)预测、仓储布局、订单合并与拆分等。
2. 通过数据挖掘,提炼出仓储物流运营质量的改善方向和商家分布区域。
3. 负责电商业务的供应链数据分析,并推动业务问题解决和落地。
4. 负责物流运营指标监控及报表优化。

B 企业物流数据分析岗位职位描述:

1. 对每日出入库数据进行录入汇总并进行分析,为有效库存管理提供数据支持。
2. 及时地反映库存状况,确保库存数据的可靠性及准确性。
3. 执行和完善部门的规章制度,规范作业标准及流程,提高效率。
4. 各类报告及基准的整理,做好相关数据的汇总。
5. 负责仓库物资盘存并汇总,制作各项物资管理报表。

任务实施

确定人员的排班计划

步骤一:分析目标

确定人员的排班计划。

步骤二:分析原理

在各种资源和条件的约束下,根据需要卸货的物流量、车辆装载量与卸货资源的作业能力进行人员排班,形成人员排班计划表(表 7-7)。

微课:人力规划(下)

表 7-7　　　　　　　　　　人员排班计划表

车辆编号	车型	到达时间	等待时长	装载货量(t)	月台编号	开始卸货时间	卸货时长	作业班组	作业人数(人)	卸货完成时间
TS20571	17.5米	8:00	0	108.0	3号月台	8:00	3:00	班组1	3	11:00
TS31626	9.6米	8:10	0	45.0	1号月台	8:10	2:00	班组4	2	10:10
TS43573	17.5米	8:13	0	99.0	5号月台	8:13	3:00	班组2	3	11:13
TS98354	4.2米	8:22	0	14.8	6号月台	8:22	0:30	班组5	1	8:52

(续表)

车辆编号	车型	到达时间	等待时长	装载货量(t)	月台编号	开始卸货时间	卸货时长	作业班组	作业人数(人)	卸货完成时间
TS87356	9.6米	8:25	0	40.0	4号月台	8:25	2:00	班组6	2	10:25
TY18796	13.5米	8:31	0	67.4	2号月台	8:31	2:30	班组6	2	11:01
TS39886	9.6米	8:34	2:26	47.9	1号月台	11:00	2:00	班组4	2	13:00
TS27891	17.5米	8:43	0	103.0	7号月台	8:43	3:00	班组3	3	11:43
TS24563	17.5米	8:49	2:11	110.0	3号月台	11:00	3:00	班组1	3	14:00
TS39981	7.6米	8:52	0	34.0	8号月台	8:52	1:30	班组7	2	10:22
TS26654	7.6米	9:05	1:17	33.0	8号月台	10:22	1:30	班组7	2	11:52
TS27663	17.5米	9:13	2:00	110.0	5号月台	11:13	3:00	班组2	3	14:13
TS38902	17.5米	9:30	2:13	117.6	7号月台	11:43	3:00	班组3	3	14:43
TS47992	7.6米	9:50	2:02	32.0	8号月台	11:52	1:30	班组7	2	13:22
TS24537	7.6米	10:13	3:09	36.5	8号月台	13:22	1:30	班组7	2	14:52

步骤三：实施过程

选择"车辆编号""作业人数"两列，单击"插入"，选择建议的图表，然后选择"簇状条形图"，如图7-17所示。

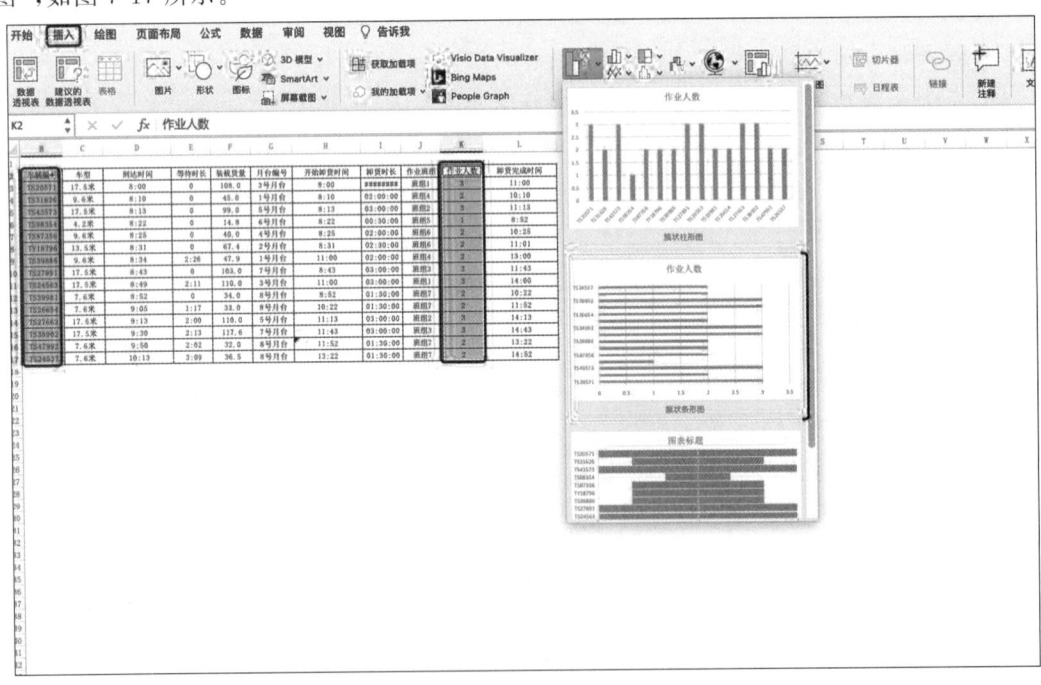

图7-17 选择推荐的图表中的簇状条形图

得到人员排班的可视化图形如图7-18所示。

通过可视化结果，对比得出TS98354的作业人数最少，需要调配的也最少。

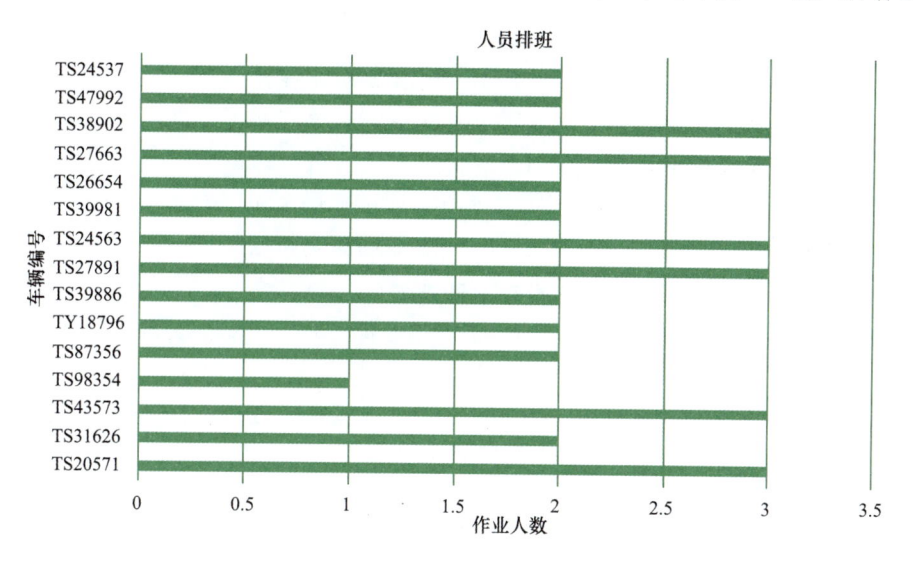

图 7-18　人员排班的可视化图形

习 题

一、单选题

1. 影响库房可用高度的因素为库房本身高度和（　　）。
   A. 垛距　　　　　　　B. 顶距　　　　　　　C. 墙距　　　　　　　D. 五距
2. 从仓库外墙开始算起，整个建筑物所占面积之和为（　　）。
   A. 仓库总占地面积　　　　　　　　B. 仓库使用面积
   C. 仓库有效面积　　　　　　　　　D. 仓库面积利用率
3. 仓库可以用来放置货物的面积之和为（　　）。
   A. 仓库总占地面积　　　　　　　　B. 仓库使用面积
   C. 仓库有效面积　　　　　　　　　D. 仓库面积利用率
4. 仓库内计划用来存放货物的面积为（　　）。
   A. 仓库总占地面积　　　　　　　　B. 仓库使用面积
   C. 仓库有效面积　　　　　　　　　D. 仓库面积利用率
5. 仓库有效面积占仓库使用面积的比率为（　　）。
   A. 仓库总占地面积　　　　　　　　B. 仓库使用面积
   C. 仓库有效面积　　　　　　　　　D. 仓库面积利用率

二、多选题

1. 仓储规划除了选址规划之外，还包括（　　），它是物流规划中的一个重要模块。
   A. 库内仓容规划　　　　　　　　　B. 库内布局规划
   C. 作业流程规划　　　　　　　　　D. 流程规划
2. 库内仓容规划，需要明确仓库内可用面积的容量，考虑（　　）。
   A. 货物存放的类型　　　　　　　　B. 设施设备
   C. 通道的面积　　　　　　　　　　D. 货物质量

3. 影响仓库库容的主要因素包括（　　）。

A. 存储量　　　　　　　　　　　B. 库房可用高度

C. 地坪承载　　　　　　　　　　D. 货物本身属性

4. 归纳后出入库容量主要受（　　）影响。

A. 存储量　　　　　　　　　　　B. 库房可用高度

C. 仓库面积利用率　　　　　　　D. 货物堆码

5. 影响库房可用高度的因素为库房本身高度和（　　）。

A. 垛距　　　　B. 顶距　　　　C. 墙距　　　　D. 柱距

三、判断题

1. 单一的物流动线，是在规划物流动线时，保持直线作业，避免迂回和交叉，便于监控和管理。（　　）

2. 作业同一是指要保证在同一个区域内，作业的工具、拣货的方式、货物的体积和质量相差不大，否则将影响该区域的设备和设施的配置。（　　）

3. 货物堆码高度是库房横梁高度减去顶距或库房横梁高度减去灯的长度，再减去灯距后的最高高度。（　　）

4. 库容量的计算只受库房可用高度的影响。（　　）

5. 在实际的作业过程中，出于搬运和安全方面的考虑，堆码高度一般为1.5米。（　　）

学习单元 8

干线物流路线规划

学习目标

知识目标：

- 掌握常见物流方式的优缺点
- 掌握常见物流方式的选择方法
- 掌握物流节点的场内布局
- 掌握物流路线的优化方法

技能目标：

- 根据专家意见法结合定量分析确定运输方式
- 学会场内布局的面积计算方法
- 学会物流路线优化的方法

思政目标：

- 坚定不移贯彻创新、协调、绿色、开放、共享的新发展理念
- 注重人文关怀，创新驱动人才发展

思维导图

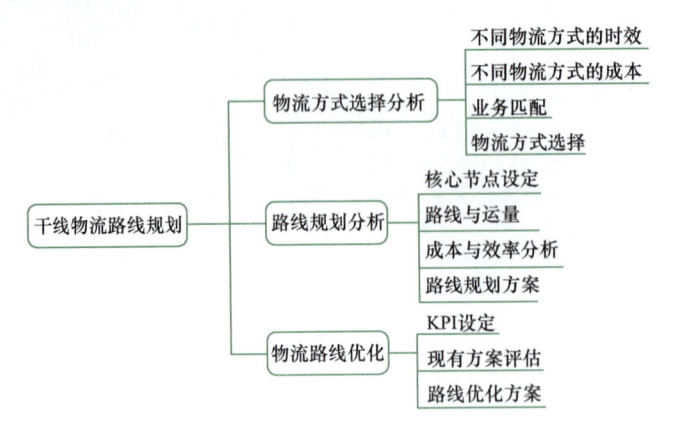

```
干线物流路线规划 ─┬─ 物流方式选择分析 ─┬─ 不同物流方式的时效
                 │                  ├─ 不同物流方式的成本
                 │                  ├─ 业务匹配
                 │                  └─ 物流方式选择
                 ├─ 路线规划分析 ─┬─ 核心节点设定
                 │              ├─ 路线与运量
                 │              ├─ 成本与效率分析
                 │              └─ 路线规划方案
                 └─ 物流路线优化 ─┬─ KPI设定
                                ├─ 现有方案评估
                                └─ 路线优化方案
```

单元导入

运输方案的分析

A公司为甘肃省1 736所小学免费配送110 080台电脑,因此A公司本次运输配送任务主要采用公路运输,以笼箱运输模式,从南京B公司,准时、安全地将电脑送到甘肃省各所小学。

一、运输配送工作主要概况

1.起运地与目的地。

起运地:南京B公司。

目的地:甘肃省1 736所小学。

2.运输对象和运输量。

运输对象:一批从南京B公司发往甘肃1 736所小学的电脑。

运输量:110 080台电脑。

3.运输时间估计。

采用公路运输,从南京到甘肃的距离约为1 765公里,货车在高速公路的速度不能超过120公里/小时,这里我们假设货车的速度为100公里/小时,并且是连续行驶,则需要约18个小时。考虑到堵车、收费站、天气变化以及甘肃各所小学的远近等耗用时间,运输时间估计3天左右。

4.运输方式:公路运输。

二、运输配送的准备工作

1.与南京B公司和当地分公司联系,签订合同,并制定相关单据。

2.了解运输货物规格、型号、数量、价格,从而确定包装、集装箱类型与运输车辆和驾驶员数量。

3.研究甘肃省各个小学的分布,从而确定货物装车情况。

4.确定运输路线、运输节点,并制订备选方案。

5.与甘肃各个小学负责人联系,通知到达时间,准时接货。

6.购买相关保险与制定保价和货物运输理赔原则。

三、采用的信息技术设备及手段

1.安检设备:无损安检设备,能够检测包装箱内容物是否含危险成分,保证运输及储存过程的安全性。A公司的货物在入库前都要通过安全检测仪器,以确保货物的安全性。

2.条形码技术设备:A公司的每一个货物包装上面都有条形码,利用手持式条形码扫描器快速获取货物信息,并实时传输到公司信息系统以及客户查询系统,实现对货物信息流程的跟踪。

3.GPS定位:A公司所有的配送车辆都装有GPS定位仪,公司能够根据数据监控车辆的地理位置实现对快件的全程跟踪。

4.信息管理系统:确保零部件信息的实时传递,方便客户查询。

四、运输业务整体流程

1.基础资料:车辆信息、运输节点、客户资料、包装、驾驶员、集装箱类型信息。

2.价格管理、运力管理、车辆安检、路线管理、业务管理(集装箱业务、零担业务)。

(1)集装箱业务:业务管理与审核,派车,全程网上跟踪,车辆返回,费用结算,核算成本。

(2)零担业务:派车,全程网上跟踪,车辆返回,费用结算,核算成本。

五、运输配送工具的选择

采用国际领先的笼箱运输模式,定制的金属笼箱,双锁运作,箱车从发出至到达全程封闭,确保货物安全抵达。

本次运输采用公路运输,并且运输工具来自本物流公司。

六、运输路线的选择

A公司配送采取的运输方式是公路运输,原因是公路运输是一种机动灵活、简捷方便的运输方式,在短途货物集散运转上,比铁路、水路等运输方式具有更大的优越性,尤其在实现"门到门"的运输中重要性更为显著。

七、运输紧急预案分析

若在运输过程中出现运输事故,则首先在确保安全的前提下,对货物进行核查,并且积极配合有关部门的调查处理工作。

思考:

1.物流运输方式有哪些?

2.怎么选择适合自己企业的物流运输方式?

启示:

1.根据企业自身发展情况选择适合自己的物流公司和运输方式。

2.选择物流公司时,除了在成本上进行考虑外,也要对服务和效率进行综合考虑。

任务 8-1 物流方式选择分析

知识准备

商品从产地到销地需要借助运输来实现。根据物流运输批量、距离和时效的不同要求,产生了不同的物流运输方式。根据使用的基础设施不同,物流运输分成了航空运输、公路运输、铁路运输、水路运输和管道运输。虽然运输的基础设施不同,但运输系统都包含相同的构成要素:运输节点、运输线路、运输工具和运输的参与者。

在不同的商品贸易中,需要采用不同的运输方式完成商品的履约。时效、成本与业务的匹配度,共同决定了交易双方物流方式的选择。

在日常的运输履约中,电商商品常见的履约方式为公路运输和航空运输;大宗商品的交易中,常见的履约方式为水路运输或铁路运输;石油、天然气的运输多为管道运输。可以看到,交易的品类(消费品、工业品)和形式(B2C、B2B)共同决定了哪种物流方式最优。

不同的物流方式也决定了花费、时效等的不同,下面我们对不同物流方式进行对比。

① 航空运输

采用全货机或利用飞机机舱进行货物运输的方式,我们称为航空运输。依靠航空运输的方式,能建立企业高时效、高服务的品牌形象。

航空运输的优势:

- 时效快:航空运输是所有物流运输方式中时效最快的,在国内通航的城市之间,加上前端揽收和末端配送,基本上能够实现 24 小时达,最大履约时效为 48 小时,是高品质物流和紧急物流的首选运输方式。国际航空货物运输一般 1~3 天就到了,如果是直飞,只要几个小时到十几个小时,一般当天就能到;如果需要中转,比如中国没有飞机直接飞到南美洲,就要通过美国或欧洲中转,一般 3~5 天也到了。
- 安全性高:飞机在比较稳定的气流中飞行,波动小且时间短,可以有效降低货物的破损和差异率,因此易碎品、易腐品、生鲜果蔬等特别适合航空运输。

航空运输的劣势:

- 资源稀缺性:航空运输的线路、机场的容量等资源都具有稀缺性的特点,容易形成进入门槛;同时机场的建设、航线的开设都需要获得政府等监管部门的同意。
- 货物限制性:由于机舱本身的限制,超大、超长、超重的货物都无法进行航空运输,同时一些液体、危化品等也无法使用航空运输。

② 公路运输

公路运输是最为常见的运输方式,在国内占据 70% 以上的货运量。公路运输按照组织形式的不同,可以分为整车运输、零担运输和集装箱运输。

整车运输可简单理解为发运时需要发运货物占用一辆整车的方式进行转运,不再装载其他货物的方式;零担运输为在运输中需要通过货物的集散达到车辆满载的运输方式;集装箱运输则为使用集装箱作为运输的容器,采用公路方式进行运输,此种方式在目前的甩挂运输、多式联运中较为常见,标准化的运载单元能够降低转运的成本,同时提升转运的效率。

公路运输的优势是机动灵活:遍布整个国内的公路网络,促进了国内公路运输的繁荣。公路运输能够使货物到达每个角落,也往往是其他运输方式实现最后一公里配送的运输方式。

公路运输的劣势:

• 装载量小:由于货车车厢和运输路面的限制,公路运输无法装载超重、大件货物,不宜走长途运输。

• 容易出现货损:车辆在行驶中震动较大,易造成货损货差事故。

③铁路运输

铁路运输是利用铁路进行货物运输的方式。

铁路运输的优势:

• 运量大:铁路的平均运输能力单次可达4 000吨,远远大于公路运输的单车运量,特别适合大宗物资的路上运输,常见的煤炭、粮食等运输往往依靠铁路来完成。

• 受自然条件影响小:铁路运输具有高度的导向性,在一般的自然条件下,都可以安全行驶,受自然条件的影响较小。

铁路运输的劣势:

• 建设成本高:铁路运输的固资比例远远高于其他物流运输方式,如果规划不好,需要拆除重建,故投资风险较大。

• 运输柔性不足:铁路运输需要达到一定的运输量才能显示其规模效应,这样会使铁路运输在时效性等方面受到很大的影响,缺乏履约柔性。

④水路运输

利用海洋、内河等方式的运输形式为水路运输,在国际贸易运输中较为常见。

水路运输的优势:

• 高运输能力:在远洋运输中,20万吨油轮和10万吨的散货船已经非常常见。

• 低运输成本:每千米的内河运输成本相当于铁路运输的1/2,公路运输的1/3。

水路运输的劣势是速度慢:由于海洋分布和海洋的河道限制,有时需要线路的迂回,受港口和气候的影响较大。

素养园地

做勇于创新的时代新人

物流业作为基础性、战略性、先导性产业,是国民经济发展的重要一环。国家陆续出台的智慧物流相关政策使物流降本增效,增强了物流企业活力,畅通物流全链条运行。在良好的国家政策背景下,我国的智慧物流发展达到了新高度。

智慧物流具有联通性强、融合度广、运行效率高等优势,代表着现代物流业的发展方向。智慧物流将RFID、传感器、GPS、云计算等信息技术广泛应用于物流运输、仓储、包装、装卸搬运、流通加工、配送、信息服务等各个环节,实现物流系统的智能化、网络化、自动化、可视化、系统化。

物流专业学生要学习国家科技工作者、行业典型工作者勇于攻坚克难、追求卓越的科研态度,立足物流行业发展情况,与时俱进,敢为人先,心怀责任,勇于担当,勇做新时代科技创新排头兵,发扬敬业、精益、专注、创新的科研精神,结合国家出台的一系列意见,深刻领会国家发展战略和精神,不断提升专业素养,抓住国家快速发展的战略机遇期,积极寻找实现个人价值与才华抱负的成长舞台和发展机遇,积极投身到建设祖国的事业当中,成为经得起实践磨砺和检验的时代新人。

⑤管道运输

管道运输常用于石油、天然气等的运输。

管道运输的优势:

- 运输不需要包装:在运输的过程中,不需要包装,节约包装成本。
- 耗能少,成本低。
- 单向运输,无回空运输问题。

管道运输的劣势:

- 专用性强:只能运输石油、天然气及固体料浆。
- 机动灵活性小。

通过了解不同的运输方式的优劣势,实际中可根据客户的需求情况,结合货物的形态和价值,比较不同运输方式的时效、成本等,选择与业务相匹配的运输方式。

1. 不同物流方式的时效

通常来讲,600 km 以内比较适合公路运输,1 500 km 以内比较适合铁路运输,1 500 km 以上比较适合航空运输。具体采用何种方式,需要考虑运输方式的时效。

(1) 航空运输时效

航空货运的操作流程为:从转运中心至航站楼—办理商务手续—安检—配载—飞行—落地交接—到达转运中心—配送。运输时效为

$$T = T_{转} + T_{商} + T_{安} + T_{配}$$

式中　$T_{转}$——转运时间;

$T_{商}$——商务时间;

$T_{安}$——安检时间;

$T_{配}$——配送时间。

国内航空时效:基本上实现了重点城市 24 小时达。

国际航空时效:以广州发美国为例,广州(1 天)—美国洛杉矶(1～3 天)—清关放行(1 天)—UPS 配送,总时效 $T = 1 + 3 + 1 = 5$ 天,比水路运输要缩短 15 天左右。

(2) 公路运输时效

公路运输由于其灵活性及成本低,在最初一公里和最后一公里的运输中起到了重要的衔接作用,同时在国内运输的干线运输中,也具有不可替代的作用。运输时效为

$$T = \frac{l}{v}$$

式中　l——运输距离;

v——行驶速度,一般物流公司规定在 55～65 km/h。

例如,上海—北京,运输距离为 1 084 km,行驶速度为 60 km/h,干线运输时效 $\frac{1\ 084}{60} \approx 19$ h。

(3) 水路运输时效

海运时效一般是 25 天左右,快的时候 20 天。海运一般用于跨境贸易中,包括集装箱运输和散装运输。

海运的一般流程为:交货—装柜—出柜—报关—船运—清关—拆柜—派送。

交货——货运公司把货物运输至海关仓。交货需要花费具体时间看船公司船期安排;一般交货前都需要进行预约,按照预约时间进行送货。

装柜——交到海关仓之后,需要把货物统一装到货柜上,通常一个海关仓跟多家货运公司合作,货量很大,所以还需要排柜(排队)。

出柜——装柜完成后,开始把货柜运至码头等待上船,一般在装柜后的 1~2 天出柜。

报关——出柜到码头之后需要进行报关,按照基本程序进行申报、查验、报税,货柜抵达码头后的 1~2 个工作日完成报关工作。

船运——报关完成后安排预定的船期上船,根据运输距离的远近,时间为 7~30 天。

清关——到达目的港之后,靠岸进行排期清关,正常情况下需要 1~3 个工作日。

拆柜——清关结束后需要进行拆柜,一般为 1~2 天,然后货物会按照不同的区域进行分类,等待派送。

派送——拆好分类货物后,由落地配公司安排派送,快则 1~2 个工作日,慢则 3~5 个工作日。

如果受不可抗力因素的影响,也会影响海运时效,比如天气。

例如,从宁波港到全球主要地区的运输时效(参考)见表 8-1。

表 8-1　　从宁波港到全球主要地区的运输时效(参考)

目的港(代表国)	运输时效
日本、韩国	1~3 天
东南亚(新加坡、越南)	7~10 天
南亚(缅甸、印度)	15 天
中东线(阿联酋、迪拜)	15~25 天
地中海(以色列、希腊)	20~30 天
欧洲线(英国、法国、德国)	30~40 天
北美(美国、加拿大)	12~30 天
中美线(墨西哥、危地马拉)	20~30 天
南美线(哥伦比亚、智利、秘鲁、巴西)	25~35 天

(4) 铁路运输时效

根据铁路货物运输组织过程,考虑运输货物的差异性,铁路运输时效一般包括货物发送时间($T_发$)、运输期间($T_运$)以及特殊作业时间($T_特$)。计算公式为

$$T = T_发 + T_运 + T_特$$

$$T_运 = \frac{l}{l_r}$$

式中　l_r——日均运行公里数;

　　　l——运输里程。

l_r 一般取 250 km/天(普通货物),500 km/天(快运货物)。

目前中欧班列使用较多,运行时效为 13~18 天,比海运快 14 天左右。主要中欧线班列有:成都-德国纽伦堡、俄罗斯莫斯科;重庆-德国杜伊斯堡、波兰马拉;郑州-德国汉堡、慕尼

黑,波兰马拉、华沙,法国巴黎,意大利米兰,俄罗斯莫斯科、圣彼得堡;武汉-德国汉堡、慕尼黑,法国里昂;西安-德国汉堡、杜伊斯堡,波兰马拉;义乌-西班牙马德里;苏州-德国汉堡,波兰华沙。

(5)管道运输时效

管道运输在日常的物流作业中不常见,这里不进行详细介绍。

2. 不同物流方式的成本

指导运输和运营的两个基本原理是规模经济和距离经济,具体见表8-2。

表8-2　　　　　　　　　　　经济形势表

经济形式	存在原因	举例
规模经济	1.固定费用可按照整票货物质量分摊; 2.根据规模享受运价折扣	1.整车运输的单位成本低于零担运输; 2.能力大的运输工具的每单位运输成本低于能力小的运输工具
距离经济	1.分摊到每单位距离的装卸费用随距离的增加而减小; 2.费率随距离的增加而减小	800 km的一次装卸成本要低于400 km的二次装卸

(1)成本的分类

根据成本与运量的变化关系进行分类,成本可分为固定成本和变动成本。

固定成本是指在一定的时间和业务量内,不受业务量的波动变化而保持不变的成本;变动成本是指成本发生额随业务量的变动产生变化的成本,如人工成本、燃料成本等。

(2)影响成本的基本因素

①规模:运输企业的规模会直接影响运输成本。企业规模增大时,运输的平均成本下降,这种情况为运输的规模经济;反之,则为运输的规模不经济。

②运距:每种运输方式都有自己经济合理的运距范围,一般航空运输和海运适合长距离运输;铁路和内河运输适合中长距离运输;公路运输在短途运输中有优势。

同一运输方式设备大、装载量大,则经济运距通常也会较大,如普通飞机的经济运距在600 km,大型的波音747的经济运距在2 500 km以上。

③装载率:是指实际装载量占额定装载量的比率,比率越大,单位成本越低。比如,整车运输的单位成本要低于零担运输的单位成本。

(3)不同运输方式的成本构成(表8-3)

表8-3　　　　　　　　　　　不同运输方式的成本构成

运输方式	固定成本	变动成本
航空	飞机购置费/租赁费;机场建设费	燃油费;员工薪酬;起降及停机费用;维修费;餐饮费
公路	车辆购置费/租赁费	燃油费;员工薪酬;过路过桥费;维修费;保险费
铁路	车辆轨道;车站;编组站;车体;折旧费	人员薪酬;电力成本;燃料成本;维修成本
水路	船购置费/租赁费;船坞建设费	人员薪酬;燃料费;维修费;保险费;相关税费
管道	管道材料费	燃料动力费;修理费;职工薪酬;输气损耗费;其他相关费用

成本比较:按照吨公里成本进行比较和计算。吨公里成本(C)的计算公式为

$$C = \frac{运输费用}{运载量 \times 运输里程}$$

以厦门至天津运输(表 8-4)为例,价格按照 40 尺集装箱,装货 20 吨计算:

表 8-4　　　　　　　　　　厦门至天津运输

运输方式	运输费用(元)	距离(公里)	时间(天)
铁路	11 853	2 281	7
水路	1 895	3 000	8
公路	20 000	2 195	3
航空	1 000 000	1 690	1

$$C_{铁} = \frac{11\ 853}{20 \times 2\ 281} \approx 0.260\ 元/吨/公里$$

$$C_{水} = \frac{1\ 895}{20 \times 3\ 000} \approx 0.032\ 元/吨/公里$$

$$C_{公} = \frac{20\ 000}{20 \times 2\ 195} \approx 0.456\ 元/吨/公里$$

$$C_{航} = \frac{1\ 000\ 000}{20 \times 1\ 690} = 29.586\ 元/吨/公里$$

正常情况下,20 吨货物不通过航空进行运输。

通过计算可以得出:

$$C_{水} < C_{铁} < C_{公} < C_{航}$$

3. 业务匹配

物流业务匹配是指对货物品类、货物发运量、客户期望时效,结合不同运输方式的特性进行运输方式的选择。

要根据货物的性质、数量、运输距离、价格、时效等情况,选择运输方式,如图 8-1 所示。一般来说,贵重或急需的货物而数量又不大的,多由航空运送;容易死亡、变质的活物或鲜货,短程可由公路运送,远程而又数量大的可用铁路上的专用车运送;大宗笨重的货物,远距离运输,尽可能利用水运或铁路运输;凡是在化学上稳定的物质都可以用管道运送。

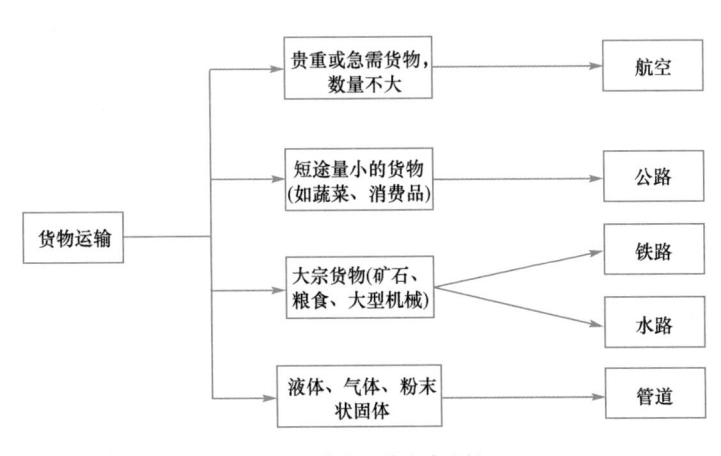

图 8-1　货物运输方式选择

例如,为下列货物选择最佳的运输方式(表8-5)。

表8-5　　　　　　　　　　物流业务匹配

货物类别和数量	起点至终点	铁路	公路	水路	航空
500万吨铁矿石	厦门-天津			●	
10箱疫苗	上海-包头				●
1 000万吨煤炭	太原-秦皇岛	●			
20吨小家电	西安-乌鲁木齐		●		
70吨活虾	舟山-重庆			●	

4. 物流方式选择

影响物流方式选择的因素包括货物的属性(易碎、高值、危险品、异型件等)、运输工具、运输成本、运输时效性。

在确定运输方式时,要在保证货物安全的前提下再比较时效和成本,当到货时效满足时再考虑成本低的运输方式。同时在企业不同的发展阶段,需要采用的物流方式选择策略也不尽相同。

在选择物流方式时,有两种方法:定性分析与定量分析。

(1)定性分析

根据使用运输方式的数量,可将物流方式分为单一运输方式和多式联运方式。在日常的物流活动中,特别是电商环节,以单一运输方式进行物流履约的方式最为常见。

①单一运输方式的选择

单一运:使用一种运输方式提供运输服务。公路、铁路、水路、航空和管道五种基本运输方式各有自身的优点与不足,可以根据五种基本运输方式的优势、特点,结合运输需求做出恰当的选择。

②多式联运方式的选择

多式联运:使用两种或两种以上的运输方式提供运输服务。考虑在现实作业过程中,企业一般会选择海运或铁路运输加公路运输的组合方式,有铁路与公路联运、公路或铁路与水路联运、航空与公路联运等。国际货物运输中,存在海运+管道/铁路运输的多式联运,我国采购原油后,使用海运通过印度洋运输至瓜达尔港,通过管道运输的方式将原油运至新疆境内,或通过陆上中巴铁路运输至新疆境内。

(2)定量分析

在物流方式的选择上,可对物流方式的安全性、经济性、时效性和便捷性四个方面进行综合评估或通过成本比较方式直接对比选择。

①综合评估法

步骤一,确定运输方式的评价因素:F_1(安全性)、F_2(经济性)、F_3(时效性)、F_4(便捷性)。

步骤二,确定各评价因素的权重:γ_1、γ_2、γ_3、γ_4。

步骤三,确定综合评价值:$F = \gamma_1 \times F_1 + \gamma_2 \times F_2 + \gamma_3 \times F_3 + \gamma_4 \times F_4$。

步骤四,根据得分结果,选择物流运输方式。

公司一般会利用德尔菲法(专家意见法)或头脑风暴法根据公司的业务类型确定各运输方式的评价因素和权重。

如某电商公司选择物流运输方式的评价因素采用专家意见法的得分见表8-6。按照1~5分评分,得分越高越好。

表8-6　　　　　　　　　　评分表

运输方式	安全性(分)	经济性(分)	时效性(分)	便捷性(分)
航空	5	1	5	3
公路	3	4	4	5
铁路	4	3	3	2
水路	3	3	3	2
管道	5	1	3	1

若,$\gamma_1=0.4,\gamma_2=0.3,\gamma_3=0.2,\gamma_4=0.1$。则

$F_{航}=0.4×5+0.3×1+0.2×5+0.1×3=3.6(分)$

$F_{公}=0.4×3+0.3×4+0.2×4+0.1×5=3.7(分)$

$F_{铁}=0.4×4+0.3×3+0.2×3+0.1×2=3.3(分)$

$F_{水}=0.4×3+0.3×3+0.2×3+0.1×2=2.9(分)$

$F_{管}=0.4×5+0.3×1+0.2×3+0.1×1=3.0(分)$

通过计算结果可以得出,此电商公司最优运输方式为公路运输,次优运输方式为航空运输。

②成本对比法

成本对比法是比较不同运输方式的成本、费用等,选择其最小值为最优方案。

任务实施

成本对比分析

公司需要将货物从A工厂运往自有的B仓库,年运量(D)为700 000件,商品的价格(C)为30元/件,存货成本为产品价格的30%(I),公司希望选择使总成本最小的运输方式。历史统计数据显示,运输时间每减少1天,平均库存水平可以减少1%。各种运输方式的有关参数见表8-7。

微课:物流方式选择分析

表8-7　　　　　　各种运输方式的有关参数

运输方式	运输费率(R)(元/件)	运输时效(T)(天)	每年运输批次(次)	平均存货量($Q/2$)(件)
铁路	0.10	21	10	100 000
公铁联运	0.15	14	20	46 500
公路	0.20	5	20	42 000
航空	1.40	2	40	40 500

通过不同的成本对比,选择相应的运输方式。

步骤一:计算总成本。

总成本=运输成本+在途存货成本+工厂存货成本+仓库存货成本

物流数据分析与应用

计算过程见表8-8。

表 8-8　　　　　　　　　　　　　　计算过程

成本类型	计算方法	运输方式			
		铁路	公铁联运	公路	航空
运输(元)	RD	0.10×700 000 =70 000	0.15×700 000 =105 000	0.20×700 000 =140 000	1.4×700 000 =980 000
在途存货(元)	$ICDT/365$	0.30×30×700 000 ×21/365≈362 465	0.30×30×700 000 ×14/365≈241 644	0.30×30×700 000 ×5/365≈86 301	0.30×30×700 000 ×2/365≈34 521
工厂存货(元)	$ICQ/2$	0.30×30× 100 000=900 000	0.30×30×50 000× 0.93=418 500	0.30×30×50 000× 0.84=378 000	0.30×30×25 000× 0.81=182 250
仓库存货(元)	$I(C+R)×2/Q$	0.30×30.1× 100 000=903 000	0.30×30.15×50 000× 0.93≈420 593	0.30×30.2×50 000× 0.84=380 520	0.30×31.4×25 000× 0.81=190 755
总成本(元)		2 235 465	1 185 737	984 821	1 387 526

步骤二：剔除相关公式得到表8-9的数据。

表 8-9　　　　　　　　　　　　　运输服务数据

成本类型	铁路	公铁联运	公路	航空
运输(元)	70 000	105 000	140 000	980 000
在途存货(元)	362 465	241 644	86 301	34 521
工厂存货(元)	900 000	418 500	378 000	182 250
仓库存货(元)	903 000	420 593	380 520	190 755
总成本(元)	2 235 465	1 185 737	984 821	1 387 526

步骤三：先选中"运输""在途存货""工厂存货""仓库存货"四行数据，按住 Ctrl 键，再选中"铁路、公铁联运、公路、航空"这一行，单击"插入"，选择"二维柱形图"中的"堆积柱形图"，如图8-2所示。

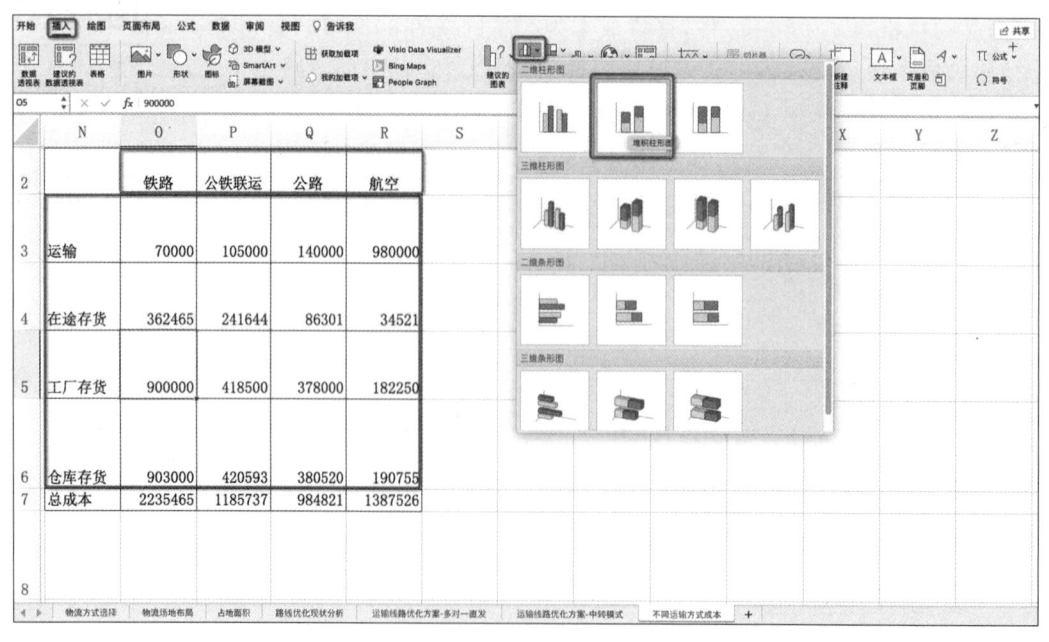

图 8-2　插入堆积柱形图

生成不同运输方式成本图,如图 8-3 所示。

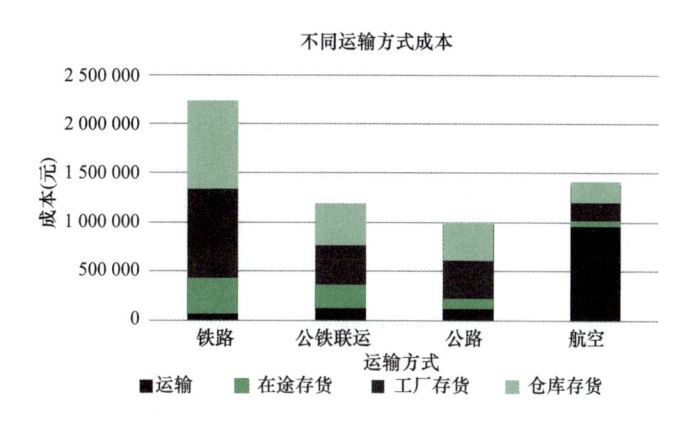

图 8-3 不同运输方式成本图

步骤四:分析图表。
①公路运输所需成本最小。
②铁路运输的仓库存货及工厂存货库存成本最高。
③航空运输的运输成本最大。

微课:成本分析

任务 8-2 路线规划分析

知识准备

航空网络建设、铁路网络建设、水路网络建设往往都是与国家发展规划与战略相匹配的,因此物流公司只需要按照已建成的网络使用即可,按照固定的时效进行选择。公路运输可作为航空网络、铁路网络、水路网络的前后端的衔接,实现头程物流和最后一公里物流的履约,同时公路网络四通八达,需要按照一定的规律规划和设计相应的节点和路径。

微课:路线规划分析(上)

本任务的重点是对公路运输网络的核心节点的设计以及路由、时效的规划,此部分规划在零担网络和快递网络运输中尤为重要,甚至会影响企业核心竞争力;影响路由网络规划的主要因素包括运输核心节点设定,路线与运量,这两个因素决定了物流运输的成本和效率,也决定了物流路线的规划。本任务不做特殊说明时,都是指对公路运输网络的规划和设计。

线路根据距离、在运输中所起的作用,分为干线、支线和末端网络。干线一般指省级或区域之间的货物运输线路,比如从山东济南到江苏无锡的线路即为干线;支线是指为送达二级地址或三级地址所需的网络,比如从江苏无锡至江苏淮安的线路即为支线;末端网络是为满足客户产品交付所具备的网络,比如从江苏淮安网点至工厂的运输线路。

其中,连接干线运输两端的核心节点的设置显得尤为重要,同时由于二级网络下的支线运输线路较多,核心节点场地布局的合理性也影响着运输线路的效率。

1. 核心节点设定

中国幅员辽阔，如果不对运输线路进行规划会导致全部直发的货量无法支持，企业无法控制运输过程中的各种风险以及物流运输的过程。

比如，两个城市各有 5 个网点进行货物的集散，那么存在的线路条数为：$C_{10}^2 = \frac{10 \times 9}{2 \times 1} = 45$ 条；如果在 5 个网点中，随意选择两个作为核心节点，则线路条数为：$2 \times C_5^2 + 1 = 21$ 条。同时考虑 5 个网点之间的货量关系，可以得出核心节点的选择，确定后则可得到物流网络的路由规划及时效。

核心节点的设定不仅仅包含核心节点的选择，而且需要对核心节点的内部进行场地布局和规划，从而提升核心节点的运营效率，同时能够防止核心节点运营出现无法满足需求的情况，即日常运营中的"爆仓"现象。

（1）核心节点的选择

核心节点的主要作用之一就是在保证时效的前提下，优化网络结构，节约运营成本。

在物流公司中，经常根据核心节点的场地规模、货物吞吐量、辐射网络大小等将节点分为一级枢纽、二级枢纽、三级枢纽等。

一级枢纽：沈阳、北京、济南、无锡、杭州、郑州、太原、西安、武汉、成都、广州等。

在网络建设初期，主要依靠一级枢纽之间的线路互发来满足正常的货物运输需求。

二级枢纽：哈尔滨、长春、石家庄、天津、包头、南京、合肥等重点二级城市。

三级枢纽：汉中、淮安等除省会城市之外的部分城市。

具体在城市中的选址，需要根据政府的规划。可根据前面单元所学习的定性和定量方法进行节点选择，这里不再赘述。

（2）核心节点内部布局

核心节点选择完成后，就需要根据业务量和服务水平（时效）进行节点内部规划，在物流公司称为运营中心或枢纽中心，这里采用枢纽中心的概念。一般枢纽中心的覆盖半径为 350 km，经济活跃区域，如长三角、珠三角、环渤海经济圈和华中经济圈的半径较小；西南、西北和东北由于地理环境的限制，覆盖的半径略大；末端网点经营密集区域，在距离转运中心 40 km 以外，结合网点发货量，在运作成本可接受的情况下，会建立二级或三级枢纽中心。

枢纽中心按照功能和外形可分为 L 形库、正方形库、矩形库、H 形库、U 形库。从目前物流公司情况来看，矩形库和 H 形库使用较多，考虑后期库房的改造等因素，矩形库最为常见。

在设计枢纽中心时，需要考虑卸货承载能力、功能区面积、装卸车位数量等。枢纽中心的场内布局一般按照功能和货物目的地进行划分，基本上分为卸货区、干线暂存区、支线暂存区、同城暂存区、装车区、异常处理区、加工区（打包、换箱、缠膜等）、物料区、电叉（最常见使用工具）停放区、办公区。单个枢纽中心根据实际情况进行设定。

枢纽中心一般采用到发分离的方式进行场地布局，动线简单清晰；主通道要保持 5 m 以上的宽度，方便电叉双向通行。一般来说，单边库最小宽度为 50 m，双边库最小宽度为 100 m，车位数和仓库面积的比例为 1∶160。

长途运输中，使用的车型以 9.6 米和 17.5 米为主。在涉及标准单元货区时，标准单元货区的场地承载量和货车的标准载重量要相一致。比如,9.6 米车型装载量 14 t,按照单托可承载 150 kg 计算,大概需要 94 个标准托盘,按照单个托盘 1.32(1.2×1.1)m² 计算,需要占地面积 124 m²。以 4 排货区为设计标准,每托长 1.2 m,宽 1.1 m,托板间距 0.1 m,地标线宽 0.1 m,则货区长度为 31.3 m,宽度为 4.9 m,暂存区面积为 153 m²。

48 个标准托盘的布局如图 8-4 所示。

图 8-4 布局图

标准单元货区面积计算公式为

$$S_{标} = w_{标} \times l_{标}$$

其中

$$w_{标} = n \times w_{托} + (n+1) \times w_{线}$$
$$l_{标} = m \times l_{托} + (m+1) \times l_{线}$$
$$标准托盘承载数 = n \times m$$

式中 $S_{标}$——标准单元货区面积;

$w_{标}$——标准单元货区宽度;

$l_{标}$——标准单元货区长度;

$w_{托}$——托盘宽度;

$l_{托}$——托盘长度;

n——货区排数;

m——货区托盘存放数。

2. 路线与运量

运输路线的测定直接影响运输工具的规划,路线上运输工具的满载率、运量的大小等影响运输成本的高低,也是决定利润和收益的关键。

(1)运输路线

运输路线按照覆盖区域范围划分,可分为三种,即干线、支线、末端线路。干线一般是指省级之间或区域之间的运输路线;支线则是设立在省内的运输分支,承担省内的货物运输;末端线路一般是同城之内的运输路线。这三类运输路线相辅相成,形成递进式运输网络。

(2)运量

运量是指运输企业在一定时期内实际运送的货物数量,以吨或者立方米为计量单位。

一定时期内的运量是反映企业经营状况的重要指标,常用的有发送货物吨数、到达货物吨数和运送货物吨数。

物流数据分析与应用

货物周转量是指各种运输工具在一定时期内实际运送的每批货物质量分别乘以其运距的累计数。计算公式为

$$货物周转量 = 实际运送货物质量 \times 货物平均运距$$

货物周转量不仅包含了运输对象的数量,还包含了运输距离的因素,能够全面地反映运输成果。

这里对2020年第二季度运输量和货物周转量数据进行对比和分析,具体见表8-10~表8-12。

表8-10　　　　2020年4月公路货物运输量　　　　计量单位:万吨、万吨公里

	货运量			货物周转量		
	自年初累计	本月	为去年同期(%)	自年初累计	本月	为去年同期(%)
总计	819 374	290 544	−15.9	143 846 237	51 566 804	−15.1
北京	5 381	2 009	−22.7	696 338	267 963	−20.3
天津	8 814	2 980		1 734 731	585 240	−5.3
河北	43 458	16 872		17 614 791	6 715 278	−24.4
山西	21 475	10 816		5 958 969	2 773 886	−18.8
内蒙古	25 141	7 660	−17.2	4 286 119	1 331 488	−20.4
辽宁	29 444	11 186		5 538 615	2 080 391	−20.9
吉林	9 238	3 003		3 060 757	1 003 157	−4.6
黑龙江	7 531	2 802	−25.2	1 635 584	714 965	−32.2
上海	12 910	3 721	−21.9	1 487 734	452 537	−42.5
江苏	44 716	16 392		9 228 728	3 612 643	−1.6
浙江	44 639	15 135		5 343 703	1 828 844	−12.2
安徽	65 638	24 756	−5.0	8 982 141	3 362 089	−4.5
福建	21 045	7 791		2 380 587	827 142	−7.5
江西	35 357	11 577		7 953 403	2 614 056	−6.2
山东	67 053	25 602	−1.0	18 929 411	6 466 015	−6.3
河南	49 163	19 739		14 046 691	5 378 343	−0.2
湖北	3 640	140	−90.9	293 774	13 497	−95.3
湖南	44 382	14 567		3 602 847	1 165 005	−7.8
广东	53 014	17 017	−23.2	5 625 505	1 835 195	−21.0
广西	33 150	10 736	−18.2	3 413 115	1 100 655	−18.4
海南	1 597	512	−22.4	96 484	31	−22.8
重庆	27 184	8 395	−3.8	2 878 370	888 902	−0.1
四川	39 345	13 413	−13.1	4 093 996	1 325 379	−7.2
贵州	23 081	8 027		1 795 724	623 662	4.6
云南	34 761	10 955	−6.6	3 007 742	935 491	−3.1
西藏	643	260	−23.8	238 658	82 158	−14.4
陕西	31 277	10 252	−9.0	4 831 222	1 593 312	−9.5
甘肃	15 046	5 813	−3.7	2 411 855	952 951	−2.8
青海	1 737	675	−26.6	235 733	91 481	−15.2
宁夏	8 292	3 163	−8.4	1 109 142	442 992	−3.8
新疆	11 222	4 578	−41.3	1 333 768	471 534	−39.3

表 8-11　　2020 年 5 月公路货物运输量　　计量单位：万吨、万吨公里

	货运量			货物周转量		
	自年初累计	本月	为去年同期(%)	自年初累计	本月	为去年同期(%)
总计	1 123 672	304 296	−12.0	196 019 688	51 596 983	−11.2
北京	7 545	2 164	−16.1	946 630	250 292	−15.4
天津	11 830	3 016	−2.8	2 339 955	605 224	−0.9
河北	61 196	17 738	−23.7	24 197 840	6 583 049	−20.7
山西	29 387	7 912	−21.1	8 126 361	2 167 392	−14.4
内蒙古	36 726	11 584	−12.1	6 152 094	1 865 975	−15.1
辽宁	42 047	12 603	−16.3	7 835 679	2 297 064	−17.1
吉林	12 445	3 207	−4.7	4 104 837	1 044 080	−5.5
黑龙江	10 175	2 644	−23.7	2 214 005	578 421	−29.2
上海	16 666	3 756	−20.1	2 013 337	525 603	38.9
江苏	62 252	17 536	−1.4	12 982 337	3 753 609	4.1
浙江	62 473	17 834	−6.0	7 481 238	2 137 535	
安徽	89 272	23 634	−3.0	11 965 197	2 983 057	−2.5
福建	29 814	8 769	−6.8	3 360 438	979 851	−2.4
江西	46 747	11 390	−1.8	10 635 770	2 682 367	−1.6
山东	92 723	25 670	−3.2	25 446 009	6 516 598	−2.8
河南	65 090	15 927		18 069 312	4 022 621	0.2
湖北	11 490	7 850	−77.9	1 537 766	1 243 992	−80.9
湖南	58 911	14 529	−2.9	4 741 487	1 138 640	−4.7
广东	72 172	19 157	−19.2	7 699 416	2 073 912	−16.9
广西	45 820	12 670	−14.3	4 622 122	1 209 007	14.8
海南	2 179	582	−16.3	132 035	35 551	−16.7
重庆	35 440	8 256	1.1	3 752 554	874 184	2.8
四川	52 558	13 213	−12.7	5 497 251	1 403 255	−5.4
贵州	30 754	7 673	1.2	2 372 770	577	
云南	45 303	10 542	−4.4	400 6281	998 539	0.8
西藏	943	300	−14.4	329 446	90 788	−8.9
陕西	40 829	9 552	−4.9	6 298 302	1 467 080	−5.4
甘肃	20 807	5 761	−0.6	3 352 400	940 544	
青海	2 588	851	−23.8	344 916	109 183	11.9
宁夏	11 533	3 241	−5.3	1 587 540	478 398	
新疆	15 957	4 735	38.0	1 874 363	540 595	−35.9

物流数据分析与应用

表 8-12　　2020 年 6 月公路货物运输量　　计量单位：万吨、万吨公里

	货运量			货物周转量		
	自年初累计	本月	为去年同期(%)	自年初累计	本月	为去年同期(%)
总计	1 432 200	308 529	−9.0	251 854 587	55 834 902	−7.8
北京	9 650	2 105	−12.3	1 189 502	242 872	−13.0
天津	14 804	2 974	−1.1	2 943 701	603 747	1.3
河北	82 110	20 914	−17.5	31 678 337	7 480 498	−15.2
山西	37 509	8 122	−18.4	10 671 829	2 545 468	−11.0
内蒙古	46 810	10 084	−9.4	8 085 389	1 933 295	−11.6
辽宁	55 920	13 873	−13.7	10 409 501	2 573 822	−14.1
吉林	16 344	3 899	−1.7	5 520 149	1 415 312	−2.3
黑龙江	13 124	2 949	−20.9	2 724 339	510 334	−28.4
上海	20 505	3 839	−18.3	2 589 190	575 853	−35.3
江苏	77 542	15 290		16 364 212	3 381 875	5.8
浙江	79 338	16 865		9 399 745	1 918 507	−2.7
安徽	110 031	20 759	−0.9	14 933 782	2 968 585	−0.3
福建	38 346	8 532	−3.1	4 295 064	934 626	0.9
江西	58 822	12 075	0.8	13 506 792	2 871 022	1.1
山东	116 754	24 031	−1.4	31 347 233	5 901 224	−1.2
河南	80 115	15 025	−1.4	23 135 072	5 065 760	1.3
湖北	25 471	13 981	−60.5	3 774 764	2 236 999	−62.1
湖南	73 965	15 053	−0.5	5 835 652	1 094 165	−2.5
广东	92 578	20 406	−15.4	9 911 291	2 211 875	−13.3
广西	58 485	12 665	−10.3	5 950 133	1 328 011	−10.4
海南	2 771	592	−12.3	168 710	36 675	−12.4
重庆	43 628	8 188	3.6	4 619 538	866 984	3.1
四川	63 533	10 975	−13.5	6 856 572	1 359 321	−2.9
贵州	37 571	6 817	1.9	2 858 621	485 851	8.0
云南	56 098	10 795	−1.7	5 056 770	1 050 489	4.7
西藏	1 252	309	−9.6	426 469	97 023	−5.5
陕西	53 209	12 380	−1.3	8 289 202	1 990 900	−1.7
甘肃	26 728	5 921	1.0	4 325 960	973 560	1.5
青海	3 654	1 066	−18.4	465 902	120 986	−8.9
宁夏	14 872	3 339	−3.4	2 063 259	475 719	5.3
新疆	20 663	4 706	−36.3	2 457 907	583 544	−34.7

2020年第二季度公路货运量、货物周转量、货物平均运距见表 8-13。

表 8-13　2020 年第二季度公路货运量、货物周转量、货物平均运距

省级行政区	货运量（万吨）	货物周转量（万吨公里）	货物平均运距（公里）
河北	55 524	20 778 825	374
吉林	10 109	3 462 549	343
西藏	869	269 969	311
河南	50 691	14 466 724	285
山西	26 850	7 486 746	279
山东	75 303	18 883 837	251
江西	35 042	8 167 445	233
江苏	49 218	10 748 127	218
黑龙江	8 395	1 803 720	215
天津	8 970	1 794 211	200
辽宁	37 662	6 951 277	185
内蒙古	29 328	5 130 758	175
甘肃	17 495	2 867 055	164
湖北	21 971	3 494 488	159
陕西	32 184	5 051 292	157
宁夏	9 743	1 397 109	143
上海	11 316	1 553 993	137
安徽	69 149	9 313 731	135
青海	2 592	321 650	124
北京	6 278	761 127	121
浙江	49 834	5 884 886	118
新疆	14 019	1 595 673	114
福建	25 092	2 741 619	109
四川	37 601	4 087 955	109
广东	56 580	6 120 982	108
重庆	24 839	2 630 070	106
广西	36 071	3 637 673	101
云南	32 292	2 984 519	92
湖南	44 149	3 397 810	77
贵州	22 517	1 110 090	49
海南	1 686	72 257	43
总计	903 369	159 575 156	177

物流数据分析与应用

各地同全国数据对比见表 8-14。

表 8-14　　　　　各地同全国数据对比

省级行政区	2020年第二季度货运量（万吨）	在全国占比（%）
山东	75 303	8.34
安徽	69 149	7.65
广东	56 580	6.26
河北	55 524	6.15
河南	50 691	5.61
浙江	49 834	5.52
江苏	49 218	5.45
湖南	44 149	4.89
辽宁	37 662	4.17
四川	37 601	4.16
广西	36 071	3.99
江西	35 042	3.88
云南	32 292	3.57
陕西	32 184	3.56
内蒙古	29 328	3.25
山西	26 850	2.97
福建	25 092	2.78
重庆	24 839	2.75
贵州	22 517	2.49
湖北	21 971	2.43
甘肃	17 495	1.94
新疆	14 019	1.55
上海	11 316	1.25
吉林	10 109	1.12
宁夏	9 743	1.08
天津	8 970	0.99
黑龙江	8 395	0.93
北京	6 278	0.69
青海	2 592	0.29
海南	1 686	0.19
西藏	869	0.10

注：这里不包含中国香港、澳门、台湾地区的数据。

通过表 8-14 可以看出一个地区的经济实力与物流活跃度的关系：

山东省的货运量占全国的 8.34%（未统计我国香港、澳门、台湾地区的数据），与中国物流中转中心的地位相符；安徽与广东作为制造业基地，货运量也名列前茅。选择物流就业也要多考虑物流活跃程度。

行业观察

物流行业分析

新时代下，传统物流企业必须深入端到端的供应链运营与管理，以供应链服务形成新型组织模式,调整传统的商业模式,对供应链各环节进行优化,这样才能为用户持续带来价值。此外,随着物流企业、无人驾驶技术企业、主机厂三方的有力合作,无人驾驶技术将可以助力智慧物流的智能化、无人化转型,改善司机作业环境、提升交通安全,大幅降低成本,进而重塑干线物流运输的市场业态。

随着互联网的高速发展,我国的线上渠道目前已经步入成熟期,不论是线上的品牌或是产品,都已经达到了很大的数量,而产品的销售方面以及与金融方面的协作也已经进入完善和维护的阶段。线上渠道的未来发展,将主要向物流方面发力,实现真正的智能化物流是未来的趋势。

当前,随着物流管理的自动化、智能化和供应链企业之间物流协作的紧密性进一步提高,物流信息化进入了智能物流阶段。目前我国物流还是分散的,很多物流需求、物流供给很难有效对接。未来,我国将构建一个强大的物流技术网络、强大的智能信息网络、高效的物流组织运营网络,来服务生产、生活、流动、流通和贸易。

3. 成本与效率分析

当核心节点和路线与运量确定了,就需要就成本与效率展开分析。

(1)运输成本分析

运输成本是指运输企业为完成货物交付所发生的一切费用总和。一定时期内的运输支出总额称为该期的总运输成本;一定时期内的单位运输的支出称为单位运输成本。物流运输企业为生产经营活动所支付的各项支出,一般称为营运费用。在这些费用中,一部分是为运输生产所消耗的,另一部分则是与经营期间有关的消耗,我们把为运输生产所消耗的费用按一定的范围和对象进行汇集或分配,就构成了运输成本。运输成本的控制对整个企业的经济效益提高有着很重要的意义。

运输成本一般由人员成本、车辆成本和管理成本组成。

$$运输成本 = 人员成本 + 车辆成本 + 管理成本$$

在物流运输中最重要的是要控制车辆成本。车辆成本分为外包车辆成本和自营车辆成本。外包车辆成本需要参考市场价格和项目情况而定,不作为重点分析,这里重点分析自营车辆成本。

自营车辆成本包含固定成本和变动成本。

$$车辆成本 = \sum(固定成本 + 车公里变动成本)$$

$$单位运输成本 = \frac{当月运输成本}{单月运输周转量}$$

通常用吨公里成本或方均成本进行线路和车型之间的成本比较。

$$轮胎损耗成本 = (轮胎采购价格 - 轮胎残值)/轮胎报废公里数$$

$$大修费用 = \frac{预计大修次数 \times 每次大修费用}{预计使用年限}$$

根据表8-15的数据,按月行驶10 000 km的成本计算,4.2米车使用数量为2辆,6.2米车使用数量为1辆,9.6米车使用数量为1辆。

表 8-15　　　　　　　　　　　　　车辆成本结构

类别	项目	4.2米车	6.2米车	9.6米车
基本信息	车辆尺寸（长×宽×高）	4.2 m×1.8 m×1.9 m	6.2 m×2.2 m×2.3 m	9.6 m×2.4 m×2.6 m
	满载方量(立方米)	14	31	60
	平均装载率(%)	80	80	80
	有效装载量(立方米)	11	25	48
	车辆吨位(吨)	2	4	10
固定成本	车辆投资(元/辆/年)	50 000	110 000	207 000
	折旧年限(年)	5	5	5
	折旧费用(元/辆/年)	10 000	22 000	41 400
	保险费(元/辆/年)	5 620	9 347	14 633
	营运年审费(元/辆/年)	400	400	400
	尾气年审费(元/辆/年)	50	50	50
	人员工资(元/2个司机/年)	192 000	240 000	360 000
	固定成本总计(元)	208 070	271 797	416 483
变动成本	0#油价(元/公升)	4.22	4.22	4.22
	燃油附加税(元/公升)	0.8	0.8	0.8
	耗油量(公升/百公里)	10	18	25
	轮胎耗损(元/公里)	0.015	0.017	0.064
	路桥费(元/公里)	0.226	0.334	0.469
	单位小修费用(元/辆/公里)	0.037	0.037	0.070
	单位大修费用(元/辆/公里)	0.027	0.027	0.038
	单位耗油(0#)费用(元/辆/公里)	0.502	0.904	1.255
	变动成本小计(0#)(元/辆/公里)	0.807	1.319	1.896

备注：根据季节温度变化情况，北方每年的12月1日至次年2月底使用−10#油；每年的3月1日至11月30日使用普通0#油。

4.2米车月成本＝月固定成本＋月变动成本＝年固定成本×车辆数/12＋变动成本×车辆数×行驶里程＝$\frac{208\ 070}{12}×2+0.807×2×10\ 000≈34\ 678+16\ 140=50\ 818$(元)

6.2米车月成本＝月固定成本＋月变动成本＝年固定成本×车辆数/12＋变动成本×车辆数×行驶里程＝$\frac{271\ 797}{12}×1+1.319×1×10\ 000=22\ 650+13\ 190=35\ 840$(元)

9.6米车月成本＝月固定成本＋月变动成本＝年固定成本×车辆数/12＋变动成本×车辆数×行驶里程＝$\frac{416\ 483}{12}×1+1.896×1×10\ 000≈34\ 707+18\ 960=53\ 667$(元)

结论：根据月成本，应选择6.2米车型。

(2)运输效率分析

运输车辆是物流企业主要的履约工具，车辆技术状况、各种车型配比和车辆生产率等指标，都直接影响单位运输成本。

车辆生产率的指标主要包括单车期产量、车吨期产量、车公里产量、车辆满载率。

①单车期产量是指每辆车在一定时期内完成的运输周转量。由于车辆吨(座)位大小不同,单车期产量是一项不可比指标,一般考核周期为月度、季度或年度。

②车吨期产量是指车辆每一吨位在一定时期内完成的运输周转量。它是综合反映车辆运用效率和生产效率的一项指标,一般考核周期为月度、季度或年度。其计算公式为

车吨期产量=周期天数×平均车日行程×车辆利用率×平均吨位×吨位利用率÷(1−托运率)

其中

$$车辆利用率 = \frac{实际利用车辆数}{全部运营车辆数} \times 100\%$$

$$吨位利用率(也称为车辆装载率) = \frac{实际装载量}{理论装载量} \times 100\%$$

$$托运率 = \frac{挂车周转量}{汽车周转量 + 挂车周转量} \times 100\%$$

上述公式中除周期天数外的其他五项指标,任何一项指标的变动都会影响车吨期产量,但它们对单位运输成本水平的影响程度不相同。

上述公式中的周期天数、平均车日行程和车辆利用率为车辆总行程的指标;平均吨位、吨位利用率、托运率指标表现为车辆的载运系数,即运输效率。

假定车辆的载运系数不变,仅靠提高车辆总行程指标来增加车吨期产量,那只能降低单位成本分摊的固定费用,车公里变动费用并不能因此而降低;如果车辆的总行程不变,通过提高车辆的载运系数而增加周转不仅可以减少单位成本中的固定费用,而且可以减少单位成本中车公里变动的费用。

吨位利用率和托运率的提高也有一定的限制,它们往往受货源、公路条件、车辆技术状况、生产组织、车辆调度工作等因素的影响。

• 托运率计算:某汽车公司2020年挂车完成货物周转量 26 450 000 吨公里,汽车完成货物周转量 42 456 000 吨公里。则

$$托运率 = \frac{26\ 450\ 000}{42\ 456\ 000 + 26\ 450\ 000} \times 100\% \approx 38.4\%$$

• 吨位利用率计算:9.6米车理论装载 15 t,实际装载 10 t,计算吨位利用率。

$$吨位利用率 = \frac{实际装载量}{理论装载量} \times 100\% = \frac{10}{15} \times 100\% \approx 66.7\%$$

开通干线或支线时,一般要求车辆装载率在50%以上,否则不允许开通此条运输线路的直发线路。

• 车吨期产量计算:某汽车公司2020年总车日为36 500车日,车辆利用率为85%,平均车日行程为300公里,平均吨位为5.5吨,吨位利用率为95%,托运率为30%。则

车吨期产量 = 36 500 × 85% × 300 × 5.5 × 95%/(1−30%) ≈ 69 473 839(吨公里)

③车公里产量是指每车公里完成的周转量。它不能综合反映车辆不同吨位大小之间的生产效率。

④车辆满载率是指车辆实际装载能力与理论装载能力的比率。车辆满载率的计算公式为

车辆满载率=满载运输的车辆数/总发车数×100%

4. 路线规划方案

确定了以上几点,我们就可以选择合适的路线规划方案,提高物流效率。

在货物运输量一定的情况下,要选择合适的行驶路线,在规定的时间内将货物送至客户手中。

(1)路由规划

路由是指货物从始发地通过直发或中转的方式完成到达目的地的路径。

路由规划是指在保证时效的前提下对货物运输路径的规划,对可能路径的选择。

常见的路由网络图(图8-5)包含的信息有:始发网点、始发分拣中心、目的分拣中心、目的网点、二级分拣中心、网点发车时间、始发分拣中心发车时间、目的分拣中心到车时间、目的网点到车时间等。如包含末端配送时间节点,则可计算整个路由的时效。

微课:路由规划的内容

网点	发车时间D0	时间
网点	发车时间D0	07:30
网点	发车时间D0	07:30
网点	发车时间D0	06:30
网点	发车时间D0	07:30

始发分拣中心 发车时间D0 10:30 ——干支线路——> 目的分拣中心 到车时间D1 22:30

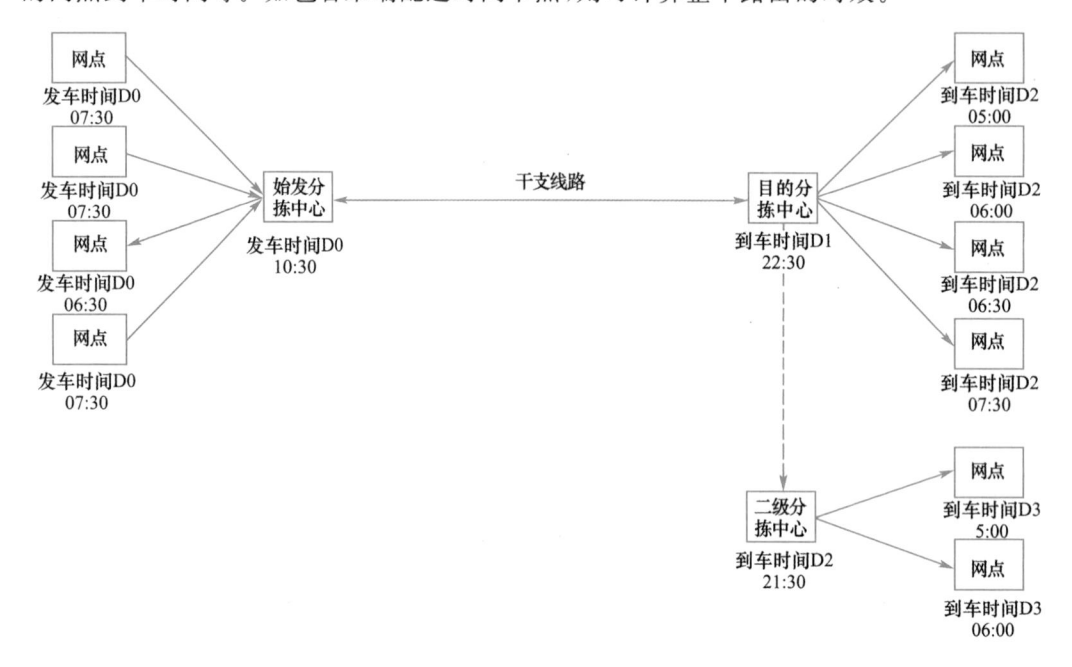

目的分拣中心分发至:
- 网点 到车时间D2 05:00
- 网点 到车时间D2 06:00
- 网点 到车时间D2 06:30
- 网点 到车时间D2 07:30

二级分拣中心 到车时间D2 21:30
- 网点 到车时间D3 5:00
- 网点 到车时间D3 06:00

图8-5 路由网络图

(2)路线规划

如何确定二级分拣中心和一级分拣中心的对应关系,以及分拣中心如何选择运输的车型、何时发车,何时到达,如何设定路上运输时效,如何设置目的网点发车时间等,都是路由规划方案的重点考虑因素。路线规划由两个分拣中心之间的运量、频次、服务水平(以时效来衡量)决定。

是否开通两个转运中心之间的陆运线路,要遵循以下原则:

①装载率优先级原则(图8-6)

②时效优先级原则

核心城市:24小时时效设计,比如北京、上海、广州、深圳、成都、武汉、西安、杭州等。

车线	原则
标准双边车	双边装载率>130%,任意一边装载率≥50%
经停双边车	不满足标准双边,经停后装载率>150%,任意一边装载率≥75%
隔日双边车	不满足经停双边,隔日后双边装载率>180%,任意一边装载率≥90%,同时该线路对时效要求不高
标准单边车	不满足双边车,单边装载率>80%
经停单边车	不满足标准单边,经停后装载率>75%
隔日单边车	不满足经停单边,隔日后装载率≥90%,同时对时效要求不高

（开线优先级递减）

图 8-6　装载率优先级原则

二级地址：48 小时时效设计，主要集中于收货地址为临沂、滨州、汉中、商洛、铜川、商丘、驻马店等地级市。

三级地址：72 小时时效设计，主要集中于收货地址为县级市或县城等三级城市，如玉田县、阜宁县、巨鹿县、武功县、杨凌市、兴平市等。

根据货量和时效确定使用的运输工具，按照原则设置路由方案即可。

③车型优先级原则

车型优先级见表 8-16。

表 8-16　车型优先级

运输距离	0～800 km	800～1 500 km	1 500 km 以上
参考车型	9.6 米	14.5 米	17.5 米
理论方量	55 立方米	94 立方米	123 立方米

根据距离，优先选择最小车型，否则不开通两个城市之间的直发路由。

任务实施

比较不同的货物运距

步骤一：分析目标

1. 确定哪种是最常见的运输方式。
2. 确定中国运距最大的省级行政区是哪个。

步骤二：分析原理

货物周转量＝实际运送货物吨数×货物平均运距

步骤三：实施过程

1. 选择表 8-13 的"省级行政区""货物平均运距"两列数据，单击"插入"，如图 8-7 所示。

微课：路线规划分析（下）

物流数据分析与应用

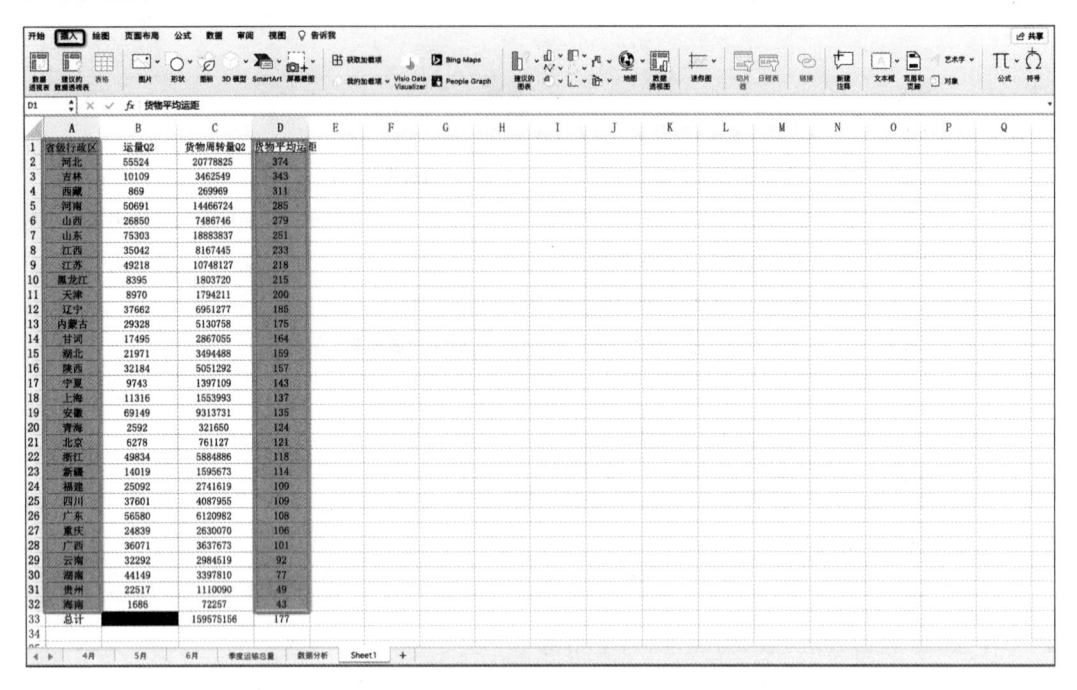

图 8-7　选择数据，单击"插入"

2. 选择"二维柱形图"中的"簇状柱形图"，如图 8-8 所示。

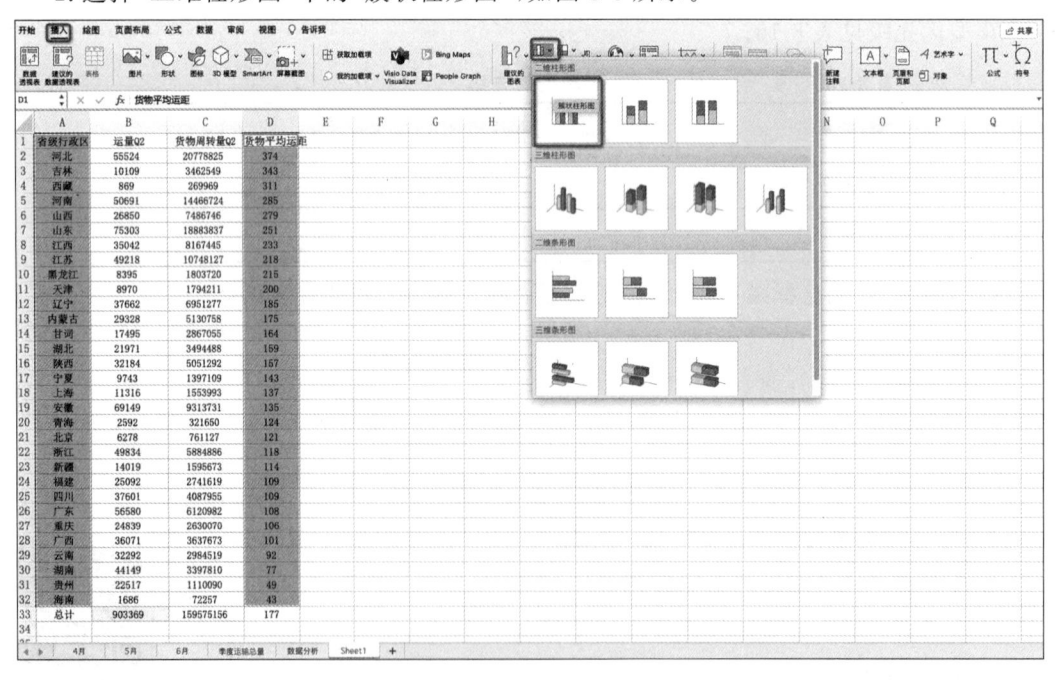

图 8-8　选择"二维柱形图"中的"簇状柱形图"

3. 得到货物平均运距可视化图形，如图 8-9 所示。

通过结果可以看到：

我国货物平均运距最大的省份是河北，货物平均运距为 374 公里，最小省份为海南，货物平均运距为 43 公里。

微课：货物运距分析

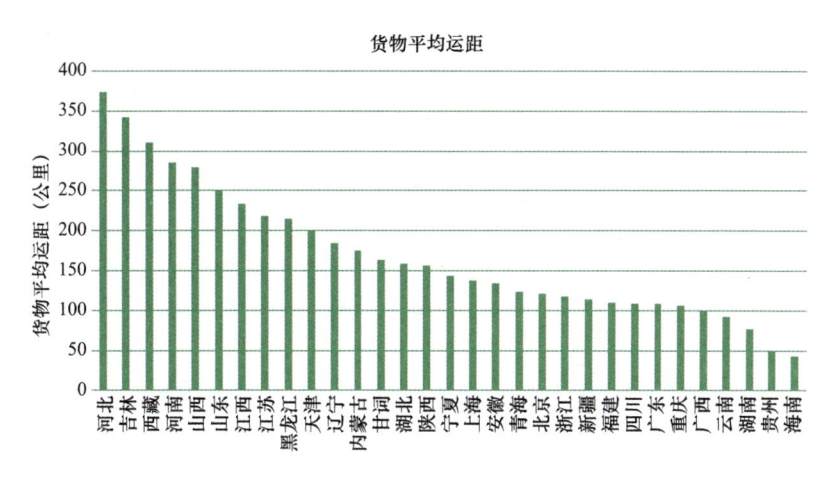

货物平均运距

图 8-9　货物平均运距可视化图形

任务 8-3　物流路线优化

知识准备

当目标线路的货量超过运力额定装载,线路的装载率低于正常水平,路由动态时效达成低,线路货量快速增长的外部需求出现;或开发业务拓展新开流向,季节性产品营销,运力资源变更,运营操作条件变更等内部需求出现,需要对物流路线进行优化。

优化的举措包括新开线路、零担转整车、车型升级、单边改往返、增加班次、中转改直发、直发改中转、单点直发更改为多点直发、更改运输方式等。优化完成后,对优化和改善后的成本等进行对比,确定是否采用新的优化方案。

物流路线优化主要分为 KPI 设定、现有方案评估、路线优化方案这三个方面。

微课:物流路线优化(上)

1. KPI 设定

在物流路线优化的过程中,要遵循优化目标可量化、可执行的原则,以结果为导向。KPI 指标一般包括时效 KPI、装载率 KPI 和成本 KPI。

(1)时效 KPI

在设置路由时,应根据设定的节点和时间等,配置好路线的静态时效,如果路由经常无法在规定的时效内达成,则需要对此线路进行优化。

在时效规定的范围内,优化后的时效 KPI 不得低于静态标准时效的 90%,并且不得低于现有的时效达成率。

其余参考的时效 KPI 还包括接货及时率、发车准点率、到车准点率、全程履约率等。计算公式为

$$接货及时率 = \frac{在规定的时间内接货次数}{总接货次数} \times 100\%$$

$$发车准点率 = \frac{在规定的时间内发车辆数}{总发车辆数} \times 100\%$$

$$到车准点率 = \frac{在规定的时间内到车辆数}{总到车辆数} \times 100\%$$

$$全程履约率 = \frac{在规定的时间内履约车辆数}{总车辆数} \times 100\%$$

(2)装载率 KPI

在时效满足、成本固定的情况下,需要关注对车辆装载率的考核。车辆装载率越高,单位运输成本越低。

如公司的战略目标为优先保障客户的时效,会出现装载率不足 50% 的情况,需要公司领导层决定是否继续执行此战略目标。

(3)成本 KPI

物流运输路线的优化,除了要提升客户服务水平(时效、体验)等,还要最终体现在成本的优化上。

可以通过方均成本和吨公里成本比较不同车型、不同运输距离的成本情况,以方便地对成本进行监管。

$$方均成本 = \frac{运输成本}{实际装载方量}$$

$$吨公里成本 = \frac{运输成本}{实际装载质量 \times 运输里程}$$

2.现有方案评估

当装载率、路由动态时效、运力资源变更、运行线等指标变化异常时,需要对现有的方案进行评估。

【例 8-1】 A 物流公司是一家主要为中欧班列提供物流运输的企业。该公司每天需要从客户仓提货,通过汽车运输的方式将货物运输到中欧班列站点(用 RS 表示:Railway Station),并最终通过中欧班列运输至沿途的国家。

以 A 公司的客户物流订单为例,客户每天都有物流订单从仓库发货,假定客户发货量固定,客户日均发货量见表 8-17。客户提货时间与和班列收货时间固定不变,见表 8-18。客户仓到班列站点的距离见表 8-19。货车类型及价格见表 8-20。

表 8-17　　　　　　　客户日均发货量

客户	日均发货量(t)	客户	日均发货量(t)
B1	3.5	B6	3.3
B2	9.7	B7	10
B3	1.5	B8	6.8
B4	7	B9	1.2
B5	6	B10	10

表 8-18　　　　　　　客户提货时间与班列收货时间

客户/班列	提货时间/收货时间	客户/班列	提货时间/收货时间
B1	11:00~13:00	B7	9:30~11:00
B2	9:30~11:00	B8	11:00~13:00
B3	11:00~13:00	B9	11:00~13:00
B4	9:30~11:00	B10	11:00~13:00
B5	11:00~13:00	RS	9:00~17:00
B6	9:30~11:00		

表 8-19　　　　　　　客户仓到班列站点的距离

客户	距离(km)	客户	距离(km)
B1	85.6	B6	86.2
B2	85.2	B7	86.2
B3	87	B8	83.3
B4	88.4	B9	85.1
B5	88.9	B10	78.1

表 8-20　　　　　　　货车类型及价格

车型	理论容积(m³)	最低计费距离(km)	起步价(元)	续费(元/km)
小面包	2.6	5	30	3
中面包	4.5	5	55	4
小货车	6.9	5	65	4
中货车	13.6	5	100	5

　　为了增强客户体验,提升客户服务水平(时效),收到客户下达的物流订单后,A 公司一直采用一对一直送模式(图 8-10),安排货车到客户仓提货,并直接送到班列站点。一对一直送模式,即一趟货车只负责运输一个订单的货物,如有 10 个客户,则安排 10 个车次。

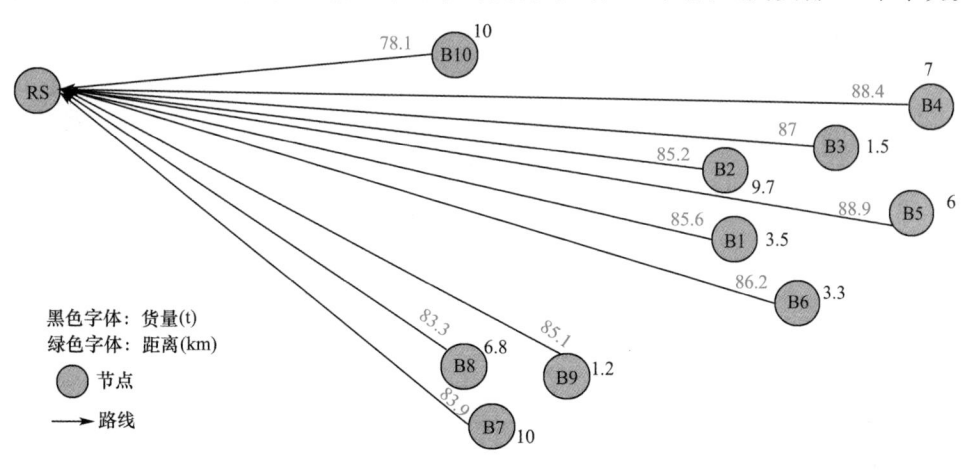

图 8-10　一对一直送模式

现状分析:

①一对一直送模式能够最大限度地满足客户对时效的要求,但同样造成了成本的过度浪费。

物流数据分析与应用

②由于一个车次只负责运输一个订单的货物，并且客户订单货量较少，造成了车辆体积装载率较低。

A 物流公司采用一对一直送模式的日均体积装载率为 71.6%，日均物流费用为 4 147 元。

职场直通车

A 企业物流分析岗位工作职责：

1. 参与公司数据系统的设计、实施及优化；
2. 参与供应链物流数据服务的建设，协助设计多层级、多维度的数据仪表盘和报表，以支持日常运营管理和运营决策；
3. 数据治理、数据管理，运营数据的梳理；
4. 协助搭建运营管理核心 KPI 指标体系和报表体系，定期提供运营分析报告；
5. 基于数据分析成果，明确定义问题，提供策略分析和业务优化建议，持续改进运营效果，对重点问题进行全面深度诊断分析，发现问题与机会点；
6. 提供日常工作数据监控、异常变动分析，跟踪核心指标变化，根据业务发展需要，解读异常数据，完成分析报告和数据预警。

3. 路线优化方案

路线的选择影响到运输设备的利用和人员的安排，确定合理的路线可以降低运输成本，因此路线优化是运输合理化的一个重要内容。

通过对【例 8-1】中 A 物流公司现状的分析，公司小批量、多批次订单较多且存在物流线路无规划情形，为提升车辆装载率和运输成本，提出两个优化方案。

(1) 采用多对一直送模式的优化方案

多对一直送模式为通过相邻提货点之间循环取货，提升车辆装载率。这种模式的前提条件是客户提货地较为集中。【例 8-1】中多对一直送模式如图 8-11 所示。

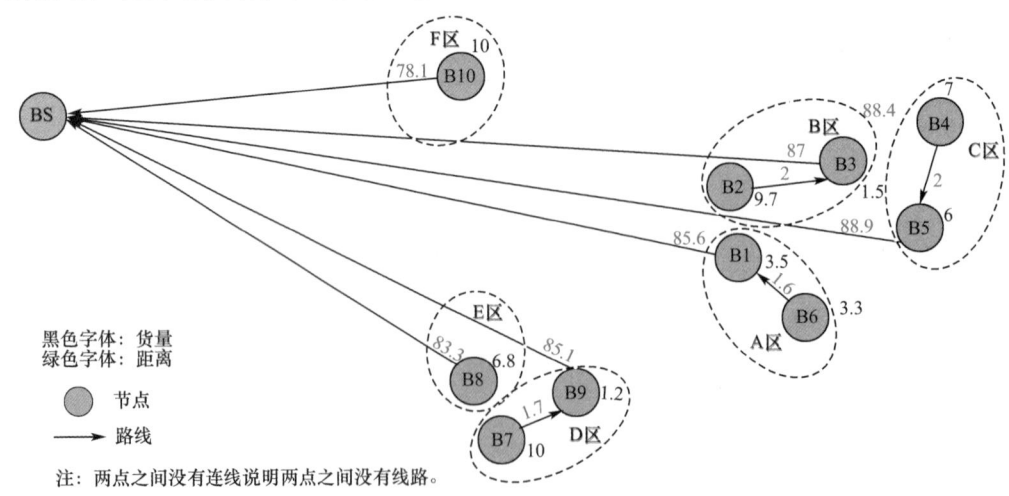

图 8-11 多对一直送模式

多对一直送模式的路程和货量见表 8-21。

表 8-21　　　　多对一直送模式的路程和货量

区域	客户	路程(km)	货量(t)
A	B1,B6	87.2	6.8
B	B2,B3	89	11.2
C	B4,B5	90.9	13
D	B7,B9	86.8	11.2
E	B8	83.3	6.8
F	B10	78.1	10

按照表 8-21 中情况进行分析和计算：

A 区：区域内有两个客户，距离为 1.6 km。两个客户的货量分别为 3.3 t 和 3.5 t，总货量为 $3.3+3.5=6.8$ t，推荐取货车辆为小货车。取货时，优先取距离目的地较远的点，则 B6 提货时间早于 B1，货车行驶路程为 $1.6+85.6=87.2$ km，按照 55 km/h 的平均行驶速度计算得到运输时长为 $\frac{87.2}{55} \approx 95$ min，加上装卸时长 120 min，总耗时长为 215 min，装载率为 $\frac{6.8}{6.9} \times 100\% \approx 99\%$，运输成本为 393.8 元。

同理可得其他区域的总耗时长、装载率和运输成本，见表 8-22。

表 8-22　　　　各区域的配送时间、装载率和配送费用

区域	路程(km)	货量(t)	运输时长(min)	装卸时长(min)	总耗时长(min)	推荐车型	理论容积(m^3)	装载率	运输成本(元)	线路
A	87.2	6.8	95	120	215	小货车	6.9	99%	393.8	B6-B1-RS
B	89	11.2	97	120	217	中货车	13.6	82%	520	B2-B3-RS
C	90.9	13	99	120	219	中货车	13.6	96%	529.5	B4-B5-RS
D	86.8	11.2	95	120	215	中货车	13.6	82%	509	B7-B9-RS
E	83.3	6.8	91	60	151	小货车	6.9	99%	380.2	B8-RS
F	78.1	10	85	60	145	中货车	13.6	74%	465.5	B10-RS

由表 8-22 得，运输总成本：2 798 元，平均装载率：89%。

优化前后结果对比与分析见表 8-23。

表 8-23　　　　优化前后结果对比与分析 1

对比项	一对一直送	多对一直送	变动
装载率	71.6%	89%	17.4%
运输成本(元)	4 147	2 798	−1 349

通过对比结果可以得出，采用多对一直送模式后，装载率提升 17.4%，运输成本下降 1 349 元，优化方案有效。

(2) 采用中转模式的优化方案

此方案针对提货地点分散的情况，先将货物全部集中到一个中转节点，然后集中送往目的地。中转节点可利用重心法等进行求解。【例 8-1】中中转模式如图 8-12 所示。

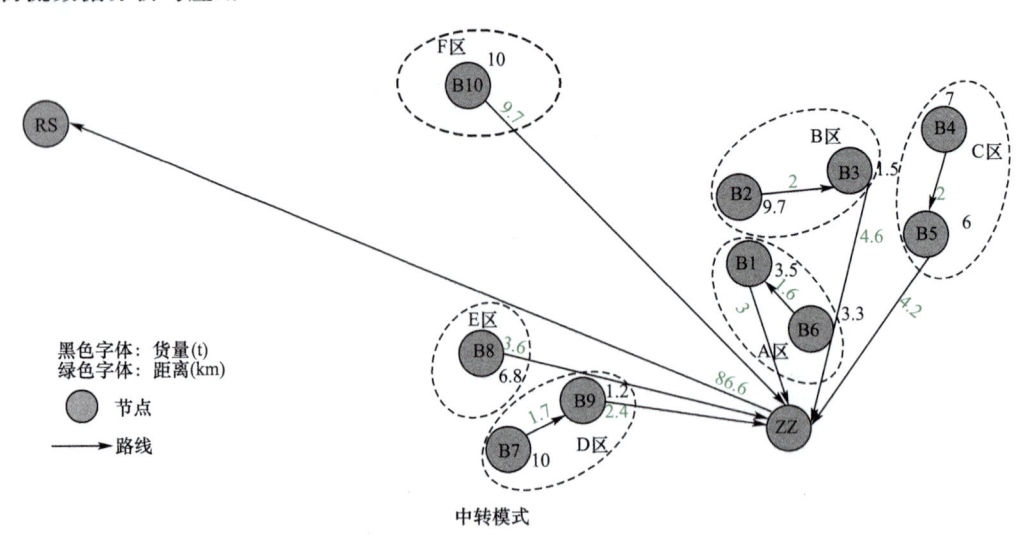

图 8-12 中转模式

中转模式的路程和货量见表 8-24。

表 8-24　中转模式的路程和货量

区域	客户	路程(km)	货量(t)
A	B6,B1	4.6	6.8
B	B2,B3	6.6	11.2
C	B4,B5	6.2	13
D	B7,B9	4.1	11.2
E	B8	3.6	6.8
F	B10	9.7	10
干线运输		86.6	

按照表 8-24 中的情况进行分析和计算：

A 区：有两个客户，距离 1.6 km；货量分别为 3.3 t 和 3.5 t，总货量为 $3.3+3.5=6.8$ t，推荐车型为小货车。按照 B6—B1 取货后再一起送到中转节点 ZZ，车辆行驶里程为 $1.6+3=4.6$ km，按照 55 km/h 的平均行驶速度计算得到运输时长为 5.0 min，加上装卸时长 120 min，总耗时长为 125.0 min；装载率为 99%；运输成本为 65 元。

同理可得其他区域的总耗时长、装载率和运输成本(9.6 米车型费用为 1 600 元/车次)，见表 8-25。

表 8-25　中转模式计算结果

区域	路程(km)	货量(t)	运输时长(min)	装卸时长(min)	总耗时长(min)	推荐车型	理论容积(m^3)	装载率	运输成本(元)	线路
A	4.6	6.8	5.0	120	125.0	小货车	6.9	99%	65	B6-B1-ZZ
B	6.6	11.2	7.2	120	127.2	中货车	13.6	82%	108	B2-B3-ZZ
C	6.2	13	6.8	120	126.8	中货车	13.6	96%	106	B4-B5-ZZ
D	4.1	11.2	4.5	120	124.5	中货车	13.6	82%	100	B7-B9-ZZ
E	3.6	6.8	3.9	60	63.9	小货车	6.9	99%	65	B8-ZZ
F	9.7	10	10.6	60	70.6	中货车	13.6	74%	123.5	B10-ZZ
干线	86.6	59	94.5	120	214.5	9.6 米	60.0	98%	1 600	ZZ-RS

由表 8-25 得,运输总成本:2 167.5 元,平均装载率:90%。
优化前后结果对比与分析见表 8-26。

表 8-26　　　　　　优化前后结果对比与分析 2

对比项	一对一直送模式	中转模式	变动
装载率	71.6%	90.0%	18.4%
运输成本(元)	4 147	2 167.5	−1 979.5

任务实施

路线优化

步骤一:分析目标

1. 比较不同的路线优化方案。
2. 体会中转模式的优点。

步骤二:分析原理

$$装载率 = \frac{实际装载量}{理论装载量} \times 100\%$$

微课:物流路线优化(下)

步骤三:实施过程

1. 选择表 8-26 中如图 8-13 所示的数据,单击"插入"。

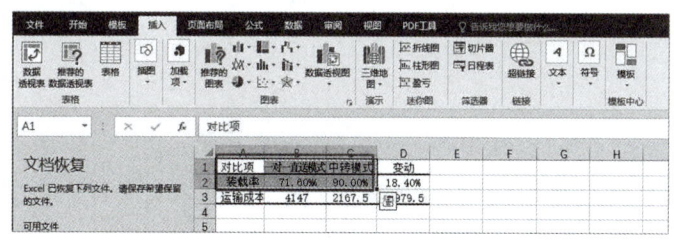

图 8-13　选择路线优化分析数据

2. 选择柱形图。
3. 得到装载率对比如图 8-14 所示。

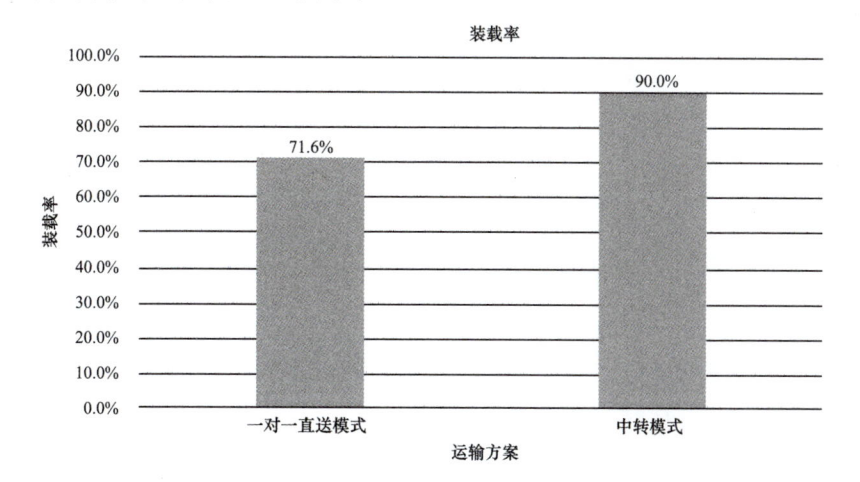

图 8-14　装载率对比

通过对比结果可以得出,采用中转模式后,装载率提升 18.4%,优化效果更佳。

课后练习

1. 分析所在公司是否存在路线优化的情形。
2. 如何对发现的问题进行优化？

习 题

一、单选题

1. 石油、天然气的运输多为（　　）。
   A. 公路运输　　　B. 管道运输　　　C. 海运　　　D. 铁路运输

2. （　　）时效很高，适用于时间要求特别紧急的货物。
   A. 航空运输　　　B. 公路运输　　　C. 铁路运输　　　D. 水路运输

3. （　　）是最为常见的运输方式，在国内占据70%以上的货运量。
   A. 航空运输　　　B. 公路运输　　　C. 铁路运输　　　D. 水路运输

4. （　　）简单理解为发运时需要发运货物占用一辆整车的方式进行转运，不再装载其他货物的方式。
   A. 整车运输　　　B. 零担运输　　　C. 分车运输　　　D. 集装箱运输

5. （　　）为在运输中需要通过货物的集散达到车辆满载的运输方式。
   A. 整车运输　　　B. 零担运输　　　C. 分车运输　　　D. 集装箱运输

二、多选题

1. 公路运输按照组织形式的不同，可以分为（　　）。
   A. 整车运输　　　B. 零担运输　　　C. 联合运输　　　D. 集装箱运输

2. 根据使用的基础设施的不同，物流运输分成了（　　）。
   A. 航空运输　　　B. 公路运输　　　C. 管道运输　　　D. 水路运输

3. 虽然运输的基础设施不同，但运输系统都包含相同的构成要素：（　　）。
   A. 运输节点　　　B. 运输线路　　　C. 运输工具　　　D. 运输的参与者

4. 在日常的运输履约中，电商商品常见的履约方式为（　　）。
   A. 公路运输　　　B. 航空运输　　　C. 海运　　　D. 铁路运输

5. 大宗商品的交易中，常见的履约方式为（　　）。
   A. 公路运输　　　B. 航空运输　　　C. 海运　　　D. 铁路运输

三、判断题

1. 在不同的商品贸易中，需要采用不同的运输方式完成商品的履约。时效、成本与业务的匹配度，共同决定了交易双方物流方式的选择。　　　　　　　　　　　　　　　　（　　）

2. 交易的品类（消费品、工业品）和形式（B2C、B2B）共同决定了哪种物流方式最优。
（   ）
3. 航空运输是最为常见的运输方式，在国内占据70%以上的货运量。（   ）
4. 依靠航空运输的方式，能建立企业高时效、高服务的企业品牌形象。（   ）
5. 利用海洋、内河等方式的运输形式为水路运输，在国际贸易运输中较为常见。（   ）

学习单元 9

末端物流分析

学习目标

知识目标：
- 掌握网点数量的确定方法
- 掌握网点的场内布局
- 掌握网点的容量分析
- 掌握末端网点成本分析方法

技能目标：
- 利用定量法确定网点数量
- 利用定量法确定网点容量
- 利用因素分析法确定成本变化程度

思政目标：
- 养成良好的职业道德素养
- 提升数据安全意识

思维导图

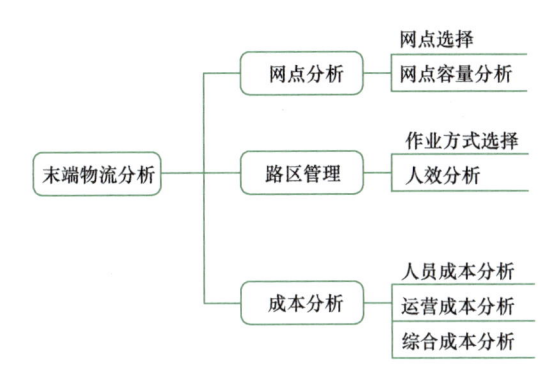

- 末端物流分析
  - 网点分析
    - 网点选择
    - 网点容量分析
  - 路区管理
    - 作业方式选择
    - 人效分析
  - 成本分析
    - 人员成本分析
    - 运营成本分析
    - 综合成本分析

单元导入

从最后一公里到最后 100 米 中邮速递易智能信包箱讲物流末端新故事

伴随着国内电商产业的高速发展,中国物流业的竞争也从上半场的渠道建设转为了下半场的服务,如何离用户更近成为物流行业下半场竞争的新主题。作为物流末端的重要一环,智能快递柜行业最接近用户。对于物流行业的新发展,智能快递柜行业市场占有率较高的中邮速递易的反应也更为迅速。

1. 从最后一公里到最后 100 米,中邮速递易拉近与用户的距离

中国邮政局局长曾对 2018 年的快递物流工作提出了一些要求:要坚持问题导向,进一步解决行业发展短板和弱项;要认清行业短板,着力解决最后一公里、最远 N 公里、安全、绿色等关键问题。而中邮速递易通过对智能快递柜长达数年的持续布局,已经解决了快递行业最后一公里难题。

在物流配送的末端,中邮速递易已经不满足于与用户之间一公里的距离,在 2017 年,中邮速递易联合中国邮政推出了智能信包箱,对传统小区的基础社区信报箱进行升级,成为集包裹、信件、报纸等为一体的智能信包箱。中邮速递易通过智能信包箱的布局,将最后一公里缩短到最后 100 米,进一步拉近与用户之间的距离,增强用户的服务体验。

但是,中邮速递易的物流末端的研发并未止步,其在将传统信报箱业务进行升级的同时,还对传统信报箱只停留在小区范围内的业务逐渐拓展,向人群密集的街道和商业区延伸,使其能够接触到更多的场景和用户群,提高智能信包箱的使用率。通过对信报箱等公共基础设施的升级和完善,中邮速递易也将进一步推进"快递下乡""邮政在乡"的步伐,更好地服务农村经济发展,提升智能快递柜企业服务"三农"的能力。

其实,不只是中邮速递易,此前美国的零售巨头亚马逊和沃尔玛相继推出"将快递送到家"服务,即使不在家,快递公司也能将快递送到用户的家中甚至冰箱里。离用户更近已经成为国际物流行业的趋势。可以说,中邮速递易在拉近与用户的距离上已经走在了世界的前端。未来,中邮速递易也会持续进行产品创新,加快智慧物流建设,满足物流行业自动化、智能化、网络化的需求。

2. 中邮速递易完善布局,讲述物流末端新故事

中邮速递易从2012年成立至今,一直致力于通过互联网技术与智能化设备解决末端物流的短板问题,不久前,中邮速递易宣布将引入大容量自提柜,进一步提升物流末端的消化能力,升级物流末端的服务体验;在大数据层面,中邮速递易通过对智能设备的完善来提高自身的数据收集能力,切实把握用户的痛点,将用户和设备紧密地联系起来,使企业的产品价值从中获得更大的想象空间。可以说,通过对智能快递柜的升级,中邮速递易也将进一步完善在物流末端的产品布局,打造更加高效的物流派送网络,讲述物流末端的新故事。

从最后一公里到最后100米,中邮速递易通过对产品和行业的创新,已经成为智慧物流的代名词。而作为智能快递柜行业领导者,中邮速递易也必然在未来继续发挥优势和作用,为物流末端的发展和创新带来更多思路。

思考:

1. 智能快递柜带来了哪些便利?
2. 智能快递柜业的成本结构有哪些?

启示:

1. 智能快递柜的应用可以提升用户体验和提高快递末端配送效率。
2. 智能快递柜可以节约人力成本,优化投递环节。

任务 9-1 网点分析

知识准备

网点是配送最后一公里环节的承载,是交付商品的最后一个环节。末端网点的运营方式包括直营、加盟、代配等,网点的营利性决定了其稳定性,从而进一步影响客户体验。

随着社会经济的快速发展和人们生活水平的提高,物流市场也发展迅速,物流网点是现代商品流通的载体和空间依托,也是商品物流的实施基础。物流和电子商务作为新兴的部门也得到了迅速的发展,网络购物的比例在不断地上升,使用物流快递的频率和消费也在逐步递增,而它们的成长又推动了网络购物时代的进步。在这种相互促进的关系下,物流已经迈入了一个全新的发展时期。

1. 网点选择

根据整个网络中货物的质量不同,一般可将网络分为快递网络(货物质量≤30 kg)、快运网络(30 kg<货物质量≤3 t)和整车网络。存在网点的是快递网络和快运网络。

根据网点在运营中所起的作用,可将网点分为揽收网点、派送网点、揽收和派送网点三种。

揽收网点是指在运营中只负责货物的揽收,不负责货物的派送作业的网点。

派送网点是指在运营中只负责货物的派送,不负责货物的揽收作业的网点。

揽收和派送网点是指在运营中既负责货物的揽收又负责货物的配送作业的网点。

目前纯揽收和纯派送的网点较少,90%以上的网点为兼具揽收和派送功能,因此网点的选址和网点的数量就变得非常重要。

(1)网点数量

根据克里斯泰勒提出的"人口门槛"和"服务半径"的对应关系,位于人口密集区的网点服务半径较小,位于人口稀疏区的网点服务半径相对较大。因此在配置网点数量时,需要综合考虑客户群的密度(人口密度)、业务量(订单量)、消费能力。

人口密度的计算公式为

$$人口密度 = \frac{人口数量}{行政区(区域)面积}$$

以2020年西安市人口和行政区域面积计算人口密度,见表9-1。

表9-1　　　　　　　　　　　人口密度

区域	人口数(人)	面积(km²)	人口密度(万人/km²)
碑林区	756 840	23	3.29
莲湖区	1 019 102	43	2.37
新城区	644 702	31	2.08
雁塔区	1 202 038	152	0.79
曲江新区	399 872	52	0.77
未央区	733 403	263	0.28
灞桥区	593 962	332	0.18
高陵区	416 996	288	0.14
阎良区	281 536	244	0.12
高新区	958 333	1 079	0.09
临潼区	675 961	916	0.07
长安区	1 090 000	1 594	0.07
鄠邑区	459 417	1 281	0.04
蓝田县	491 975	2 006	0.02
周至县	504 144	2 974	0.02

物流数据分析与应用

- 碑林区、莲湖区、新城区:人口密度>2万人/km²,根据"服务半径"规则,设定单个网点服务半径为5 km。
- 雁塔区、曲江新区:0.5万人/km²<人口密度<1万人/km²,根据"服务半径"规则,设定单个网点服务半径为10 km。
- 其余区域:人口密度<0.5万人/km²,根据"服务半径"规则,设定单个网点服务半径为20 km。

说明:服务半径可根据企业不同实际情况单独设定,没有统一的划分标准。

这里以碑林区为例,计算应配置的网点数量。

第一步:一个网点服务半径为5 km,以网点为中心,以5 km为半径画圆就是它的派送范围,如图9-1(a)所示。

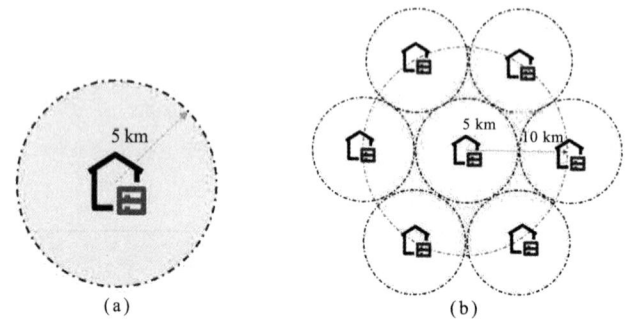

图9-1 网点数量图

第二步:计算此网点周边有多少个类似的网点。最近的网点与它的距离是10 km,超过5 km的范围是另外一个网点的派送范围。实际则为计算有多少个网点,才能把一个网点包围住。

在图9-1(a)的圆中心,再以半径10 km画个更大的圆,这样要开的网点位置就在这个更大的圆上,根据图9-1(b)看到可以在大的圆上开出6个网点。

圆中还有部分区域不在任何网点的派送范围,所以说网点的派送面积是不规则的圆形或其他形状,往往是多边形。

采取公摊的方式可以计算网点整体派送面积,中间面积计算也很简单,就是10 km长的等边三角形面积减去3个60°的半径为5 km的扇形面积。因为每块网点3个中间面积分摊,1个网点要分摊6块这样的面积,所以每个网点分摊2块这样的面积,加上它们自己的圆形面积就是它的服务范围面积。计算公式为

$$圆形面积 = \pi R^2 = 78.5 \, (km^2)$$

$$扇形面积 = \frac{\pi R^2 \times 60°}{360°} \approx 13.1 \, (km^2)$$

$$中间面积 = 等边三角形面积 - 3 \times 扇形面积$$

$$= \frac{\sqrt{(10 \times 10 - 5 \times 5)}}{2} \times 10 - 13.1 \times 3$$

$$\approx 43.3 - 39.3 = 4 \, (km^2)$$

所以一个网点的派送面积为
$$78.5+2\times4=86.5(\text{km}^2)$$
$$\text{碑林区需设置网点数}=\frac{\text{行政区（区域）面积}}{\text{网点覆盖面积}}=\frac{23}{86.5}\approx0.27(\text{个})$$

由于网点不能少于1个，因此按照5 km的覆盖范围，需要在碑林区设置1个网点提供物流服务。为提升客户体验或达到某种特殊时效，可以对网点覆盖范围进行优化，按照优化后的服务半径计算应配置网点数。

其余区域计算方法相同，不再赘述计算过程和结果，请根据实际情况计算即可。

思政园地

团结与协作精神

我们现在所处的时代对团结与协作精神的渴求比任何一个时代都显得迫切和重要。我国的古人早就认识到了团结与协作的重大作用。荀子曾说，"每一个凡人，其实都可以成为伟大的禹。"凡人成为伟大的禹的条件是什么呢？

不管在古代还是在现代，不论在东方还是西方，许多现实的事例证明无论是一个国家还是一个团体，甚至一个部门，如果仅仅依靠领导的殚精竭虑而没有员工的积极参与和响应，那么这个团队不是有效的团队。仅仅依靠某一个或某几个所谓的精英人士孤军奋战而没有大军团的协作与支持，这个团队也是注定要失败的。作为具有社会属性的人应该具有良好的团队协作能力。人是群居的，这是人与动物本质的区别，如同鱼不能离水、雁不能离群一样，特别是随着现代工业文明的发展，社会专业化分工会越来越细。但是个人分工只是形式，不是目的，团结协作才是目的。每项工作的完成都离不开团结协作，离不开与他人的沟通与交流。

在当今这个时代，一个缺乏团结协作精神的人是不可能取得大的成功的，是难以在社会上立足的。只有在沟通中传递信息，在交流中相互学习，才能在工作中不断完善，才会做得更好。

（2）网点选址

确定网点数量后，则需要对单个网点的地址进行选择，一般利用评分表法进行网点选址。

网点选址的主要因素包括：投入最小化，时间最短化，盈利最大化。要在最短的时间内，寻找投入最小、盈利最大的网点。

选址前要进行市场调研，为网点选址提供决策所需的材料。调研的内容包括物流市场环境、市场需求、竞争对手等。

物流市场环境调研包括交通情况调研、基础设施调研、政府政策调研；市场需求调研包括不同类型市场的需求调研，如CBD（中央商务区）、商业区、商住混合区、住宅区、专业市场、工业区、学校等大型机构、乡镇等；竞争对手调研包含竞争对手数量、网点面积、应收收入、货量等调研。

可以用五公里市场信息表（表9-2）进行市场调研。

表 9-2　　　　　　　　　　　　五公里市场信息表

拟选址地点：					
调研人：					
说明：本表各项（工业区除外）均为调查五公里区域范围内市场情况；工业区可根据实际情况拓宽调查范围，不超过十公里。					

一级项目	二级项目	备注	实际值		
商务楼、写字楼情况	商务楼、写字楼数		3 个		
	企业数	商务楼（写字楼）内企业数（任取 5 栋商务楼，不足 5 栋的，按实际算）	商务楼（写字楼）名称	企业数	
			××大厦	12 个	
			××商务楼	21 个	
			××写字楼	18 个	
工业区情况	工业区数	10 公里内工业区（加工区、开发区等）的数目	4 个		
	企业数	工业区内企业数	工业区名称	企业数	货车流量
					面包、金杯车数 / 6.2 米以上货车数
	货车流量（辆/20 分钟）	工业区内货车流量最大道路的任意路口 国（省、县）道、公路 周一至周五的任意天 15:30 到 19:30 任意 20 分钟内双向货车流量（测该路口两交叉道路的货车流量之和）	××工业区	143 个	17 辆 / 32 辆
			面包、金杯车数	××加工区	78 个 / 22 辆 / 15 辆
			6.2 米以上货车数	××开发区	115 个 / 35 辆 / 43 辆
交通情况	交通枢纽数	国道总条数	3 条		
		省道总条数	1 条		
		县道总条数	5 条		
		高速路总条数（高架、环线除外）	1 条		
	停车场数量	任意时间货车停放数能达 10 辆以上的停车场地数	2 个		
商业指数	休闲娱乐场所数	连锁餐饮店数	3 个		
		连锁超市数（不论规模大小，只要是连锁超市均统计）	4 个		
	售车店数	销售摩托车、电动车、自行车店数	12 个		
	人口密度	网点所在区域的人口密度	8 万人/平方千米		
竞争对手	对手名称	竞争对手公司名称	××		
	网点数量	调研区域内网点数量	7 个		
	网点面积	网点面积大小	100 平方米		
	网点货量	日均货量	1 200 吨		
	网点收入	日均收入	12 000 元		

最后根据调研评分表(表9-3)对网点地址进行选择。

表 9-3 调研评分表

项目	选项描述	得分标准	权重分值	得分	备注
交通	A. 不限行 B. 分时段限行 C. 全天限行	A. 10 分 B. 5 分 C. 0 分	10 分	5 分	
	A. 货车流量≥50,6.2米以上货车占比≥50% B. 货车流量≥50,6.2米以上货车占比<50% C. 货车流量<50,6.2米以上货车占比≥50% D. 货车流量<50,6.2米以上货车占比<50%	A. 10 分 B. 6 分 C. 4 分 D. 2 分	10 分	6 分	
	A. 双行道 B. 单行道	A. 5 分 B. 2 分	5 分	5 分	
市场	A. 同行数量≤3 家 B. 3 家<同行数量≤6 家 C. 同行数量≥7 家	A. 10 分 B. 5 分 C. 0 分	10 分	10 分	
	A. 工厂数量≥100 家 B. 50 家≤工厂数量<100 家 C. 10 家≤工厂数量<50 家 D. 1 家≤工厂数量<10 家	A. 20 分 B. 15 分 C. 10 分 D. 6 分	20 分	15 分	
	A. 区域核心商圈 B. 非常成熟繁华的居住型商圈 C. 成熟的商住混合型商圈 D. 特殊商圈——学校型 E. 其他类型商圈	A. 20 分 B. 15 分 C. 10 分 D. 6 分 E. 2 分	20 分	20 分	
	A. 人口密度≥3 万人/平方公里 B. 1 万人/平方公里≤人口密度<3 万人/平方公里 C. 人口密度<1 万人/平方公里	A. 10 分 B. 5 分 C. 2 分	10 分	10 分	
其他	A. 广告牌位置清晰可见 B. 广告牌位置不可见	A. 5 分 B. 0 分	5 分	5 分	
	A. 位于十字或 T 字路口附近 B. 不位于十字或 T 字路口附近	A. 5 分 B. 0 分	5 分	5 分	
	A. 有停车场 B. 无停车场	A. 5 分 B. 0 分	5 分	5 分	
一票否决	1 年内政府有城建规划而使部门无法营业				
	部门两旁的商户强烈反对做物流行业				
	一次交租超过 12 个月(不含 12 个月)				
	房东没有房产证明,或部门不能正常办理各证件				
	不能取得或代开房租发票				
选择标准	得分≤55 分,不考虑;55 分<得分<85 分,整改后可开点;得分≥85 分,可开点				
结论	得分为 86 分,允许开点				

2. 网点容量分析

受到覆盖范围、订单密度、作业工具(车辆数)、作业场地、揽派波次、配送人效、人员数量等影响,每个网点都有其最大的作业能力,超过此能力后,网点就会出现爆仓现象。

以 4.2 米车型为例,理论容积为 13 立方米,装载率按 95% 计算,单个商品体积为 0.015 立方米,卸车时长为 30 min;假设平均拣货路径为 5 m,人工行走速度为 5 km/h;平均末端派送距离为 1 km,末端车辆行驶速度为 40 km/h;单个网点人员日均有效工作时长为 8 h。计算单日最大作业人效及网点最大处理能力。

网点派送作业流程:卸车—分拣路区—装载排线—装车—行驶—电话通知—等待交接—货物交接—系统操作—妥投。

按动作计算单件作业时长:

可装载件数 $= \dfrac{\text{理论容积} \times \text{装载率}}{\text{单件商品体积}} = \dfrac{13 \times 0.95}{0.015} \approx 823$(件)

单件卸车时长 $= \dfrac{\text{卸车总时长}}{\text{可装载件数}} = \dfrac{30 \times 60}{823} \approx 2.19$(s)

交互时长:2 s(识别订单路区,放置暂存位)

单件分拣时长 $= \dfrac{\text{拣货路径里程}}{\text{拣货行走速度}} + \text{交互时长} = \dfrac{5}{5\,000 \div 3\,600} + 2 \approx 3.6 + 2 = 5.6$(s)

平均单件装载排线:60 s(按照配送顺序进行拣货、系统扫描、货物装车等动作)

平均派送运输时长 $= \dfrac{\text{单件平均派送距离}}{\text{末端派送车辆行驶速度}} = \dfrac{1}{40} \times 3\,600 = 90$(s)

平均单件通话时长:20(s)

平均单件等待时长:30(s)

平均单件交接时长:10(s)

平均单件妥投时长:5(s)(货物扫描、系统操作妥投等操作)

平均单件交接时长 $= 2.19 + 5.6 + 90 + 20 + 30 + 10 + 5 = 162.79$(s)

单日最大作业人效 $= \dfrac{\text{单日有效作业时长}}{\text{平均单件交接时长}} = \dfrac{8 \times 60 \times 60}{162.79} \approx 177$(件)

网点最大处理能力除受到人员数量的限制外,还受到仓库面积的约束。

假定网点面积为 100 平方米,60% 使用面积为人员操作面积,按照人均 5.5 m² 的操作面积计算,则

网点可同时作业人数 $= \dfrac{100 \times 60\%}{5.5} \approx 11$(人)

网点最大处理能力 $=$ 网点可同时作业人数 $\times$ 单日最大作业人效 $= 11 \times 177 = 1\,947$(件)

任务实施

比较不同地区的人口密度

步骤一:分析目标

确定哪个地区人口密度最大。

步骤二:分析原理

$$\text{人口密度} = \dfrac{\text{人口数量}}{\text{行政区(区域)面积}}$$

微课:网点分析

步骤三:实施过程

1. 选中表 9-1 的"区域""人口密度"两列,单击"插入"选项卡,如图 9-2 所示。
2. 单击"建议的图表",选择"簇状柱形图",如图 9-3 所示。
3. 得到人口密度图,如图 9-4 所示。

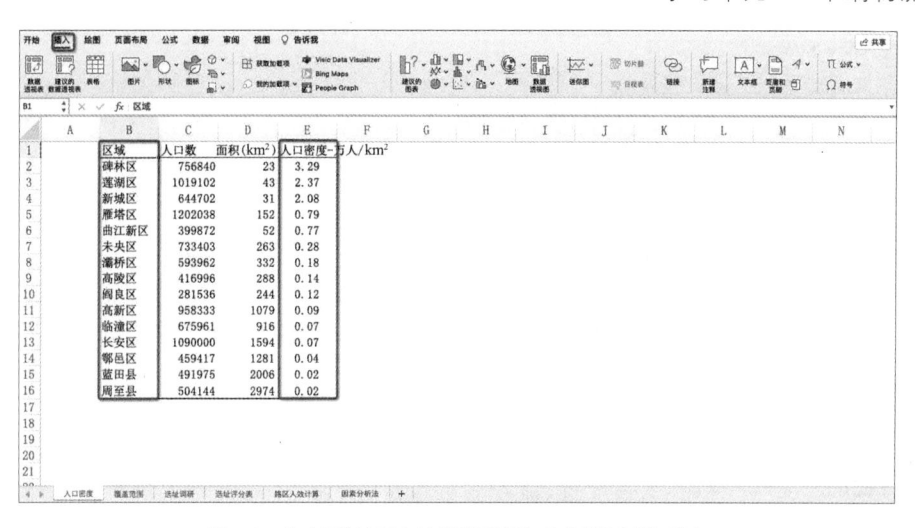

图 9-2　选中"区域""人口密度"两列,单击"插入"选项卡

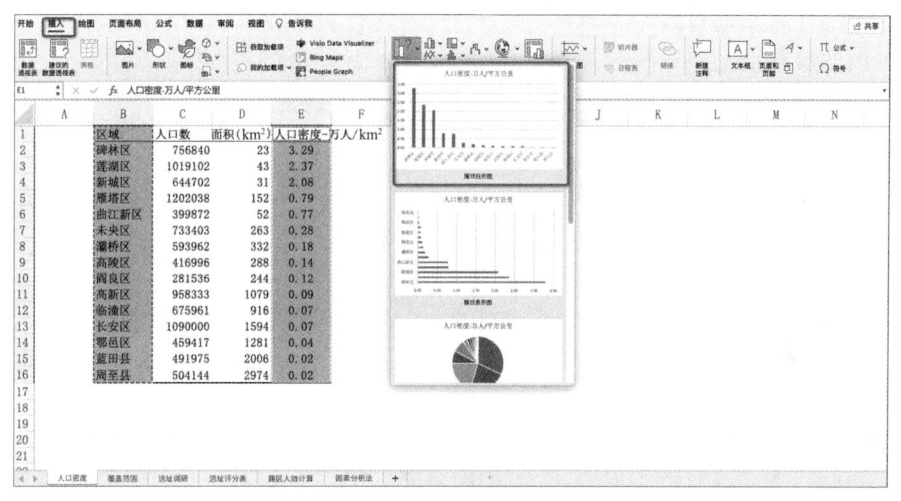

图 9-3　单击"建议的图表",选择"簇状柱形图"

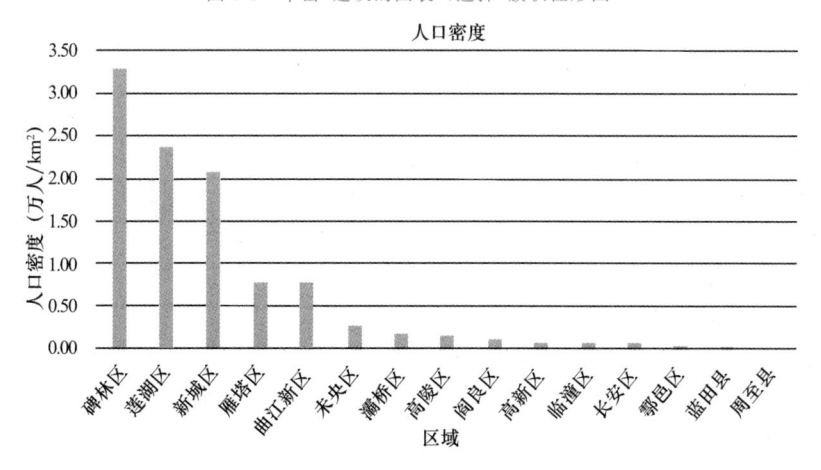

图 9-4　人口密度图

由图可以得出,碑林区的人口密度最大。

任务 9-2 路区管理

知识准备

目前为了物流精益化管理,物流公司采用路区管理的方法对末端的网点经营和运营情况进行管理。路区管理是指以路区为单位对相关人员、班次、模式、网点、资源投入等进行的综合型管理。

路区管理定期输出考核结果,及时发现路区上存在的问题,结合作业模式、工具配置、流程制度、班次安排、一线人均效能维度综合分析,提供差异化的解决方案及配套措施。

微课:人效分析(上)

路区精细化是指通过最小路区的人、货、场、客进行数字化、场景化、线上化,最终实现在路区范围内的最佳资源调配与效率提升。

路区管理主要从作业方式选择和人效分析两个角度展开。

1. 作业方式选择

根据路区的不同,需要配置不同的作业方式、工具和资源。因此研究作业方式,需要先分清路区的分类。

(1) 路区的分类

CBD(Central Business District,中央商务区)指一个国家或城市里主要商业活动进行的路区,其交通便利,位于城市的黄金地带,一般为以写字楼为主的路区,如上海陆家嘴CBD、西安高新CBD。

商业区:指城市中商业网点比较集中的路区,零售商业(特别是银行、超市、商场等企业)聚集,交易频繁,例如北京的王府井、上海的南京路。

商住混合(偏商):指住宅区和商业区相结合,商业住宅相交的服务路区,商业区偏多。

商住混合(偏住):指住宅区和商业区相结合,商业住宅相交的服务路区,住宅区偏多。

住宅区:指住房集中或在一定地域范围内为居民提供居住、生活的小区或社区,包含市、区、县、镇中心路区、郊区或农村的生活居住区。

专业市场:以现货批发为主,客户群体相对集中、件量较大、快件密集,主要以批发现货交易为主,并实行集中交易的一种有形市场,例如华强北、中关村等电子市场。

工业区:以生产加工为主的客户群体工厂为主,由一个或数个工业企业群组成,有共同的市政工程设施、动力供应系统,其范围常在几到十几平方公里。地址后缀通常是工业园、工业区、产业园、科技园等。

学校和医院等大型机构:指以较大型的医疗(如医院)、教育(如大学)、机场、车站等机构为主的路区。路区内学校、医院、车站等大型机构揽派件量占50%以上。

乡镇:指路区代理、季节性农产业基地等所在的路区。

(2) 作业方式

路区作业模式分别在保障员工休息、降低劳动程度、合理投放资源、提升揽派效能和提高市场占有率等方面具有较好的作用,可以持续推广和深化应用。

常见的路区作业方式有分班、机动班、二程接驳、小组作业、便利店＋三方合作点模式。

①分班(AB班)：从时间维度上将服务路区工作时间划分成几个时段，不同时段由不同快递员负责揽收、派送，或者辅之揽派分离的一种作业方式。具体操作模式见表9-4。

表9-4　　　　　　　　　　　　分班操作模式

操作模式	使用场景	模式优势
揽派分离(专揽、专派)	揽派班次较多，2揽2派班次以上，揽派量较大，快递员无法保障休息；针对CBD、商业区、专业市场、学校和医院等大型机构场景，可以使用揽派分离的分班模式	降低员工劳动强度，提升服务时效，为开发客户释放员工时间，提升揽收能力
按时间段分班	快递员作业时间长，揽收班次多，2收2派或以上，可以使用按照时间维度分班操作	对快递员收入影响较小，同时保障员工有适当的休息时间；保障多时间段均有员工在路区响应客户

以某网点为例：二集二散(1A＋1B)。分班前后情况分别为：

分班前：AB通班作业							
班次时间	8:00～15:00				15:01～20:00		
传站班次	一传				二传		
路区	001		002		001		002
工作内容	揽收	派件	揽收	派件	揽收	派件	揽收	派件
快递员	A	A	B	B	A	A	B	B

分班后：B班人员主要负责001和002路区的揽收工作，解决揽派冲突							
班次时间	8:00～15:00				15:01～20:00		
传站班次	一传				二传		
路区	001		002		001		002
工作内容	揽收	派件	揽收	派件	揽收	派件	揽收	派件
快递员	A	A	B	B	A	A	B	B

②机动班：将网点揽派员分成若干小组，每小组设一名机动揽派员，进行顶班轮休的作业模式。

适用场景：除小组作业可以通过内部轮替休息外，其他的作业模式均需安排机动轮替，按照"6+1"的逻辑，机动人员循环顶替6人的揽派工作。

模式优势：可以保障员工休息天数，降低员工的劳动强度，解决因临时请假和业务高峰出现的人员不足问题。

③二程接驳：根据揽派服务路区特性，结合路区与网点的距离、班次模式、服务质量、人均效能等维度，通过专职或兼职人员实现货物从网点到路区的双向运输模式。

可解决的问题包括：
- 揽派时效数据差，员工往返耗时长。
- 空白路区无人派件或运力不足。
- 提升履约率，揽收件及时回站。
- 运输工具不足导致无法派送或揽收。

④小组作业：对员工的路区、揽派工具、特长、客户发货规律等因素进行有效的整合，将路区内的员工组成作业小组，分工合作完成揽派作业的模式。小组作业模式具体又分为以

下几种:

　　A.流水线小组作业模式:适用于CBD、专业市场、商业区、工业区、学校和医院等大型机构等有固定地点接待客户上门寄递等场景。

　　模式优势:对揽派环节进行分工作业,提升小组成员工作效率。

　　B.环节分工小组作业模式:适用于路区相对集中且需要上门揽收或CBD、专业市场、商业区、学校和医院等大型机构等场景。

　　模式优势:实现操作环节分工,一部分人员负责上门揽收和派送,另一部分人员负责包装、运输等,分工合作提升工作效率,降低劳动强度。

　　C.资源整合型小组作业模式:适用于路区相对集中,但部分资源(如车辆)可配合使用,实现资源和任务的动态匹配的场景。

　　模式优势:按照班次进行分工作业,小组内安排专人负责订单调度和作业配合人员,可解决小组内人员休息等情况或处理突发事件。

　　⑤便利店＋三方合作点:公司与外部经营方签订合作协议,使其成为公司揽派业务的合作店,为客户提供揽派服务,同时公司在合作店投放宣传载体和操作物料工具。

　　适用场景:适用于物业小区,学校和医院等大型机构等C端路区。

　　模式优势:为客户提供自寄自取服务,减少一线员工投入,提升效能;同时解决部分区域进出困难、等待客户时间长等问题,提升快件一次性派送成功率。

职场直通车

　　A企业末端网点服务产品专家岗位职责及要求:

　　1.负责物流末端面向网点及快递公司提供派件及寄件解决方案,参与末端驿站网络和运力网络规划与建设,负责面向网点的商业闭环设计。

　　2.挖掘网点需求,解决网点问题,提升网点与末端之间全链路线上化水平,提升末端物流服务能力。

　　3.了解行业内的产品,并对竞品有清晰的思考。对物流行业产品有了解的优先。

　　4.思考有深度,沟通能力好,总结能力强。

　　B企业快递末端共配运营岗岗位职责:

　　1.根据所辖地区城市服务站的目标,制订线上和线下拓展计划,整合城市所在地的渠道代理商、区域代理商等资源,达成所辖地区城市服务站网络(站点数量和订单量)的拓展与建设。

　　2.整合内外部资源完成公司运营方案在所辖城市落地,包括共配网点的运营质量监控与款项回收等。

　　3.负责所辖城市代理商的招募、培训和商家日常运营监控及异常情况处理。

　　4.负责所在城市运营人员和代理商资源整合与调配管理。

　　5.挖掘网点需求,解决网点问题,提升网点与末端之间全链路线上化水平,提升末端物流服务能力,同时负责面向网点的商业闭环设计。

　　2.人效分析

　　在物流末端运营和经营中,人员效率是影响网点的关键因素,常见的人效考核指标包括揽收人效、派送人效。

(1) 揽收人效

揽收人效是指揽收件量与揽收人数的比值。通过个人揽收人效和日均路区揽收人效的对比，能对路区或员工的揽收效能进行比较和评价。

$$日均同类型路区揽收人效 = \frac{\sum_{i=1}^{n} 同类型路区揽收件量}{n}$$

式中 n——同类型路区揽收人数。

$$效能 = \frac{路区实际揽收人效}{日均同类型路区揽收人效} \times 100\%$$

效能≥120%的为高效能路区。

80%≤效能<125%的为中效能路区，需加强路区的绩效引导，向高效能路区靠拢。

效能<80%的为低效能路区，需要对路区面积进行重新划分，加强对员工的培训，分析员工的构成情况，改善路区效能状况。

(2) 派送人效

派送人效是指派件量与派送人数的比值。通过个人派件人效和日均路区派件人效的对比，能对员工的派件效率进行比较和评价。

某区域各路区派送人效见表9-5。

表 9-5　　　　　　　　　　某区域各路区派送人效

路区编号	路区类型	员工数量(人)	揽收数量(件)	派送数量(件)	揽派数量(件)	揽收人效(件/人)	派送人效(件/人)	综合人效(件/人)	日均路区揽收人效(件/人)	日均路区派送人效(件/人)	日均路区综合人效(件/人)
003	CBD	23	1 213	1 211	2 424	53	53	105.39			
006	CBD	28	1 104	658	1 762	39	24	62.93	40.82	43.19	84.01
007	CBD	27	867	1 500	2 367	32	56	87.67			
001	工业区	18	4 500	1 500	6 000	250	83	333.33			
002	工业区	22	2 063	2 039	4 102	94	93	186.45	87.88	63.26	151.15
005	工业区	28	986	546	1 532	35	20	54.71			
008	工业区	27	800	1 925	2 725	30	71	100.93			
004	住宅区	30	1 895	2 234	4 129	63	74	137.63			
009	住宅区	30	1 100	1 500	2 600	37	50	86.67	41.07	55.56	96.63
010	住宅区	27	578	1 100	1 678	21	41	62.15			

n 为路区派送人数，则

$$CBD 日均路区揽收人效 = \frac{\sum_{i=1}^{n} CBD 路区揽收件量}{n}$$

$$= \frac{(1\ 213 + 1\ 104 + 867)}{(23 + 28 + 27)} \approx 40.82(件/人)$$

$$CBD 日均路区派送人效 = \frac{\sum_{i=1}^{n} CBD 路区派送件量}{n} = \frac{(1\ 211 + 658 + 1\ 500)}{(23 + 28 + 27)} \approx 43.19(件/人)$$

$$CBD\text{日均路区综合人效} = \frac{\sum_{i=1}^{n} CBD\text{路区综合件量}}{n}$$

$$= \frac{(2\,424 + 1\,762 + 2\,367)}{(23 + 28 + 27)} \approx 84.01(\text{件/人})$$

$$003\text{路区揽收效能} = \frac{\text{路区实际揽收人效}}{\text{日均路区揽收人效}} = \frac{53}{40.82} \times 100\% \approx 129.84\%$$

$$006\text{路区揽收效能} = \frac{\text{路区实际揽收人效}}{\text{日均路区揽收人效}} = \frac{39}{40.82} \times 100\% \approx 95.54\%$$

$$007\text{路区揽收效能} = \frac{\text{路区实际揽收人效}}{\text{日均路区揽收人效}} = \frac{32}{40.82} \times 100\% \approx 78.39\%$$

$$003\text{路区派送效能} = \frac{\text{路区实际派送人效}}{\text{日均路区派送人效}} = \frac{53}{43.19} \times 100\% \approx 122.71\%$$

$$006\text{路区派送效能} = \frac{\text{路区实际派送人效}}{\text{日均路区派送人效}} = \frac{24}{43.19} \times 100\% \approx 55.57\%$$

$$007\text{路区派送效能} = \frac{\text{路区实际派送人效}}{\text{日均路区派送人效}} = \frac{56}{43.19} \times 100\% \approx 129.66\%$$

$$003\text{路区综合效能} = \frac{\text{路区实际综合人效}}{\text{日均路区综合人效}} = \frac{105.39}{84.01} \times 100\% \approx 125.45\%$$

$$006\text{路区综合效能} = \frac{\text{路区实际综合人效}}{\text{日均路区综合人效}} = \frac{62.93}{84.01} \times 100\% \approx 74.91\%$$

$$007\text{路区综合效能} = \frac{\text{路区实际综合人效}}{\text{日均路区综合人效}} = \frac{87.67}{84.01} \times 100\% \approx 104.36\%$$

任务实施

分析派送人效

微课：人效分析（下）

步骤一：分析目标

分析不同路区的派送人效。

步骤二：分析原理

$$\text{日均同类型路区派送人效} = \frac{\sum_{i=1}^{n}\text{同类型路区派送件量}}{n}$$

步骤三：实施过程

1. 选中图 9-5 中"路区编号""综合人效"两列，单击"插入"，选择建议的图表，然后选择"簇状条形图"。

2. 得到综合人效可视化图形如图 9-6 所示。

结论：

003 所在 CBD 路区综合效能最高，揽派量最大，是网点的主产量路区，需要网点重点进行投入和管理，关注客户的体验，可采用揽派分离的模式进行人员排班。

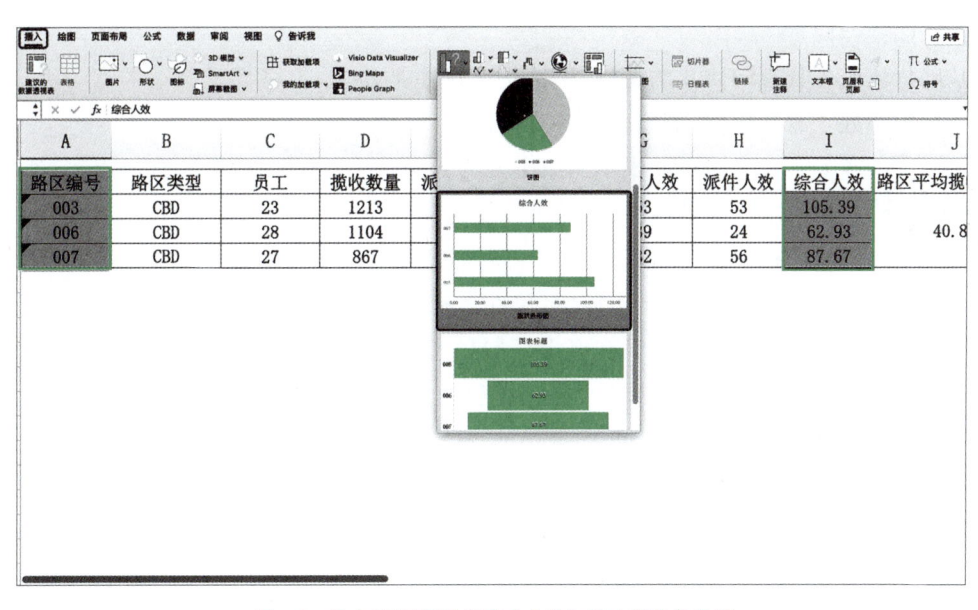

图 9-5 选中"路区编号""综合人效",插入簇状条形图

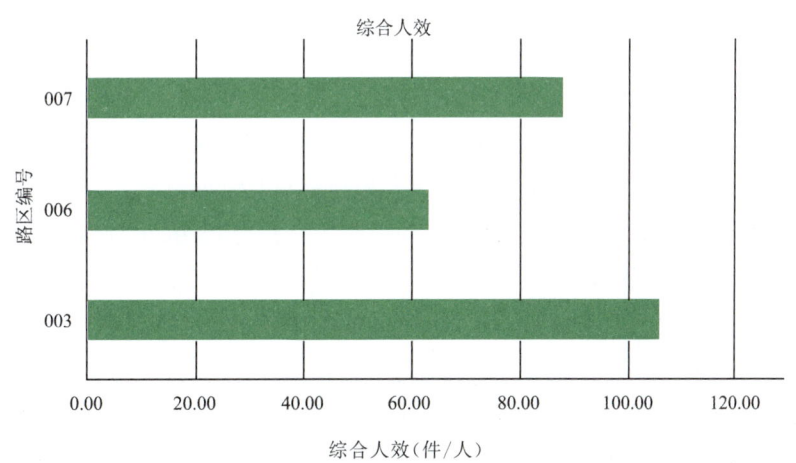

图 9-6 综合人效可视化图形

006 所在 CBD 路区综合效能最低,揽派量最低,需要对人员的配送效能进行调整,达到合理状态。

007 所在 CBD 路区综合效能居中,揽派量居中,需要关注路区的划分是否合理,同时对于人员进行相应的调整,重点对揽收人员进行补强,增强网点的经营能力。

任务 9-3 成本分析

知识准备

末端网点的竞争仍集中在成本层面,过去,在规模经济的效应下,物流公司通过网络化、自动化,实现了干运和分拣成本快速下降,在现阶段,干线规模效应边际成本已经较小,降本重心正转向末端网点。

基础物流服务具有同质化的特性,不论是空运还是陆运,价格都是公司的竞争手段,为了能在竞争中处于有利地位,需要降低各环节的运营成本。

末端网点的成本构成主要为人员成本、运营成本、综合成本等,通过分析成本构成的内在因素,可以快速寻找降本的路径,提升企业竞争力。

根据某公司以往价格和利润的复盘,网点在 Q2 往往是价跌利高,而 Q4 旺季来临时年年提价,单件净利却反而走低。Q2 利润较好的原因在于,公司的产能利用率在经历了 Q4—Q1 的调整后,在 Q2 达到最优,成本管控最好。Q3 为整个行业淡季,又是 Q4 增加产能投放的时间段,当年新增产能开始投放,产能利用率短期受挫;Q4 大旺季,业务量波动剧烈,新增产能尚未达到效率最优,叠加临时产能调度,成本管控难度最大,11 月为货量最高峰,储备设备和产能最高,利用率非最优。

1. 人员成本分析

人员成本是指企业在一定的时期内,在生产、经营和提供劳务活动中,因雇用劳动者而支付的所有直接费用与间接费用的总和。

(1)人员成本构成

在末端网点构成中,常见的人员包含网点经理、客服、作业人员(揽派件员、临时工、装卸工、理货员等)等。分析人员成本,需要清楚人员成本的构成。常见的人员成本构成包括薪资成本(基本薪资+绩效考核+奖金)、社保和公积金(公司缴纳部分)、其他福利(节假日福利、其他激励)、劳保(体检、劳动事故赔偿、劳保用品等)、招聘费用、培训费用、离职成本(离职的赔偿)等。在计算过程中,都是按照直接成本计算,一般不考虑间接成本。在整个成本构成中,薪资成本要占到80%以上。

(2)人员成本分析指标

在人员成本分析的过程中,我们要确定分析的关键指标,即从哪几个维度进行成本的分析。在末端物流分析中,常见的人员成本分析指标包括:各网点的年人力总成本、各网点月度人力总成本、各人力成本占比、件均人力成本、件均成本的环比和同比变化等。通过这些数据对运营的人力利用率进行复盘和比较,以控制人力成本。

年人力总成本(C)的计算公式为

$$C = \sum_{i=1}^{12} C_{ij}$$

式中　C_{ij}——月度人力分项成本。

$$C_{ij} = C_{i薪} + C_{i社} + C_{i其他} + C_{i劳保} + C_{i招} + C_{i培} + C_{i离}$$

式中　$C_{i薪}$——薪资成本;

$C_{i社}$——社保和公积金成本;

$C_{i其他}$——其他福利成本;

$C_{i劳保}$——劳保成本;

$C_{i招}$——招聘成本;

$C_{i培}$——培训成本；

$C_{i离}$——离职成本。

分项支出占比（R_j）的计算公式为

$$R_j = \frac{C_j}{C_{ij}} \times 100\%$$

式中　C_j——分项支出。

件均人力成本（C_p）的计算公式为

$$C_p = \frac{C_{ij}}{Q}$$

式中　Q——件量。

通过将成本以最小化的方式固定到件均成本上，可以比较不同网点之间的成本状况，再与行业平均成本进行对比，看是否具备竞争优势。

2. 运营成本分析

物流企业运营成本主要是指物流企业提供物流服务所支出的固定资产、设备折旧、营销费用等支出。

物流行业存在淡旺季，因此会存在产能不能100%使用的情况，造成在物流服务淡季的时候单件运营成本上升。做好淡季的运营成本的分摊和制订解决方案，对提升企业竞争力至关重要。

（1）运营成本构成

物流网点的运营成本主要包括场地成本（房租）、设备成本（输送线、货架、托盘、叉车等）、车线成本（支线车辆）、营销成本（获客成本）、耗材成本（包装耗材）、差错成本（破损、丢失）、管理分摊成本、IT分摊成本（信息技术费用的分摊）、办公成本。

①场地成本：网点正常经营所需要的固定场所的租金或建设费用。网点一般采用租赁的方式进行经营，租赁期一般为1年，费用通常按照月度或季度支付，是末端网点运营主要的成本之一。

②设备成本：网点正常经营所需要的输送线、货架、托盘、叉车等设备的分摊成本，一般按照2年或3年进行分摊。

③车线成本：揽收或派送中车辆的使用成本。如果需要网点将货物送至指定分拣中心，还包括使用的支线成本。

④营销成本：网点获客过程中的营销成本包含广告费、资料费、设计费用等。

⑤耗材成本：在揽收或派送货物的过程中，为保护货物，采用纸箱、防水袋、珍珠棉等耗材对货物进行加固产生的成本。

⑥差错成本：在日常运营的过程中，由于网点的操作失误等造成货物的损坏或丢失，需要网点承担赔偿责任所造成的损失成本。

⑦管理分摊成本：运营中需要承担的管理成本。

⑧IT分摊成本：运营中需要承担的IT成本。

⑨办公成本:运营中需要的办公用品(如电脑、打印纸、笔记本等)的成本。

(2)运营成本分析指标

运营总成本＝场地成本＋设备成本＋车线成本＋营销成本＋耗材成本＋差错成本＋管理分摊成本＋IT分摊成本＋办公成本

$$单件运营成本 = \frac{运营总成本}{件量}$$

运营成本分析可以通过以上几个维度展开。通过不同层级(全国、大区、省区、片区、网点、路区等)运营成本环比、同比变化以及成本占比变化等分析运营成本变动趋势,找到运营成本高的区域和低的区域,掌握成本的变化规律,并在差距中寻找原因,进行网点运营的精细化管理。

3. 综合成本分析

(1)综合成本分析的内容

综合成本分析是在固定的时间周期内按照一定的方法对构成末端物流的人力成本、运营成本进行成本结构分析与预算成本差额分析,找到差额产生的原因,并进行针对性改善。

$$综合成本 = 人力成本 + 运营成本$$

进行综合成本分析,要有明确的管理目的。一般物流企业的管理出发点是:掌握网点物流成本的构成现状,发现物流运营中存在的主要问题;对各个网点之间的成本进行比较、分析和评价;根据物流结果,做好网点成本预算,制定物流规划;通过网点成本分析,找到降低物流成本的操作环节,进行成本管理。

行业观察

邮政快递业在服务生产、促进消费、畅通循环中发挥了怎样的作用?

一是为通政、便民、利商提供了有力支撑。党的十八大以来,邮政网络加速下沉,实现了"乡乡设所、村村通邮",有力保障了党和国家政令畅通、人民群众用邮需求,也有效服务了脱贫攻坚和乡村振兴战略。目前我国邮路的总长度(单程)超过1 000万公里,快递服务网络的总长度(单程)超过4 000万公里,拥有邮政快递营业网点41.3万处。广泛覆盖的邮政快递网络为建设全国统一大市场提供了重要保障。

二是为产业融合发展提供了高效衔接。在与现代农业融合发展方面,培育了邮政服务农特产品进城"一市一品"项目超过1 000个,年业务量超千万件的快递服务现代农业金牌项目100个。金牌项目是一年业务量要超过1 000万件的项目。在与制造业融合发展方面,邮政快递形成了入厂物流、仓配一体化等模式,供应链服务能力逐步增强。在与电商融合发展方面,邮政快递业已经成为商品流通的加速器、服务电商用户的主渠道,年支撑实物商品网上零售额已经超过10万亿元。

三是为快递"无处不在"提供了生动注脚。党的十八大以来,邮政快递业政策红利不断释放,自动化、智能化水平不断提升,流通成本加速压降,规模优势加速显现,有力支撑了各类电商加速发展,极大地方便了人民群众享受网购,快递已经走进了千家万户,日渐成为人们的一种生活习惯,也日渐成为经济循环畅通的一个重要标志。

四是为国内国际双循环提供自主可控渠道。积极推进"快递出海"工程,持续加大跨境网络建设力度,加快建设全球性的国际邮政快递枢纽集群,邮政快递正通过强化全链条的跨境服务,为保障国际供应链安全、服务构建新发展格局做出积极贡献。

(资料来源:中国行业新闻网,2022-06-15)

(2)综合成本分析的方法

①指标比较分析法

指标比较分析法包括:

A. 横向对比,对比同一城市等级、同一区域内的网点成本,进行横向比较,看哪个网点的成本最高,查明详细原因,进行改善,改进管理办法,降低网点物流成本。

B. 纵向对比,把网点历史的成本和当年的成本进行比较,如果增加了,分析增加的原因,如果增加的是无效成本,则需要立即改正;

C. 实际与预算值比较,把网点的实际物流成本与预算成本进行比较,如果超支了,分析超支的原因,并对企业预算方法进行优化和改善,使预算更加精准。

②综合分析法

比如,网点采用单元化派送方式,可以简化包装,节约包装费用;但是如果降低了包装强度,使货物破损率提高,则增加了理赔成本。评价单元化派送是好是坏,需要对物流成本进行综合评估。

③排除法

在物流成本的管理中,有一种方法是活动标准管理,即把物流活动分为两类:一类是有价值的活动,如装卸、包装等活动;另一类是非附加价值的活动,如开会、维护机械设备等。如在物流配送中,货量能达到整车的装载标准,则不需要经过网点的操作,采用直达的方式配送,避免了物流中的非附加价值活动;将非附加价值活动尽量减少,就能节约操作成本。

④因素分析法

一个指标的变动是受多个因素影响的,因素分析法就是依据分析指标和影响因素之间的关系,按照一定的程序和方法,确定各个因素对分析指标的影响程度。计算公式为

$$指标 = F(因素1,因素2\cdots\cdots)$$

使用因素分析法的步骤如下:

步骤一:确定分析指标与影响因素之间的关系。

使用指标分解法,首先将经济指标在计算公式的基础上进行分解或扩展,从而得出各影响因素与分析指标之间的关系式。

$$材料费用 = 产品产量 \times 单位产品材料费用$$
$$= 产品产量 \times 单位产品材料消耗 \times 材料单价$$
$$运输成本 = 网点费用 + 运输单价 \times 里程数$$

分析指标与影响因素之间的关系式,既说明了哪些因素影响分析指标,又说明了这些因

素与分析指标之间的数量关系。

步骤二:根据分析指标的报告期数值与基期数值列出两个关系式,确定分析对象。

如对于材料费用而言,两个指标体系为:

$$基期材料费(A0)=基期产品产量×基期材料单耗×基期材料单价$$
$$实际材料费(A1)=实际产品产量×实际材料单耗×实际材料单价$$

则

$$总的成本变动=实际材料费-基期材料费=A1-A0$$

步骤三:连环顺序替代,计算替代结果。

$$A2=实际产品产量×基期材料单耗×基期材料单价$$

产量引起的变动$=A2-A0=$(实际产品产量-基期产品产量)$×$基期材料单耗$×$基期材料单价

$$A3=实际产品产量×实际材料单耗×基期材料单价$$

单耗引起的变动$=A3-A2=$实际产品产量$×$(实际材料单耗-基期材料单耗)$×$基期材料单价

单价引起的变动$=A1-A3=$实际产品产量$×$实际材料单耗$×$(实际材料单价-基期材料单价)

步骤四:比较各因素的替代结果,确定各因素对分析指标的影响程度。

总的成本变动$(A1-A0)=$产量引起的变动$(A2-A0)+$单耗引起的变动$(A3-A2)+$单价引起的变动$(A1-A3)$

任务实施

利用因素分析法分析成本增加的原因

步骤一:分析目标

1. 分析成本增加的原因。
2. 寻找分析目标和因素之间的关系。

步骤二:分析原理

$$指标=F(因素1,因素2……)$$

步骤三:分析过程

某网点为某客户进行定点配送,2021年1月计划配送成本为24 000元($N1$),实际配送成本为30 400元($N2$),比计划增加6 400元(G)。根据表9-6的资料,分析增加的原因。

表9-6　　　　　　　　因素分析法表

	计划($N1$)	实际($N2$)
配送货物量(A)	160 吨	200 吨
配送里程数(B)	100 公里	95 公里
运输单价(C)	1.5 元/吨公里	1.6 元/吨公里
配送成本	24 000 元	30 400 元

计算过程：

① 计划配送成本指标

$N1 = A1 \times B1 \times C1 = 160 \times 100 \times 1.5 = 24\,000$（元）

实际配送成本指标

$N2 = A2 \times B2 \times C2 = 200 \times 95 \times 1.6 = 30\,400$（元）

② 第一次替换：货物量因子变动的影响

$N3 = A2 \times B1 \times C1 = 200 \times 100 \times 1.5 = 30\,000$（元）

$G1 = N3 - N1 = 30\,000 - 24\,000 = 6\,000$（元）

③ 第二次替换：里程数因子变动的影响

$N4 = A2 \times B2 \times C1 = 200 \times 95 \times 1.5 = 28\,500$（元）

$G2 = N4 - N3 = 28\,500 - 30\,000 = -1\,500$（元）

④ 第三次替换：单价因子变动的影响

$G3 = N2 - N4 = 30\,400 - 28\,500 = 1\,900$（元）

总差异为 $G = 6\,000 - 1\,500 + 1\,900 = 6\,400$（元）

⑤ 各因素变化造成成本变化的分析

通过利用因素分析法进行分析，由于货物量变化对成本变动影响额为 6 000 元；由于里程数变化对成本变动影响额为 −1 500 元；由于单价变化对成本变动影响额为 1 900 元。三个因素对整体成本变动影响额为 6 400 元，如图 9-7 所示。

图 9-7　因素分析图

习题

一、单选题

1. 配送最后一公里环节的承载是（　　）。

A. 快递柜　　　　B. 快递员　　　　C. 公交站　　　　D. 网点

2. 存在网点的是（　　）。

A. 快递网络和快运网络　　　　B. 快递网络

C. 快运网络　　　　D. 整车网络

3.（　　）是指在运营中只负责货物的揽收，不负责货物的派送作业的网点。
A.揽收网点　　　　B.派送网点　　　　C.揽收和派送网点　D.接送网点

4.（　　）是指在运营中只负责货物的派送，不负责货物的揽收作业的网点。
A.揽收网点　　　　B.派送网点　　　　C.揽收和派送网点　D.接送网点

5.（　　）是指在运营中既负责货物的揽收又负责货物的配送作业的网点。
A.揽收网点　　　　B.派送网点　　　　C.揽收和派送网点　D.接送网点

二、多选题

1.末端网点的运营方式包括（　　）。
A.直营　　　　　　B.加盟　　　　　　C.代配　　　　　　D.独立

2.网点营利性的影响因素有（　　）。
A.网点　　　　　　B.人效　　　　　　C.成本　　　　　　D.交通

3.根据整个网络中货物的质量不同，一般可将网络分为（　　）。
A.快递网络　　　　B.快运网络　　　　C.整车网络　　　　D.速递网络

4.根据网点在运营中所起的作用，可将网点分为（　　）。
A.揽收网点　　　　B.派送网点　　　　C.接送网点　　　　D.配送网点

5.在配置网点数量时，需要综合考虑客户群的（　　）。
A.密度（人口密度）　　　　　　　　B.业务量（订单量）
C.消费能力　　　　　　　　　　　　D.储蓄能力

三、判断题

1.服务半径可根据企业不同实际情况单独进行设定，有统一的划分标准。（　　）
2.市场需求调研包括同类型市场的需求调研。（　　）
3.竞争对手调研包含竞争对手数量、网点面积、应收收入、货量等调研。（　　）
4.每个网点都有其最大的作业能力，超过此能力后，网点不会出现爆仓现象。（　　）
5.网点最大作业能力除受到人员数量的限制，还受到仓库面积的约束。（　　）

参考文献

[1] 霍延军.基于大数据的RFID物联网聚类分析原型系统研究[J].单片机与嵌入式系统应用,2020,20(11):17-20.

[2] 王静漪."大数据"背景下智慧物流产业发展路径研究[J].山东农业工程学院学报,2020,37(06):31-33.

[3] 斯燕.大数据背景下的智慧物流发展策略研究[J].中国市场,2019(33):161-163.

[4] 敦蕾,李文娜.大数据分析对区域物流规划的影响[J].纳税,2019,13(04):239.

[5] 焦凯琳,于自强.智慧物流分布式计算模型与创新服务研究[J].计算机技术与发展,2019,29(01):206-210.

[6] 杨立雄.基于Hadoop技术的海量物流数据的处理[J].现代商贸工业,2018,39(31):36-37.

[7] 李晓峰,陈皓.基于动态数据挖掘的物流信息智能分析策略研究[J].电脑迷,2018(04):57.

[8] 陆静妮.制造业物流信息集成分析与研究[J].中国管理信息化,2017,20(18):66-67.

[9] 张锐.基于Hive数据仓库的物流大数据平台的研究与设计[J].电子设计工程,2017,25(09):31-35.

[10] 黄吉聪.基于数学建模物流网络模型分析[J].黑龙江生态工程职业学院学报,2016,29(03):33-35.

[11] 张玉峰,曾奕棠.基于动态数据挖掘的物流信息分析模型研究[J].情报科学,2016,34(01):15-19+33.

[12] 谭旭.基于物流数据的快递网络分析与建模[D].浙江大学,2015.

[13] 赵欢.基于商务智能的物流数据分析[D].复旦大学,2013.

[14] 董延丹.数据分析在物流行业中的应用[J].物流工程与管理,2012,34(08):53-54+66.

[15] 唐卓臣.物流数据实时采集与分析处理[D].南京理工大学,2004.

[16] 王国才,王琼,毛金芬.数据分析基础——基于Excel和SPSS[M].上海交通大学出版社,2018.